期货交易时机选择

短线和长线操盘手的高效策略

(美)亚历山大 著

肖艳梅 吴文莉 译

山西出版传媒集团
山西人民出版社

图书在版编目（CIP）数据

期货交易时机选择：短线和长线操盘手的高效策略／(美)亚历山大著；肖艳梅，吴文莉译. — 太原：山西人民出版社，2021.11
ISBN 978-7-203-10845-0

Ⅰ.①期… Ⅱ.①亚…②肖…③吴… Ⅲ.①期货交易—基本知识 Ⅳ.①F830.9

中国版本图书馆 CIP 数据核字（2021）第 044149 号

Colin Alexander
Timing Techniques for Commodity Futures Markets
0-07-149601-7
Copyright©［2007］by McGraw-Hill Education.
All Rights reserved. No part of this publication may be reproduced or transmitted in any form or by any means, electronic or mechanical, including without limitation photocopying, recording, taping, or any database, information or retrieval system, without the prior written permission of the publisher.
This authorized Chinese translation edition is jointly published by McGraw-Hill Education and SHANXI PEOPLE'S PUBLISHING HOUSE.This edition is authorized for sale in the People's Republic of China only, excluding Hong Kong, Macao SAR and Taiwan.
Copyright©［2021］by McGraw-Hill Education and SHANXI PEOPLE'S PUBLISHING HOUSE.

版权所有。未经出版人事先书面许可，对本出版物的任何部分不得以任何方式或途径复制或传播，包括但不限于复印、录制、录音，或通过任何数据库、信息或可检索的系统。
本授权中文简体字翻译版由麦格劳-希尔（亚洲）教育出版公司和山西人民出版社合作出版。此版本经授权仅限在中华人民共和国境内(不包括香港特别行政区、澳门特别行政区和台湾地区)销售。
版权©［2021］由麦格劳-希尔（亚洲）教育出版公司与山西人民出版社所有。
本书封面贴有 McGraw-Hill Education 公司防伪标签，无标签者不得销售。

著作权合同登记号：图字：04-2018-041

期货交易时机选择：短线和长线操盘手的高效策略

著　　者：	（美）亚历山大
译　　者：	肖艳梅　吴文莉
责任编辑：	吉　昊
复　　审：	傅晓红
终　　审：	秦继华
装帧设计：	王　峥
出 版 者：	山西出版传媒集团・山西人民出版社
地　　址：	太原市建设南路 21 号
邮　　编：	030012
发行营销：	0351-4922220　4955996　4956039　4922127（传真）
天猫官网：	https://sxrmcbs.tmall.com　电话：0351-4922159
E - mail：	sxskcb@163.com　发行部 sxskcb@126.com　总编室
网　　址：	www.sxskcb.com
经 销 者：	山西出版传媒集团・山西人民出版社
承 印 厂：	廊坊市祥丰印刷有限公司
开　　本：	710mm×1000mm　1/16
印　　张：	20.5
字　　数：	244 千字
印　　数：	1—5000 册
版　　次：	2021 年 11 月　第 1 版
印　　次：	2021 年 11 月　第 1 次印刷
书　　号：	ISBN 978-7-203-10845-0
定　　价：	108.00 元

如有印装质量问题请与本社联系调换

译者序

中国期货市场经过规范整顿，2000年，上海、大连、郑州三个交易所仅余上市品种八个，保证金总额68亿元。9年以来，中国期货市场取得了长足的进步。2008年底，上市品种增加到19个，保证金总额达450亿元，全年交易量13.6亿手，交易额71.9万亿元，中国期货市场成为仅次于美国的全球第二大商品市场。2009年，钢材、PVC、早籼稻期货的相继上市，使上市品种更加丰富，4月份单月成交额创纪录地突破了10万亿元。截至2017年6月，中国期货市场的保证金总额已经超过了2000亿元，与当初不可同日而语。而钢材期货的成功运行，突出了中国在国际钢材定价方面的话语权，随着今年豆粕期权、白糖期权的推出，中国期货市场正在走向世界的中心。

在期货交易的技术分析领域，本书是一本深入阐述交易时机的高水平的专著，具有很高的实用价值。我们在本书的翻译出版过程中尽了微薄之力，使它在最短的时间内与读者见面，这是我的荣幸。我相信，本书对于投资者更好地把握市场节奏，提高投资赢利能力，都有非常积极的意义。

致　谢

我需要向鲁斯·罗迪致以诚挚的谢意。在发展实用的商品期货交易技巧方面，他敏锐的洞察力和建设性的批评建议非常有价值，并且，他对我思维的启发也值得赞赏。

非常感谢霍华德·阿林顿、金伯·汉深和旗舰软件的工作员工，他们为我提供了图表软件，没有他们，我不能想象书本里的方法如何得以发展起来，在我刚开始从事期货交易的时候，没有图表，只能手工计算移动平均值，在那样的条件下，根本无法使用书上的方法。

同样，感谢皮特·沃顿以及沃顿兄弟的员工为我提供的股票期货走势解析评论，帮助我实现了多年来的梦想，他们每天的评论为我提供了非常有用的信息，帮助我不断学习并洞悉股票期货投资的精髓所在，这些都是我没有预想到的。

最后，同样重要的是：戴恩·慧勒，戴恩·贝利卡，以及麦格劳·希尔出版公司给予我很多支持和鼓励，这让我觉得与他们的合作是一件很快乐的事情。

目　录

导　言 ·· 1
   不断改变的市场条件 ··· 2
   本书的结构 ·· 3
   你需要的工具 ·· 4

第1章　行业背景 ·· 5
   期货市场是做什么的 ··· 5
   美元与商品价格 ··· 6
   回顾先驱者们 ·· 7
   心理成就技术 ·· 8
   技术分析具有实用性 ··· 9
   基本面也起作用 ··· 10
   原油市场的基本面 ··· 12

第2章　确定趋势方向 ·· 15
   什么是趋势？ ·· 15
   向上和向下的锯齿形态 ··· 16
   W型：上升趋势的开始 ·· 17

M 形态：下降趋势的开始 ……………………………… 19
　　盘绕的锯齿形 …………………………………………… 20
　　锯齿形态突破 …………………………………………… 21
　　活牛期货图上的多个 M 顶、W 底和锯齿形 ………… 22
　　怎样运用锯齿形态 ……………………………………… 23
　　黄金的锯齿形态 ………………………………………… 25

第 3 章　图表的类型 ……………………………………… 29
　　柱状线的作用 …………………………………………… 29
　　关键反转日 ……………………………………………… 32
　　类似监听以获取信息 …………………………………… 34

第 4 章　价格规则 ………………………………………… 37
　　何时扣动扳机 …………………………………………… 37
　　交易的方式 ……………………………………………… 37
　　价格规则怎样起作用 …………………………………… 38
　　价格规则原理 …………………………………………… 39
　　所有价格规则的条件 …………………………………… 40
　　价格规则 ………………………………………………… 41
　　举例说明价格规则 ……………………………………… 47

第 5 章　蜡烛图：一个有用的工具 ……………………… 49
　　另一种看图的方法 ……………………………………… 49
　　蜡烛图能做什么 ………………………………………… 49
　　蜡烛图显示市场动能 …………………………………… 51
　　蜡烛图和价格规则 ……………………………………… 57

第6章　平滑异同移动平均线（MACD） …… 59
什么时候趋势可保持力度？ …… 59
构建 MACD …… 59
MACD 显示什么 …… 60
MACD 柱状图 …… 62
MACD 零基线 …… 63
学着去相信 MACD 指标 …… 63
使用 MACD 的总结 …… 64
MACD 和黄金市场 …… 65
黄金的周线图 …… 67
黄金的日线图 …… 68
MACD 趋势暗示价格 …… 69

第7章　移动平均线的趋势、支撑和阻力作用 …… 71
三个实用的功能 …… 71
注意交叉理论 …… 72
移动平均线的设置 …… 73
默认设置为 25 日和 40 日移动平均线 …… 74
移动平均线拟合市场 …… 75
60 分钟图的趋势 …… 76
在趋势开始时运用移动平均线 …… 76
英镑飙升 …… 77
玉米的牛市 …… 79
卖出活牛的 2006 年 6 月份期货合约 …… 81
出售——60 分钟图 …… 82
移动平均线总结 …… 83

第8章 随机指标和相对强弱指标（RSI）：超买/超卖指示器 ··· 85
    何时低买高卖？ ·········· 85
    随机指标设置 ·········· 86
    低买高卖 ·········· 87
    市场反转时的随机指标 ·········· 88
    显示方向和动能 ·········· 89
    随机指标可以显示力量 ·········· 89
    随机指标的方向性运用 ·········· 91
    反向功能 ·········· 91
    反向应用 ·········· 93
    石油周线图的随机指标 ·········· 93
    活牛期货价格的趋势运行 ·········· 95
    相对强弱指标（RSI） ·········· 98

第9章 缺口的三种类型 ·········· 101
    不断改变的预期 ·········· 101
    缺口类型 ·········· 102
    缺口充当支撑和阻力 ·········· 106
    缺口作为目标位 ·········· 107
    上行和下行缺口 ·········· 108
    缺口和反转 ·········· 109
    大豆的缺口 ·········· 109
    观察开盘的一小时 ·········· 110

第10章 支撑和阻力：水平障碍 ·········· 113
    阻力和支撑位 ·········· 113
    最高价 最低价 收盘价 ·········· 114
    市场行为的重演 ·········· 116

长期阻力和目标 …………………………………… 117
 长期道琼斯指数 …………………………………… 118
 历史上最高点和最低点的阻力和支撑 …………… 119
 黄金市场的高点 …………………………………… 121
 整数关口的力量 …………………………………… 122
 当市场爆发时 ……………………………………… 123
 阻力变成支撑——支撑变成阻力 ………………… 124
 玉米市场中的边界 ………………………………… 124
 总结 ………………………………………………… 126
 艾略特波浪理论及应用 …………………………… 127
 斐波那契回撤和启动 ……………………………… 128
 银的周线图和斐波那契 …………………………… 130
 阻力位和支撑位概要 ……………………………… 131

第 11 章 对角支撑位和阻力位 …………………… 133
 绘制趋势线 ………………………………………… 133
 绘制通道线 ………………………………………… 135
 市场回调时进入 …………………………………… 136
 小心通道线 ………………………………………… 136
 趋势线崩溃时的退出 ……………………………… 137
 周度石油图表的通道线 …………………………… 138
 原油日线图的通道线 ……………………………… 140

第 12 章 布林通道 …………………………………… 143
 波浪行为导论 ……………………………………… 143
 设置布林通道 ……………………………………… 144
 布林通道的应用 …………………………………… 144
 一个交易的开始、中间和结束 …………………… 145

建构的时间长度 ················· 146

　　作为负指示的布林通道 ··············· 147

　　活牛期货市场和布林通道 ·············· 147

　　活牛合约的 60 分钟图表 ·············· 148

第 13 章　有效图表形态 ················ 151

　　最可靠的图表形态回顾 ··············· 151

　　双重顶和双重底 ················· 152

　　长期圆弧底 ··················· 153

　　短期圆弧底 ··················· 155

　　短期和长期的差异 ················ 156

　　圆弧顶 ····················· 157

　　上升三角形 ··················· 158

　　下降三角形 ··················· 160

　　长期向上突破 ·················· 161

　　日经指数突破 ·················· 161

　　长期向下突破 ·················· 163

　　下降中的黄金 ·················· 163

　　头肩顶形态 ··················· 164

　　头肩反转 ···················· 166

　　模糊图表形态 ·················· 167

第 14 章　周期理论：基于时间的，周期性的以及季节性的力量

　　 ························ 169

　　技术分析应符合时间表 ·············· 169

　　繁荣和市场周期的打破 ·············· 170

　　日历时间理论 ·················· 171

　　周期预测理论 ·················· 173

应用周期理论 · 174
　　咖啡市场准时的低点 · 176
　　大豆和较低的产量 · 178
　　其他的季节走势 · 181
　　统计交易需要谨慎 · 182

第15章　交易员的承诺：谁交易了什么以及交易了多少 · 185
　　资金使市场运动 · 185
　　交易员承诺报告 · 186
　　商业持仓 · 188
　　非商业持仓（基金） · 190
　　非报告（投机） · 191
　　COT和铜市场 · 192
　　活牛期货和补充报告 · 194
　　玉米和补充报告 · 195

第16章　股票指数：短线交易者和长线交易者的主要工具 · 199
　　长期趋势上升 · 199
　　股指期货的挑战 · 200
　　常规股票周期 · 201
　　四年总统周期 · 202
　　5月卖出并离市，然后在秋天买入 · 204
　　高科技周期 · 206
　　影响股市的因素 · 207
　　共同基金作为一个反向指标 · 208
　　债券，外汇和股票 · 209
　　标准普尔中型股指数走势明朗 · 209

第17章　进场指标列表 ··············· 213
　　指标列表的重要性 ··············· 213
　　如何使用列表 ··················· 215
　　其他方面 ······················· 221

第18章　止损：理论与实践 ········· 225
　　止损单的原理 ··················· 225
　　止损理论 ······················· 226
　　澳元和止损止盈的挑战 ··········· 228
　　只在收盘时止损 ················· 230
　　初始保护性止损 ················· 231
　　止盈点 ························· 232
　　何时使用紧贴止损 ··············· 232
　　设置止损 ······················· 233
　　不要在亏损的位置加仓 ··········· 234
　　失控的心理学 ··················· 234

第19章　止损止赢：平仓策略 ······· 237
　　良好的平仓纪律 ················· 237
　　预先平仓策略 ··················· 238
　　容忍亏损交易 ··················· 239
　　让赢利运行 ····················· 240
　　持仓的主要原则 ················· 241
　　持仓的原因 ····················· 241
　　指标预警 ······················· 242
　　止损止盈 ······················· 242
　　离场指标的运用 ················· 243
　　其他方面 ······················· 248

第20章 案例分析：买入合约 ………………………… 251
- 买入2007年4月RBOB合约 ………………………… 251
- 月线图上的买入信号 ………………………… 254
- 周线图上的买入信号 ………………………… 256
- 日线图上的买入信号 ………………………… 257
- 六十分钟图形上的买入信号 ………………………… 258
- 其他需要确认的几点 ………………………… 259
- 评论 ………………………… 260
- 回顾总结 ………………………… 260

第21章 案例分析：卖出合约 ………………………… 261
- 卖出2007年3月铜合约 ………………………… 261
- 月线图上的卖出信号 ………………………… 261
- 周线图上的卖出信号 ………………………… 264
- 日线图上的卖出信号 ………………………… 266
- 六十分钟图形上的卖出信号 ………………………… 267
- 其他需要确认的几点 ………………………… 269
- 评论 ………………………… 270
- 回顾总结 ………………………… 271

第22章 短期交易策略 I ………………………… 273
- 优点与缺点 ………………………… 273
- 长期交易案例 ………………………… 274
- 短期交易案例 ………………………… 275
- 低买高卖 ………………………… 277
- 用转折点来预测高点和低点 ………………………… 277
- 日内交易员使用的缺口 ………………………… 278

布林通道 ……………………………………………… 279
进入市场 ……………………………………………… 280
止损/离场 …………………………………………… 281
运用日内交易技术交易标准普尔中型指数 …………… 282
大豆市场上一个近似进场机会 ………………………… 285

第23章 短期交易策略 II ……………………………… 289
移动平均法 …………………………………………… 289
大豆的日内交易 ……………………………………… 291
木材的日内交易进场 ………………………………… 293

第24章 结束语 ………………………………………… 297
心理上的挑战 ………………………………………… 297
资金管理 ……………………………………………… 298
买强卖弱 ……………………………………………… 298
交易主力合约 ………………………………………… 299
强有力的趋势和基本面密切相关 ……………………… 300
止损和出现恐慌性抛售 ………………………………… 302
商品之间的竞争 ……………………………………… 303
消息的功能 …………………………………………… 305
祝投资者好运 ………………………………………… 306

译者后记 ………………………………………………… 307

导　言

本书为专业人士而作，同时也兼顾了期货市场中的新手。本书介绍了一些期货方面的基本知识，但并不是在重复那些已经出版的有关期货投资方面的书籍。许多标准的教科书描绘了非常广泛的技术指标和有关理论，同时也包括了这些理论该如何独立运用。本书的重点不在这里，而是聚焦于那些真正有效的指标，解释如何综合运用它们，这也是本书根本性的出发点。

对一个富有经验的交易员来说，重复已经熟知的概念或许是多此一举。不过，对每一个从事交易的人来说，无论你多么老练，有一件事始终如一：变化是永恒的，通过一个新的视角也许可以对一次或者更多的成功交易进行更深刻的剖析——这些交易使得期货市场引人注目，价值连城。

期货市场里的成功机会——的确有着无穷无尽的机会，在工业推广、专业书籍和软件营销的一线活动中，都是重要的卖点。然而，本书有一个重要的特点，它非常新颖又完全必要，而且在其他著作中非常少见，那就是在不放弃大多数赢利空间较大的交易同时，还可以避免很多高风险低收益的交易。

不断改变的市场条件

近期，期货交易已经发展到了你在几年前根本难以想象的程度，机构投资者如养老基金、对冲基金，还有其他资金都进入了期货这个一度非常专业的领域。安大略教师养老基金是这些巨大的、新参与者的一个典型。这个基金有2%的份额投资于期货市场，从比例上看也许并不算大，但是它足足有20亿美元之多。在2007年7月，根据持仓量数据计算，这个单一账户的资金大到足够可以持有芝加哥期货交易所每一个玉米合约的全部多头或者空头头寸，而玉米市场是世界上最大的农产品市场。此外，技术手段、交易设备、全球化、昼夜不间断的电子交易方式都使得期货交易发生了巨大的改变。伴随着很多技术应用导向的投资操作，期货成交量以几何级数增长，同时交易成本急剧地下降。

尽管有以上诸多革新，如下情况却非常显著：你可能期待市场有更多的波动，除了那些非常短期的交易之外，变化的市场条件只是相对较小地改变了期货市场的运动。然而回头看看，非常明确的是，市场总是既有极度波动的时期，也有相对平静的时期。例如在几十年之内，白银的价格从1美元涨到大约50美元，随后又暴跌下来。在再次上涨之前，10年间都在1美元到5美元之间波动，在2004年初时快速涨至15美元。

最近几年，一个具有坚实基础的商品市场牛市引起了广泛的关注，其程度就像关注90年代高科技股票一样。大部分焦点集中于原油、外汇、金属，与之相应的则是美元的疲软。但是这种趋势并非一成不变，过去不曾，将来也永远不会。面对所有的挑战，美国仍然拥有更多的经济自由，并不断产生更多的创新——甚至比美国以外世界上大多数地方的总和还要多。因此，盲从以下观点并无意义：只要卖空美元、买进除美元之外的任何资产就总是能够赢利。伟大的股市名宿乔·格兰维尔（Joe Granville）曾经说过："如果它显而易见，那么它显而易见不对！"

本书的结构

本书的目的是表明怎样综合运用一些最好的交易工具。第 2 章阐述了基本的问题：怎样确定一个趋势。第 3 至 5 章阐述了图表的构造和价格的规则——在何时特殊的价格行为会传递一个引发交易的信号，以及怎样看蜡烛图。

第 6 至 12 章集中讨论了大多数有效指标的特殊应用以及新的用法，阐述了异同移动平均线（MACD）、移动平均线、随机指标（K 线 D 线）、布林通道这些指标和缺口怎样相互影响，以及支撑和阻力的有关理论。第 13 章集中论述在所有时间框架之内都能有效运用的最好的图表模式。第 14 章覆盖了周期理论，包括以时间为基础的、周期性的、季节性的影响。

第 15 章介绍了怎样分析交易者的交易数据——谁在交易什么，交易多少，无论上涨或下跌，多少钱能够撬动市场——直到对某个品种来说资金变得过于庞大。第 16 章阐述了影响股票市场和股指期货交易的周期性和特殊的影响因素。第 17 章使用入市清单将所有技术工具整合在一起：怎样将最为有效的指标汇总在一起，它们相互关联，以综合评估一个市场。

第 18 章和 19 章阐述了怎样设置止损，怎样在一个可能正在继续运行，或者可能不再保持运行惯性的情况下结束交易。第 20 章和 21 章提供了一个假设的汽油处于多头市场的研究案例，以及另外一个持有铜空头头寸的研究案例。第 22 章和 23 章描绘了一个前文所述内容的最高境界：怎样通过微调改善短期的交易，无论是日内交易者还是更长时间的交易者，都可以寻求优化其入市和出市时机。第 24 章是期货交易方面的一些总结，内容并不局限于技术分析的即时交易技术。

你需要的工具

本书的数据由 eSignal 公司网上传递，并由软件进行处理。有诸多数据源和作图工具，但是很难想象怎样更好地改进包括质量、服务和价格在内的所有因素。除了可靠的数据供给之外，没有什么比拥有一个迅捷、可靠、易于表达意图的作图工具更重要的了。有一些程序，它们包括一大批工具和选项，甚至把众所周知的练习也包含进去，其实是把简单的事情复杂化了。你可以付很多钱来得到几乎是无限的拟合方案，但是那并不能使你成为一个更好的交易者，更大的可能是使情况变得更糟。

除了期货数据的提供、值得信任的作图程序之外，还有一个方面是无法用价格衡量的股票市场服务商——如果你想交易股票指数或者投资股票，离开它你几乎无法做任何事情。它就是沃顿兄弟（Worden Brothers）电讯图表程序公司。它的服务费每天只有 1 或 2 美元，除了提供一个全面的日终（end-of-day）股票图表服务，它还发布对任何人都有价值的、具有启迪性的深刻评论，并且它还是一个拥有自主知识产权的思想库。

第1章　行业背景

期货市场是做什么的

相对来说，期货市场的概念非常简单，但令人惊讶的是竟然只有那么少的人，甚至包括业内人士，能够充分理解并有效地解释它。正如我们现在所知，商品期货市场自1848年首次在芝加哥正式成立以来走过了很长一段路。之后，农场主们最终能够参照购买草种可能花费的成本来事先确定卖出干草的价格，从而抵消他们的风险。相应地，美国富国银行（Wells Fargo）能够确定饲养马匹需要花费多少成本。磨坊主通过买入远期合约或者期货能够锁定他们小麦的未来成本，他们也能够通过卖出相应数量的远期合约或期货为好几个月以后交货的面粉锁定销售价格。无论在此期间小麦和面粉的价格怎么变动，这两个价格之间的差价已经锁定了他们的利润。期货合约的标准化和固定交货日期使期货交易随心所欲，从理论上讲，好比你希望卖出一份买房合同，因为你最终决定不买这所房子了。

时间很快进入现代，为了在铜价走低的情况下能够保证将要产出铜的最终售价，铜矿企业在期货市场卖出期货合约。如果价格走高，他们从铜矿卖出的实际铜价比预期的要高，但期货市场上按原定价格卖出的期货合同就不得不接受对等的亏损。与铜矿企业相反，铜冶炼厂在期货市场上做多以抵御铜价的上升。最近几年，期货市场发展到不仅包括实物商品，如铜和牛，而且包括货币、利率，甚至是天气。投机资金的实际作用是为期货市场的正常运作提供了流动性。这些资金一部分流向买方，一部分流向卖方。投机者承担了买方和卖方需抵消的风险，想借此赚钱。期货市场背后的想法和保险业的起源其实是一样的，这同样也是伦敦劳埃德社操作的方法。个人和公司资本的目标是赚取利润——通过假定无名氏（John Doe）的房子不会被烧毁或者某些好莱坞明星不会摔断腿。

挑战当然在于如何赚钱，特别对商业账户来说是避免在套期保值操作中亏钱。有一种说法是这个挑战是一门课程，目标是分辨价格变动是继续原来的方向，还是会停步并掉转方向。对个人来说，这个挑战在于评估什么时候做你想要做的，什么时候做反向的。你永远不能忽略这个事实，即在每一个交易中总有别人选择了另一个方向，而他们有可能是对的。因此，你需要判断你考虑的每一笔交易的反向的情况。有个可能是杜撰的故事阐述了这一点。罗斯柴尔德伦敦分部的一个合伙人建议购买法国国债。"巴黎正在骚乱，大街上血流满地！"他的朋友抗议道。那个合伙人回答："那就是现在应该购买法国国债的原因！"

美元与商品价格

期货市场上可能被交易者们忽视的一面是美国商品交易所里每一个多头代表着美元的空头，每一个空头代表着美元的多头。市场之间是相互联系的，例如，美元对欧元的下跌使金价对欧洲人来说较为便宜。有些商品的定价比较国内因素主导，但所有的东西都是等值的，例如美元下跌时，美国期货市场里的黄金或原油价格就该上升。有些人讨厌卖空，但每一笔交易都是买入一个东西并卖出反向等额的东西。观察美元动向的快捷的方式是看美元指数，由主要货币组成的一篮子货币，包括英镑，加拿大元，日元等。像所有指数一样，各组成货币当然会走出相反的方向，但它可以给你一个总体的概念。相似的，RJ/CRB 和高盛商品指数也提供了以美元计价的商品价格总体趋势的概观。

回顾先驱者们

直到 1950 年左右，投资行业的大多数经理们对技术分析都很蔑视，他们有时是非常卖力地恶意对它进行诋毁。他们认为没有人能精确地指出市场的顶部和底部，任何人宣称可以这么做的都是吹牛。事实上，你有时候能够非常精准地指出市场的顶部和底部，原因很简单，那是市场在那个时刻所处的街区之一。市场顶部和底部，以及之间的拐点，会重复出现在同一价格水平或其附近。市场行为持续反映了这样一个事实，即人的习性往往是习惯性的，'习性'与'习惯'本来就出自相同的起源。交易者终究是人，也许有些自相矛盾，即使现在黑箱电脑交易程序的行为模式预测的更好，它们一直惯性地按人们输入的相同的原始数据做出反应。因此，如果有足够多的人有同样的想法，对市场走向的期望是可以自我实现的，一旦如此，一个重要的走势可以戏剧性地自我获得能量，直到最终达到目的。于是预言也就自我实现了。

大约五十年前价格预测工具开始涌现。今天的技术分析者们所欠我们前辈的债无法估量，他们使技术指标的发展有了巨大的提高。这些人包括：威尔斯·威尔德（Welles Wilder）、乔治·

兰恩（George Lane）、乔·格兰维尔（Joe Granville）和丹·沃顿（Dan Worden），这儿列举的只是这些先驱者中的少数人。我们还要感激那些可敬的作者们，他们将技术分析的知识整理在一起并加以发表，他们包括：仍然是威尔斯·威尔德，还比如威廉·F. 恩格（William F. Eng）、佩里·J. 考夫曼（Perry J. Kaufman）、约翰·墨菲（John Murphy），以及合著者罗伯特·D. 爱德华兹（Robert D. Edwards）和约翰·迈吉（John Magee）及查尔斯·勒布（Charles LeBeau）和大卫·W. 卢卡斯（David W. Lucas）。

然而，奇怪的是，相对来说很少有资料说明怎样将一个个技术分析工具结合在一起使用，最近几年也几乎没有什么重要的新成果出现。有这么一个例子，某教科书定义了一种带扩展收盘价的外扩条形图（详见第 3 章），并提出如果能够确认得当且相应操作的话，这是一个可以获利的形态。正确的说法是，这是个有用的标志，说明市场可能会延续强势走势。然而，这个信息本身对交易者的实际操作几乎没什么用处。但如果你将它和别的指标联系起来使用会怎样呢？如果你将它限定在一个强劲的牛市，当外扩条形图在低位收盘时买入会怎样？与其只限于在预期的交易中应用，最好能够持续几天，这样你也许可以做得更好，还能有一个令人满意的赢利结果。事实上，当一个迅速上涨的牛市里强劲的外扩条形图在低位收盘时，这是使你进行一次风险可控的交易的少有的几种方法之一。

心理成就技术

也许是显而易见的，但为了理解技术分析的细微差别，你需要知道隐藏在期货市场背后的根本原因。你需要对谁做些什么，做了多少，为什么做有一些正确的判断。人们制造了市场，并驱使价格上下波动，市场行为源自交易者的心理动机 —— 他们的希望，他们的恐惧，他们的贪欲，和所有其他的情绪促使他们买入或者卖出。延伸开去，你可以预期人们将来做的事和他们以前做过的事多多少少是类似的，但很少是一模一样的。就像马克·吐温说的那样："历史不会重演，但有它的规律。"

人们常说市场上涨和下跌是因为有更多的买家或卖家。事实上，市场每一边的数字肯定永远是一样的，因为每一个买入需要有一个对应的卖出，反过来也一样。是买方或卖方相对的迫切程度推动了价格。市场的这一边或那一边需要有持续的压力，才足以支撑一种趋势，但不管在短期还是长期，好东西也可能拥有过多。当市场达到极限，完全由情绪支配时，火力就越来越可能在任何时候燃尽，回调或反弹的风险呈指数级增长。值得记住的是，场内交易商和职业交易者们在价格剧烈波动中往往站在你的对立面。当价格回稳时，他们赚取了利润，而这来自别人的账户。

技术分析具有实用性

因此，技术分析是应用心理学的一种实践，难度在于什么时候跟随大势是对的，而什么时候反向操作是对的。想要关注期货市场上管用的每个方法是毫无用处的，因为在某一时候管用的方法是无限的。关注那些可操控的，且经过时间检验证明确实有效的指标就足够了。有效决定的基本原则就是好的分析需要多次测试，根据哥白尼学说的原理，系统决策胜于局部决策。成功的精髓是集体性。简而言之即如此。参考两个完全独立的指标，每一个都有55%的可能性是对的。当这两个完全不同的指标同时走到一块儿，成功的可能性就呈指数级增长。那时你需要找一些反向指标来消除交易中那种貌似可信的情况。最后，正向指标的数量明显超过反向指标，交易就靠得住了。

成功的另一个基本原则是需要通过长期趋势图看大局，如月图或周图，来决定这个市场是否值得交易，哪里是目标位和阻力位。然后看日线图和日内图决定具体入场时机。就像大海的运动，市场运动也是由大波浪套小波浪构成的。如同观察潮汐的涨落方式，对主要趋势或趋势的反转，以及它的概率做出正确的判断有助于进行成功的交易。不仅如此，你如果方向看对了，还可以从糟糕的入场价格中解脱出来。表面上非常明显，实际上并非如此，就是观察什么时候一个趋势实际上不是趋势，什么时候市场仅仅是无方向地随意漫步。关键的一点是避免低水准、高风险的交易，并且应该知道试图反趋势交易的时候会有什么影响。与你想象的相反，平庸的交易，往往是在市场低波动的时候做的，通常其亏损的风险更高，它还拴住了你的资金和精力。而且，它可能意味着你不得不放弃一个真正好的新信号，这个新信号为你提供了一个强势市场的入市机会。

成功操作任何市场的通用规则是简单的交易体系很可能胜过复杂的体系。这是个真理，但看你从哪个角度来看。简单最多可能有些简陋，但复杂可以使整个交易望而却步，以至于过程本身吞没了最后的实行。无论如何，许多技术研究都是彼此补充或重复的，而且毫无意义的是，大量类似指标的重合并不能增加成功的可能性。

基本面也起作用

基本面，供需背后的动力，同样起着很大的作用。单单依赖于技术指标是不够的，对生产和消费的前景进行评估是绝对必要的，不管这评估总是多么不完美。对于纯粹的技术分析者来说，图表诉说了整个故事，什么发生了，什么正在发生，作为结果，什么在将来可能发生。然而，一些交易者在一个市场买入并无更好的理由，就是因为它在上涨，抛出就是因为它在下跌，对于他们来说，了解基本面因素如何可靠地支持了市场走势是非常有益的。尽管这是事实——市场行为经常是未知的或尚未增值的基本面的先兆，但是市场变动在基本面上也常常发生地毫无正当理由，而且昙花一现。以下情况也会常常发生：在一个延伸的价格水平上突然产生猛烈的逆向变化，市场上错误方向的交易者发生巨大亏损，而正确方向的交易者则拥有巨额利润。

另一重要而相关的因素是市场之间存在显著差异。不同产品和服务的生产和消费周期在持续时间和震荡幅度上相差很大，所以价格趋势也因此显著不同。例如，小麦的市场行为，它们对市场力量的反应与股票指数完全不同。常常小麦的月线图仅能表明主要目标位和潜在的转折点。它们显示价格很少能够在高位停留超过一年左右时间，然后就回到较低的水平。另一方面，货币可以几年持续一个趋势，到达一个新的水平就自我证明了它的正当性。这些差异并不否定技术分析的原理。然而，除了表明目标位和转折点，市场还有较短的周期，大多数时候还需要用到周线图，有时是日线图，而不是用月线图确定可交易的趋势。

谷物市场的典型例子是，玉米的牛市在2007年6月急剧崩溃，价格在几天之内下跌了1美元，将近25%。虽然新建空头仓位还有些争议，但在顶部附近曾有明白无误的信号表明在合理的价位上多头应该平仓出场。生长条件正在好转，市场不足以支撑2007年12月的玉米在4美元以上的价格，导致这种情况的原因是种植的增长远远超出了大多数人的设想。

虽然明白无误的基本面非常重要，但也因此可能具有欺骗性，被错误的假象驱使而被诱骗进入市场总是太容易了。2007年6月玉米的市场行为决不是例外，它阐述了不断保持警惕性的必要。出乎意料的发展常常无处不在，尽管如第8章中讨论的，至少当随机指标在过于伸展的水平时，一个重要转折的潜在可能几乎总是非常明显的。玉米的基本面和技术面都似乎支持牛市会持续。后来，预示着潜在麻烦的强烈技术信号迅速显现，好在它早于崩溃之前，那个时候关于基本面的假设转而是错误的了。

总而言之，基本面只是一系列指标中的一个，但是极其重要的一个。因此，你不得不永远质疑什么假定有可能是错误的，什么是有可能改变的。在对基本面的评估中你可能是对的，但是市场可能需要时间建立你所预期的运动——如果你已经做了预期的话。然而，当技术面和基本面趋于一致，那应该是个重要的交易机会，美好得使期货交易令人心满意足。

原油市场的基本面

我们用原油试举一例。很长一段时间以来，基于真实供给和需求的基本面，原油持续上涨。最后，价格走在了前面。很多人都说在2006年夏天，西得克萨斯中质原油接近80美元时，原油价格有大约15美元的升水——这是投机行为甚于真实需求的一个结果。投机资本希望拥有原油并且持有期货多头以防供应中断。一些资本充足的投机资金据说在荷兰的地下水库直接囤积原油，从而影响本来应该没有问题的石油供给。因为在一个主要的牛市中情况经常发生变化，这件事作为一个囤积事件的反馈，又反过来影响自己，如此不断循环，其实它来自对更高价格的渴望以及希望使之发生的期待。后来情况反转，原油和汽油产品的储量瞬间迸发出来，与此同时北半球经历了一个暖冬。油轮搁浅在新加坡港口，不能卸货，因为没有地方可放，而且导致了严重的逾期费用。

市场缓慢唤醒那些基本面，以使价格重新回到 50 美元，对技术形态来说，它需要时间来跌进一个发出良好的卖出信号的价格区域。随着明显充足的库存在手，炼油厂现在可以用长期拖延的停工以维持生计，并且仓库不再装满。供应又紧张起来，市场的多头又有了新的机会，特别是汽油的多头。然而，最好的做多时机是在市场表明它已经反转之后（这个时机在第 20 章的案例中进行了描述）。

第 2 章　确定趋势方向

什么是趋势？

有一个过于简单化、但在本质上却是正确的说法："趋势是你的朋友。"这种说法有两点需要说明。第一点是要定义一个趋势。第二点是要理解在趋势内部还有很多趋势。有日内趋势，日线趋势，周线趋势，和月线趋势。

趋势的理论定义非常简洁。一个上升的趋势，或者牛市，价格曲线是从图表的左下方移向右上方。一个下降的趋势，或者熊市，价格曲线是从图表的左上方移向右下方。然而，因为趋势之中还有趋势，你需要知道所研究的图表是在多长的时期之内，对某些市场来说，有时月线图可以确定一个超级趋势，例如股票指数、外汇和利率等金融工具，以及金属和石油。这些市场能够建立一个持续数年的趋势。通常，周线图对期货交易者确定一个主要趋势时更有用——它可以发现一个可以交易的市场，或者应该避免交易的市场。

对于成功的期货交易者来说，跟随一个趋势意味着在一个市场买进，这个市场正在上涨，而且预期它能涨得更高；也意味着在一个市场卖出，这个市场正在下跌，而且预期它会跌得更低。

在实践中，寻求更大而且更长时间的交易需要在短期和长期的趋势之间尽可能多的一致。然而，短期趋势可能不会延伸太远，市场也许已经准备回调了，而且可能是急剧的调整。在任何主要的趋势里，当然会有剧烈的回调，但并不妨碍市场的主要运行方向。当在一个长期的上升趋势中出现一个短期的下降趋势，十有八九你都应该买进，而不是卖出，最好是短期的下降显示它可能正在结束，并且价格运动和技术指标正在显示市场开始重新向上运行。

向上和向下的锯齿形态

一个向上的趋势，或者牛市，其价格在形态上总是表现得高点越来越高，低点也越来越高，总的来说，具有一定的规律性、较为理想化的这种运行形态是向上的锯齿形（图 2-1）。无论是什么方向，越是强烈和规则的锯齿形，越是表明趋势正在延续，你就越有信心进行交易。这种观点符合技术分析的原则——一个有效的趋势常常继续保持有效。

总的来说，一个下跌的市场在形态上总是表现得高点越来越低，低点也越来越低（图 2-2）。

当出现一个无明显趋势的高点和低点形态，特别是当它们发生在一个确定的压力线和相应的支持线之间时，你可以确定这是一个横向或者区间交易市场——对投资交易来说获利前景有限，除非价格走出有序的锯齿形进入上升或下降趋势。

图 2-1　牛市的 Z 字形态

图 2-2 熊市的 Z 字形态

清晰地观察锯齿形态的方法是使用线形图（line chart），将一个时期的收盘价和下一个连接起来，而非使用涵盖每个时期波动幅度的垂直的条形图（bar chart）。通过线形图作为判断市场方向的工具，除了它能够表明基本的、清楚的市场方向，还有一个额外的理由。根据价格规则理论——在第 4 章进行了讨论，收盘价非常重要。许多交易者，特别是场内交易员，在每天、每周、或每月收盘前都会清空部分或全部头寸，当以后出现特别有利的机会时，一些人才会开出新仓。根据动力分析，他们结束弱势的头寸，可能在某个方向的确定趋势之中开立新仓，或者增加新的头寸。收盘价会发出信号——无论是日线、周线、还是月线，因此，很多交易者——通常都代表着数额巨大而进出灵活的资金，如果预期市场再开盘时价格将继续按趋势运行，都会持仓回家。因此，从日线到周线，再到月线，收盘价的重要性成指数级地增长。

W 型：上升趋势的开始

每个人都希望在尽可能的低点买进，在尽可能的高点卖出。当你在一个已经确立的强劲的牛市买进，通常收益很大，风险很低。然而，尝试在一个可能正在形成的牛市的底部买入，当你的决定是正确的时候，则是非常令人兴奋的，因此了解如何寻找这样的机会极其富有价值。

一个向上的趋势，或者牛市，其锯齿形态始于一个 W 形底（图 2-3）。

当然，很多 W 形态并未真的开启一个新的牛市，你必须考虑这些形态与下面章节中介绍的其他技术指标是否契合。而且，一个正在形成的牛市的可靠性常常跟酝酿的时间跨度成正比。一个上行的酝酿时间越长，一个形成有效 W 形底的可能性就越大，而且在一定时候，市场越可能走得更远。

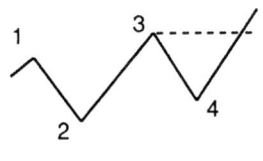

图 2-3　W 形态

一个开始明确上行的 W 形态首先拥有一个比之前的低点略高一些的低点。虽然这在心理上也许更加难以买进，但是当第二个低点明显地高于第一个的时候，W 形态的上行趋势将更加强劲。当一个市场下跌一段时间以后，它需要几次探底来确认一个通往更高价格的起点。一个成功地高于第一个和第二个低点的第三次探底给予我们更多的信心，价格可能已经结束下跌，而且，最小的阻力线现在也许应该抬高了。

在一个线形图上确立一个 W 形态：

◇ 在图上寻找一个不低于点 2 的低点 4，比较理想地是要足够高于点 2，那么这个新低点真的更高一些则是毫无疑问的。

◇ 一个高于点 3 的收盘价确定了 W 形态。一旦在 W 形态中价格突破点 3，一个至少回到突破水平的回调是标准动作，你根本不需要为此担心。这是正常的价格行为。一些技术分析师建议只有在这个预期的回调之时买进。然

第 2 章 确定趋势方向

而,最为强劲的市场从不回调,而且你也永远不能预先知道这些回调什么时候发生。只要新的收盘价不低于原来锯齿形的低点,新的锯齿形上涨就一直保持有效。收在原来的低点之上的第三次探底,或者更多探底,强化了市场已经完成下跌过程并且开始走高的判断。

正如趋势之中还有趋势的原则一样,在一个大 W 形态之中经常会有小 W 形。同时也有一个普遍而可靠的原则是:一个低点持续的时间越长,它就越有可能提供持久的支撑——如果随后再度探底的话。

M 形态:下降趋势的开始

许多交易者,尤其是那些具有很少经验的人,会发现他们很难相信一个牛市能够持续,这导致他们盲从于试图过早卖出的提示电话——无论是结束多头部位或者新开空仓。尝试在市场顶部卖空的风险非常高,除非有正在形成顶部的明确的迹象出现。在这些迹象中最重要的,也是采取行动的一个先决条件,是 M 形态(图 2-4)。

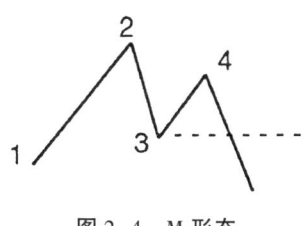

图 2-4 M 形态

根据在特定市场自然时间周期的长度,一个月线图的 M 形态比周线图的确定性成指数级地提高,而周线图比日线图也是如此,更不用说日内图表了。

在线形图上确定一个 M 形态：

◇ 寻找一个转折点，即在图上低于点 2 的高点 4

◇ 一个低于点 3 的收盘价，完成 M 形态

与一个正在形成的牛市形态相反，在一个持续的下跌进行之前，可能会有一个至少回到突破水平的向上的反弹。除非出现一个新的牛市信号，否则不要愚蠢地认为反弹意味着现在市场正在走高。可能会有反弹一直回到 M 形的右边的高点，但这并不违反它的有效性。在一个确定的熊市，反弹会在那个水平停止，在一个非常弱势的市场，反弹停止在更低的水平上。

盘绕的锯齿形

沿着向上以及向下的锯齿形态继续行进，考虑两个有些难度但是相关的变化如何发生是额外有益的，一个是在盘整过程中的缠绕行为，它也可能是一个中间过程的周期性的顶部或底部形态，另一个是市场的运动。

在重大的市场低点，锯齿形有时以两个或三个 W 发展，与其说是事实上的突破，它更像一个盘绕的弹簧，它的概念与规则 5 相似，即林达尔价格规则（见第 4 章）。从顶部到底部的区间往往相对较小，而且诱使人以为没有什么重要的事情正在发生。然而，当市场在一个较小的区间出现一个高点更高和低点更低的形态的时候，它经常露出马脚。在突破之前这种形态发展的越多，即越多的顶部和底部出现，突破之后价格越有可能大幅跟进。

同样重要的是线形图能够暗示价格在一个明显的长期盘整后会沿哪个方向运动。一些技术分析师坚持说，如果你先等待价格从一个区间突破，再进行交易的成功概率更大。当然这是对的——当价格在盘整区间的波动并不稳定的时候，因为随后的突

破有可能是任一方向。然而，线形图上有序的螺旋形态是一个可靠的先兆指标，当它出现的时候，将有巨大的突破发生，就像你释放了一个压缩的弹簧一样。

因此，常常如此，在一个螺旋式盘整过程中进行交易的最好的方式可能是先开设一个初始的头寸，即是说，当有利的螺旋形态正在发展的时候，先投入你正常委托的一半，然后在突破发生之后再增加头寸。

锯齿形态突破

一旦突破发生，同时显著的价格运动明确走上轨道，W底每个支撑腿的推力在趋势的方向上都是非常坚实的，而且回调应该较小并且时间很短。当你考虑在一个强劲运动的市场进行交易时，这也许看上去有些冒险，因为俗话说"有涨就有跌"。然而，事实上最有力的上涨很可能会延续并且只做出最小和最短暂的回调。相似地，一个从历史高点暴跌而下的市场，尤其是走出一个长期的盘整区间，当支撑以及相应的买方力量都已不在，则可能会有一段很长的路要走。市场是剧烈震荡的，也是极度脆弱的，当你试图驾驭它们的时候，最容易受到失败和亏损的伤害。当你考虑进入一个强劲运动的市场——它已经把起点远远抛在后面，那个时候似乎亏损风险非常难以控制。成功运用锯齿理论、并且有效管理风险的关键，不是忽略那些强烈的信号，而是当它发生的时候就尽快行动。我们也应该知道虽然一些明显强劲的运动夭折了，但那些没有夭折的则会继续前进一段漫长的路程，而且成功交易的赢利应该远远超过那些失败的损失。如果你要控制风险，那么请在你用以建立头寸的转折点之外的位置设置止损。如果回调已经快速到来，你也许应该将止损点设置的离进入点要远一些，可事实上亏损的风险与回调的力度是成比例减小的。

伴随着所有良好的指标，在不同的时间周期，主要的市场运动也能够在一个缺乏清晰的线形图锯齿形态下发展，也有时锯齿形态形成的太慢以至于无法有效控制交易风险。然而，这个原则是成立的——当一个好的锯齿形态逐渐呈现，取得一个成功交易的概率是最大的。上述那种情况相当少，虽然不是一个没有。当市场主要的趋势向上，在日线图或日内图上短期超卖时遵守预定的买入计划，反之亦然，在一个下跌的市场，一个反向的锯齿形态则是一个很强的卖空指标。

活牛期货图上的多个 M 顶、W 底和锯齿形

2007 年 6 月活牛期货的日线图描绘了发生在较大波浪和较小波浪上的多个 M 顶、W 底和锯齿形（图 2-5）。

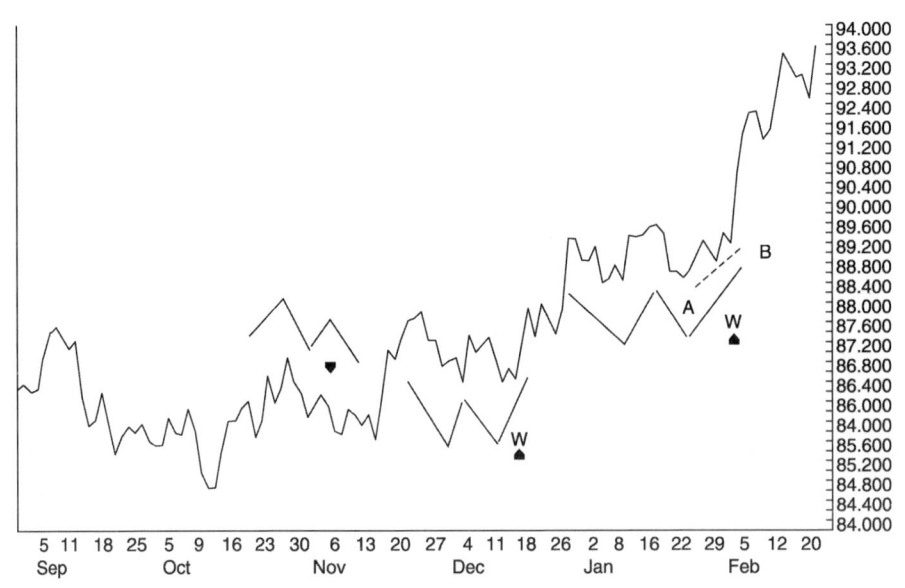

图 2-5　2007 年 6 月活牛期货合约日线图的多个 M 顶、W 底和锯齿形

在 11 月，有一个明确的 M 形在较低的高点完成。在这种情况下，这个市场没有持续向下的动力，但它并不违反这是一个有效形态的原则。

在 12 月，一个大 W 底形成了，它的右边底部走出了一个像教科书一样标准的小 W 形，在箭头以上，从那里开始，出现了一个非常有价值的上冲。于是一个巨大的 W 底形成了，达到 W 形的顶点后走出了一个第三高的低点，确认了锯齿形态，在图上用线段 AB 标记，随后在第二个箭头之上是最后的上涨。在这个例子中，这种盘绕的锯齿形态是明显的牛市信号，因为第二个和第三个低点都明显地高于前面一个低点。这是一个有些陡峭的多个 M 和 W 形态的案例，它们似乎看上去蕴含着更多风险，但是事实上刚好相反，情况几乎毫无改变。

怎样运用锯齿形态

◇ 在图表上确定一个任意时间长度的趋势，你需要至少一个初始的 M 或 W 形态，最理想的，是一个已经确立的规则的锯齿形态。

◇ 对交易决策来说，周线图确定主要趋势，虽然有时日线图也可以单独用来进行交易。

对那些已经具有长期趋势的市场来说，观察一下月线图可以增加一些把握，但是如果月线图还没有跌破趋势线，不要阻止你的交易。月线图主要用于那些长期持续运行的市场，例如金融、金属和股票指数市场。农产品市场往往周期较短，其趋势取决于从一个收获季节到下一个收获季节的预测，或者库存释放的周期。

有时候，例如当一个市场已经达到一个明确而又坚固的阻力位或者出现一个岛形顶部或底部，你可能想使用日内图，例如 60 分钟或 120 分钟图，应用锯齿形态确认一个趋势逆转的事先假定。这种应用非常具有价值——对那些使用日线交易技术并想优化新开头寸的人，或者那些从一个明显的突破抢反弹的人，就像我们在第 22 章和 23 章讨论的一样。

◇ 行动信号发生在时间周期产生的转折完成之时。

在线形图上一个相抵触的 M 形、W 形或者一个已经完成的锯齿形——处在你希望交易的相反的方向——当它清晰而完整地出现时，这是一个强烈的反向指标，但是它并不意味着完全不可以交易。

无常和矛盾总是常态。举例来说，当在周线图和 60 分钟图上出现一个好的锯齿形时，虽然日线图上并非如此，你也可以考虑进行一次交易。

市场的运行会否定一个锯齿形态，从线形图上看，在牛市中是以一个收盘价低于原来的低点，在熊市中是以一个收盘价高于原来的高点。当它发生时，在图表的那个时点这是一个强烈的出场信号，但并不意味着你必须这样做。对一个不利的收盘价的重要性，日线图比 60 分钟图成指数级地增长，同样，周线图比日线图也是如此。

◇ 在线性图上一个否定的势头并不意味着一个相反方向的交易信号。那同样需要一个反向的 M 形态或 W 形态完成。

◇ 在盘整过程中寻找缠绕行为——特别是当一个市场已经超买的时候，那么就卖出；或者超卖的时候，那么就买入。一个严格的价格区间并不意味着当价格突破区间时潜力有限——恰恰相反！确认无误的价格盘绕行为经常使你在一个相对风险而言非常有利的价格上及时建仓。

◇ 在一个强劲运行的市场，在趋势方向上突破以后，价格会有一段很长的路程要走，价格回调往往很小，持续时间也只有几根K线而已。

◇ 多个M形、W形和已经建立的锯齿形态也可以和其他指标一起应用，例如异同移动平均线（MACD）和随机指标（KD线），我们在后面章节中将会讨论。

在最可信赖的市场转折点，价格和动力指标，例如随机指标（KD线），都在同一个方向同时产生多个M形和W形，随后是锯齿形。当随机指标（KD线），一个领先指标，出现较高的第二个低点以及一个相应的W形态，但是价格出现了一个更低的低点，这就是所谓的背离。相似地，当随机指标出现一个较低的第二个高点但价格没有，也是一个背离。最起码，背离现象表明了衰弱的动力以及价格反转的潜在可能。随机指标的运动比价格运动更有效。

黄金的锯齿形态

从1980年到2006年，黄金的月线图清晰地表明，黄金价格从1980年开始，在下降过程中有四个漫长的周期，同时在强劲上涨过程中有两个周期，包括从2001年开始戏剧性地上涨所开启的牛市。这些规则的锯齿形，不论上涨或下跌，几乎都非同寻常。在趋势建立以后唯一真正模糊的期间发生在2005年第一个九个月的整理期间。

注意从1993年到1996年三年的横向市场，当价格无法创出新高，且在毫无结果的横向延伸之后，代之的是继续向下运行。这个下跌发生在股票市场特别是高科技股票正在一飞冲天的时候，而且似乎没有系统性的风险和相应的需求以持有黄金避险。另外也要注意在1999年年中至2001年年中的两年间，当价格似乎停止了下跌并且按预定进程开始了一个巨大的新牛市。从大局来看，有一个略微倾斜的 W 形态，它的高点由一个非常有力的、但却无法持续的巨浪形成。不过在回调过程中，直到 1999 年形成的低点被测试并且表现良好，它的底部才勉强得到确认。

这些横向市场的运行描述了你期望价格运行的非正式规律，当它突破盘整区间时，会形成一个实实在在的跟已经横向运行时间长度大致成比例的运动。没有办法在数学上验证这种时间和价格现象，但是这并不能减小这个原则的有效性。

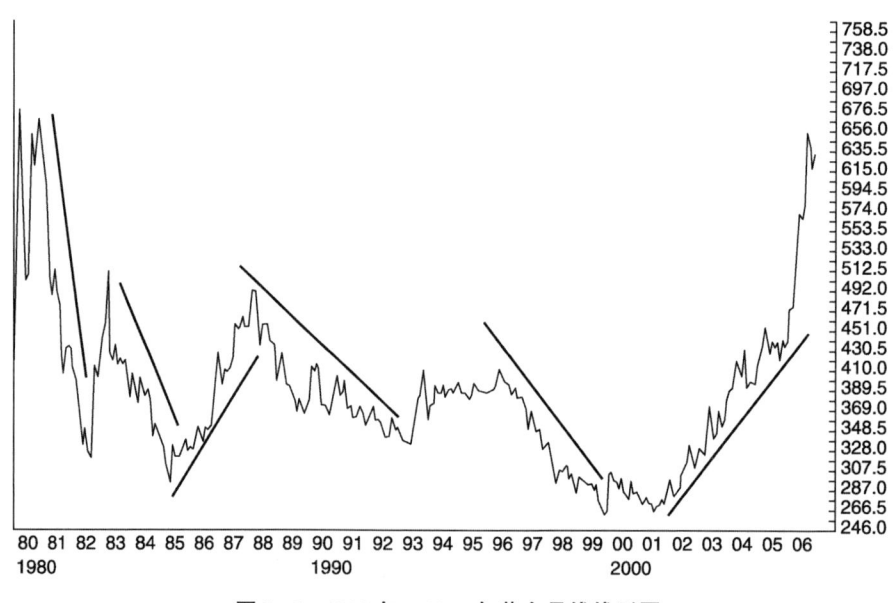

图 2-6　1980 年—2006 年黄金月线线形图

虽然价格运动走出一个长期的盘整状态可能是真实的，但在市场横向运行时，总是存在一些不可避免地使某些交易陷入困境的挑战。因此，应该避免陷入这种困境，除非在运行区间的盘绕行为明白无误，或者突破既成事实。

2004 年到 2006 年，黄金的周线图阐述了关于横向市场的观点，可以看到相应的遇阻回撤以及盘整结束后的运行潜力（图2-7）。

相对月线图来说，你看到一个持续但是更加参差不齐的上行趋势——周线图是从那里开始的：价格从月线图上的凹陷处走出并且明显突破了2004年的锯齿形态。

从2005年11月到2006年7月的黄金日线图表明，锯齿理论有时并不规律地发生作用，并且折射出短期内技术上的缺陷，对于2006年2月和3月的上升趋势，它在周线图上明显地表现出一个截然不同的折皱形态（图2-8）。

一旦价格突破4月的高点，直到到达最后的顶点为止，再也没有一个信号出现偏离。而一旦市场从顶部滑落并开始走出一个向下的锯齿形态，直到剧烈的下跌结束为止，再也没有出现一个反向的锯齿形态。在市场最后的顶部，日内价格比1980年9月市场顶部的日内高点仅仅高出了3美元！1980年的最高点比它高出13美元，表现为一个中央有着巨大的凹陷的M形态。

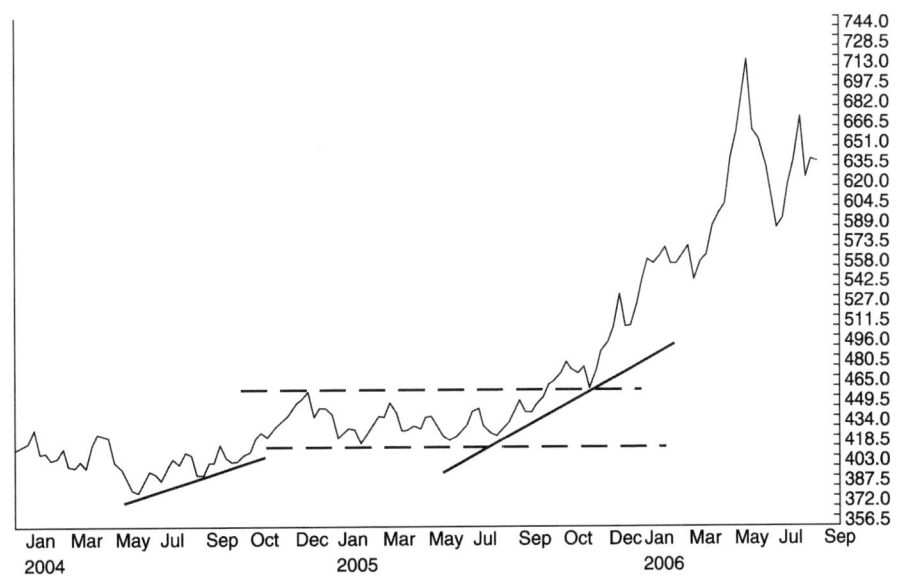

图2-7　2004年—2006年黄金周线线形图

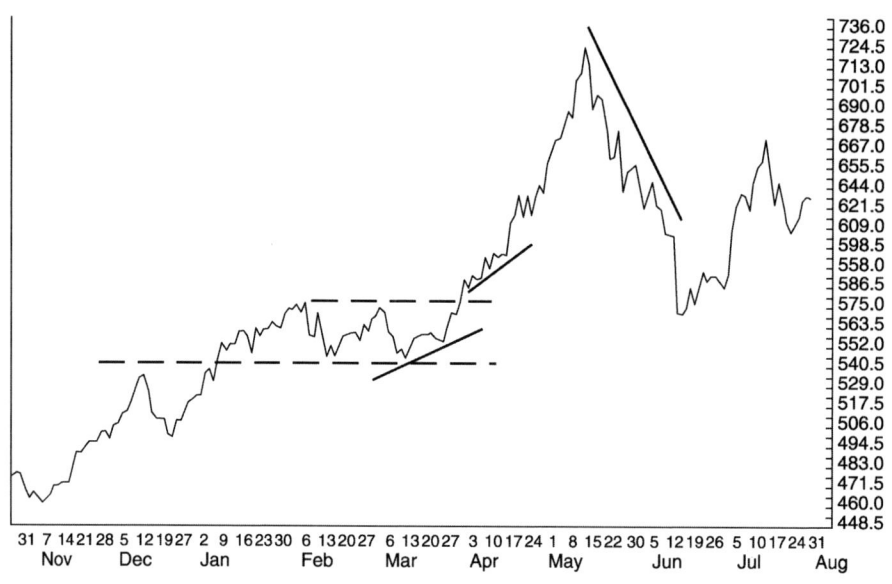

图 2-8 2005 年 11 月—2006 年 7 月黄金日线线形图

第3章 图表的类型

柱状线的作用

本章所涉及的内容或许会与其他书本有些许差异,作为一个专业的期货交易商,您可以大致略过本章。但对于那些新手而言,必须熟悉图表形状的形成,以及能够识别出期货市场行为的潜在信号。甚至一个独立的柱状线亦可显示,在特定的时间段内,是否存在较大的买盘或抛盘压力。若干个柱状线前后联系起来观察的话,也许可以揭示出导致价格变化的更重要的契机。

基础柱状线是所有图表上区间形成的基石。它代表了各自在某段交易时间内的范围,如一天、一星期或者一个月。

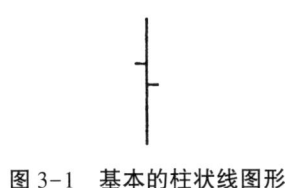

图 3-1 基本的柱状线图形

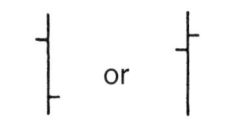

图 3-2 收盘价格的重要性

柱状线依价格走势变化进行标注，右侧的短横线表示收盘价，左侧的短横线表示开盘价。

对于收盘价，尤其重要的是取决于它的位置，是位于顶部，还是底部，或者是在中间（图3-2）。

如果收盘价位于顶部，则暗示了存在较大的买（卖）盘压力，如果收盘价位于底部，则提醒了较大的卖（买）盘压力，当收盘价位于中间时，则呈中性，但我们假定它与之前的收盘价含义相同。

一旦看出市场的动向，专业资金则倾向于在任何给定的时段内持续交易，不论是一天、一个星期或者一个月。另一方面，更多投机性地、日间交易资金在开盘时进行交易。例如，市场开盘处于或接近一天的高位，收盘接近低位时，鉴于投机资金数量少且易于管理，其更愿意把亏损存入银行。资金也许会在低位收盘时重新建立新的短期头寸入场。当周五（如果是假日则是一星期中最后一个交易日）的收盘价出现强势上扬或弱势下跌时，则下周有很高的可能性，走势会延续之前的方向。因此，在周五收盘之前，需经常关注其强烈的买入信号，并且退出边际交易。

内敛柱状线是指交易价格的浮动区间位于之前柱状图的高点和低点之间（图3-3）。

如果交易商们不能冲破前期价格浮动区间的高点或低点，可以推定主力资金正处于观望状态，这或许预示着在市场维持了相当长的一段时间后，走势将发生改变的信号。

顶部收盘价反转是指当价格超出之前浮动区间的高点，且收于之前收盘价的上方（图3-4）。

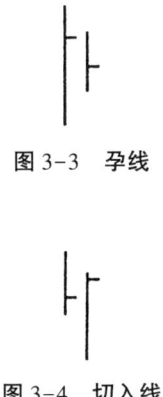

图3-3　孕线

图3-4　切入线

也表示当价格超出之前浮动区间的低点，且收于之前收盘价的上方。底部收盘价反转表示价格从一个高点向底侧移动（重新指明方向）。

收盘价反转是非常重要的，它暗示了市场可能将展开一段具有投资价值的运行。然而，比起方向上的改变，还有更多更重要的反转，你必须结合其他指标综合起来考虑，不能毫无区分地任意运用。

外部上扬柱状线是指当价格同时超出之前浮动区间的高点和低点，且通常收于高点附近（这和第5章所讨论的烛线图表上的吞没柱状线相同）。外部下探柱状线与之相反，通常收于低点附近（图3-5）。

依据其他指标，外部柱状线会发出一个行动信号，但由于其作为绝佳的买入和卖出点频繁出现，也有可能是一个假象。

高低位反转是指当价格收于柱状线浮动范围的末端，而紧接着在下一个柱状线上收于相反的方向（图3-6）。

尽管有时会在课本中省略，但高低位反转尤其重要，特别是紧随着另一个高低位反转，或此前不久刚出现过，或处于一个收盘价反转之后。

如果你用 Ensign 图表软件，你要知道，它将这种形态描述为一个关键的反转组成（从下一个图形中，你可以看到对关键反转更精确的定义）。你可以通过对大部分的软件进行编程来突显这个形态，这里建议你用绿色代码表示上侧反转，红色代码表示底侧反转。当其他指标被确认时，将密切关注这个形态发生的频率及确切时间，此时可以对入场或离场的时机进行判断把握。在相同方向上出现连续的高低位反转时，极有可能使得市场朝着指标既定的方向做进一步移动。

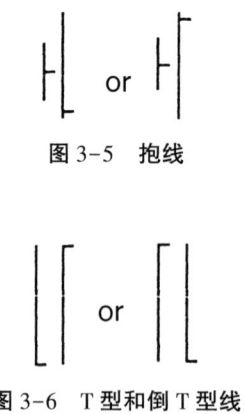

图 3-5　抱线

图 3-6　T 型和倒 T 型线

关键反转日

真正的关键反转日，对于指明买入或卖出高潮的判断运用上特别有效。一个顶部关键反转日与普通的上部收盘价反转日相同，但是必须满足以下条件（这里描述的是每日的柱状线，其间隔运用可长可短，如一个星期或者六十分钟）：

◇ 市场在下降趋势中,价格创造了日内新低。

◇ 出现一个明显陡峭的,同时又强有力的下降趋势。

◇ 从底部出现强力反弹。

◇ 收盘价位于浮动范围的上半部分,且高于之前的收盘价。

◇ 当开盘价位于浮动范围的底部或附近位置时,关键反转日就显得尤为重要了。

◇ 关键反转日一般于交易量明显扩张时形成,特别地,随着收盘临近,成交量不应该会缩小。

底部关键反转日与这些条件相反。在下降趋势中出现单个的关键反转日比在强牛市中显得更为可靠。有时为了达到买入高潮,经常会出现第二个关键反转日,随后市场开始调头向下。

持续形态包含好几个柱状线,每个的低点和高点会依次比之前的更高(图3-7)。

处于持续形态时,价格承压使得买方无法像以前一样在低位买入,而且很有可能价格会继续攀高。无论收盘价如何变化,持续形态都是非常重要的,其普遍适用于所有图表,但在周线及月线图上的应用更广。

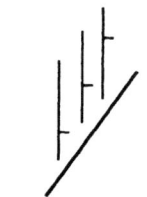

图3-7 前方受阻红三线

反转形态与持续形态正好相反(图3-8)。

卖方可以在价格持续走低时卖出,而此时买方在资金投入方面则变得更为谨慎小心。

陷入交投区间表明价格正在横盘整理，处于均衡带的宽幅波动称之为交易区间。

缺口经常出现于每日的图表中，它在图表上显示为一段空白，与之前的柱状线没有直接连接，因为在此价位没有成交发生。

当市场从之前的收盘价开始跳空向上时，缺口将会在之前的跳空处被填补。缺口测试是指当市场出现缺口但并没有被填回，价格返回缺口处，甚至远离收盘价。跳空向下的缺口情况与之相反（关于缺口的详细内容请见第9章）。

岛型反转由一个或更多的交易日组成，且两个方向都有缺口存在。它常出现于一个主要运动的最后，表示动能消耗殆尽。当由若干个柱状线组成时，其意义更是重大。

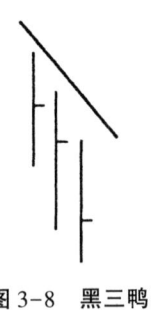

图 3-8　黑三鸭

在同一方向上，连收五日阳线或五日阴线时，可以持续跟进买入或卖出，因为很可能走势会延续下去，除非有明显的标志，表明此时已经处于超买或超卖。

类似监听以获取信息

研究图表类似监听以获取信息。巨资进入或退出市场时，除了显示买入或卖出的压力位,影响图表形态外,别无他用。在收盘后对单个或若干个柱状线进行观察,就会发现一些重要的线索,以便确认或对趋势方向即将改变引起重视。

一个强上升趋势市场的收盘价大多收于浮动范围的上部,而且收盘价更趋向收于高位。当趋势向上时,个体上涨通常大于个体下跌。

一个上升的市场也会存在脱离常轨的行为,尽管是为了在收盘时能获得收益。例如,一个底部反转日柱状线可能会随机改变,特别是当它存在一个窄幅的浮动范围。若干个底部反转日的出现,使得卖方更坚信他们自己,随即在之后早些时间的一段时期内收益始终在下降。因此,如果主要趋势没有改变的话,在短期内仍将有很高的准确性。而当市场变为熊市,购买压力开始显现时,如上阐述将被推翻。

缺口一般由非常明显的买入或卖出压力形成。处于巩固带内的小缺口无任何意义,它们经常出现,很快又会被回补,因此称之为普通缺口。连续出现若干个向上的跳空缺口,则表明做多动能已经被释放,暗示你应该持有多头头寸。

当在一个平稳的区间内出现若干个向下的跳空缺口时,也许不久就会出现一轮暴跌。紧跟着岛型反转后,出现一个向下的跳空缺口,则很大程度上预示着,至少处于中期趋势,市场的上升动能已枯竭。

第 4 章 价格规则

何时扣动扳机

本章节描述价格形态,或者称之为价格规则,当其他指标确认了一个买入或卖出信号时,需要及时采取行动。如同冲浪运动员抓住最佳时机乘风破浪一般,你想在一轮走势刚开始时便能抓住良好时机,而当已有足够的证据表明可以开始时,走势往往已经接近尾声了。

交易的方式

首先,考虑交易的同时,考虑选择时机。一些交易商们只想入市交易,却毫无理由,只是一味往前冲。对一个技术分析人员来说,这种行为是缺乏判断且非常不可靠的。只有当目前正处于趋势当中;或那些有商业需求,要立刻进行买卖;或对价格相当敏锐敏感的人才可以尝试。

通常处于基本的可辨别的支撑或阻力水平,交易商会设定目标来进行高抛低吸,市场上的庄家、商业客户,还有那些持有大额头寸的交易商经常使用这种交易方式。对于非专业的交易商,这种交易方式也能起到良好的作用。然而，你无法知道这种交易方式，是否可以达到之前预期的效果，除非在你入市交易后。因此，在预定的价格进行高抛低吸时，可以先结清之前的头寸，再建立一个新的头寸。

设定目标价格从而建立新头寸还存在一个问题，就是你确定知悉，在价格接近或达到目标价格之后，市场走势将会如何运行。假如这个过程只是暂时性的，之后的反弹却很强烈，这表明也许有很多人的看法一致。或者，可以看到市场走势在达到目标价格时，交易商企图再次推高价格，但却没有成功，从而消耗了精力，使得疲态尽现。价格规则理论的要点是，在毫无根据的猜测之前，你想观察交易商们对市场的反应，但此时价格不仅会停滞，而且还会朝你交易的方向转变。

另一个极端，交易商们会在超出阻力水平的价格位置上买入，而正如所预料的那样，价格持续上扬。也可以在走势下跌，并跌破支撑水平的价格位置卖出，而之后价格继续下探。这种方式比起高抛低吸更为有效，这正符合价格规则中顺势而为的观点。

价格规则怎样起作用

价格规则背后的观点正如市场所表现的，随着价格形态的发展，可以建立面向全部图表的形态和指标，使得在信号趋势的判断上尽可能迅速。即使入市再早，走势也不会朝着期望的方向运行；入市再晚，走势也许会与你背道而驰，风险会不再受控制。价格规则从日内到月度，对所有时间段的图表都有用。但是它们大多被应用于每日或日内入市交易的时机选择上。即使交易尚未完成，价格回落至底部形成买入点，或者反抽至顶部形成卖出点，在这个过程中，价格规则表示资金会朝哪边流动或可能朝哪边继续保持流动。降至最简条件，市场随后的走势很有可能沿着相同的方向，强势收于顶部或底部附近。比起偶然行为，强势收盘这一突出的行为，有更高的可能性使得价格持续沿着指标方向移动。价格规则并不完美，你可以在没有价格规则时入市交易。然而，价格规则经久不衰。

当价格规则理论与其他指标一起使用时，意味着市场将开始一段有投资价值的走势。在你认为可以入市交易，且还没有大量证据显示时，也许赚钱的机会就已经消失了。即使价格一开始与期望的完全不一致，你可以认为价格规则是一个窄幅交易区间，只要价格回撤在可接受的范围内，没有超出区间范围。价格规则的构成通常有足够的空间，使得价格在一定的信号范围内浮动，一旦价格浮动超出范围，则可以避免不必要的损失。

这章描述的八个价格规则与第5章中所讨论的古时日本的蜡烛图原理相似。如果你的绘图程序可以在柱状图、折线图、蜡烛图中转换，就可以把它们做个对比了。无论是价格规则还是蜡烛图，当独立使用时，都无法取得足够的效用（尽管有些人还是会用）。这两种方法可以帮助决定何时买入或卖出。

在仔细端详价格规则前，理解领会它们的原理更为重要。买卖标志都会给出说明，因为知道何时做空，何时做多都是非常重要的。规则不像铸造青铜器，你可以根据其他指标的显示进行判断行动。最重要的是要消化理解这些看涨、看跌，或横盘整理的形态。

价格规则原理

◇ 在普通的交易过程中，无规则地买入卖出，价格图表亦表现为无规则形态。当持续地买入或卖出时，在价格图表上亦会反映出来。沙子上的脚印毫无作用，当开始朝目标行进时，只有一路上寻找标记才可继续行走下去。从另一个角度看，你想要强买弱卖，只有当形态得以持续发展时。

◇ 当收盘价位于波动区间的末端时，意味着市场很有可能仍将以强势收盘，当在同一个方向上连续强势收盘。

◇ 当价格规则信号发生时，要迅速采取行动。有效的信号会使价格立即跟进。想要等待更多的信息以便确认时，只会增加风险，从而错失良机。当市场开始运行时，有许多的权衡得失需要进行确认，市场将会有风险管理方面的隐患。在信号得到确认后，也许会出现回撤，此时你可以以一个较好的价格入市交易。然而，这些信号也经常会出错。好的信号立刻会产生收益。在长期的走势当中，当强烈的价格规则出现时，就可以采取行动了。

◇ 价格规则出现在周度图表里，预示着将会出现一个主要长期趋势，这甚至会出现在月线图中。而在日线图中出现，则是入市交易的机会。有时这些标志会同时出现于月线、周线以及日线图中。当这种情况发生时，后期的走势将变得令人关注。

所有价格规则的条件

◇ 为了补全价格规则，在买入信号中，最后一个柱状线的收盘价得位于波动范围顶部的25%以上，在卖出信号中，得位于底部的25%以下。

◇ 价格规则也许得花费更长的时间去形成。因此比起三天，花费四到五天也许更能形成一个三日收盘价规则（如后面所阐述的三日收市规则）。有时需要花费四到五天，才能得到在顶部或底部25%范围内的收盘价，从而完成形态。

◇ 当收盘价位于波动幅度的中部时，结果显示中性。假设收盘价与之前的形成一样。

◇ 当新的形态出现转变时，需要对形成之初，从新的柱状线开始重新进行计算。

◇ 当价格信号形成时（其他指标得到确认），就立刻买入或卖出。如果你错过了信号，不追逐市场，等待下个信号。

◇ 价格规则的要点是市场固然要紧跟着信号方向走。偏向这种可能性的发生，当收盘价在各自上下波动幅度的25%时，但是你需要更精确地去查看日线图关于市场怎样收盘的。例如，你想买入，最好的局面是市场在低点开盘，在高点收盘。你应该提防当市场开盘处于高位时做多，然后远离，此后要再触及先前的高点时，将变得非常困难。在入市前，紧盯日线图及过往图表都是非常重要的。类似的，你需要理解市场在运作时，前后周线图及月线图是如何变化的。

价格规则

三日收市规则

买入信号发生于三个连续的完整的柱状线，价格收于变动范围的上方，下一个图形价格收于变动范围的25%以上。卖出信号与之相反（图4-1）。

当市场集体行动，两到三个图形并排时，可信度较高。通过积累模型，偏差会有所上升，如第 3 章讨论过的。当两个柱状线远离第一个时，风险将会减小很多。

图 4-1　三日收市规则

反转日规则

为了节省说明的时间，三个柱状线减少为两个，其中一个是收盘价反转日，关键反转日和高低位反转日（图 4-2）。

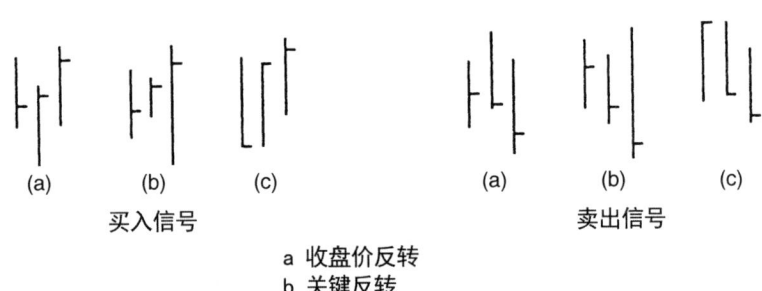

a 收盘价反转
b 关键反转
c 最高点/低点反转

图 4-2　反转日规则

缺口规则

为了节省说明的时间，三个柱状线减少到两个，当缺口发生时（图 4-3）。

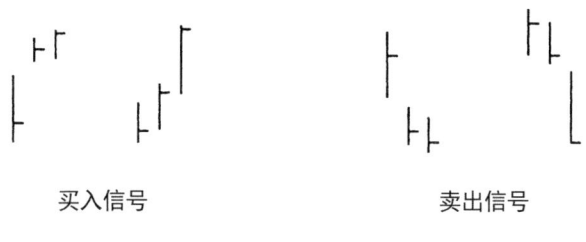

买入信号　　　　　　　　　卖出信号

图 4-3　缺口规则

岛型反转规则

对于岛型反转来讲，收盘价是否位于波动幅度的顶部还是底部，无关紧要。一个岛型反转可能会包含许多柱状图。然而，岛型反转形成的时间越长，缺口就越对称，而很有可能当价格到达一个重要的折返点时，会继续沿着新缺口的方向。岛型常表示之前一个趋势的终结（图 4-4）。

买入信号　　　　　　　　　卖出信号

图 4-4　岛形反转规则

林达尔买入规则

著名的期货交易员 Walter Bressert 大力推荐这个法则（图 4-5）。

由九个处于低点的柱状线所构成：

◇ 价格必须越过处于底部柱状图的高点：b 必须越过 a 的高点。

◇ 价格必须越过之前的柱状图：d 必须越过 c 的低点。

◇ 对于买入，价格必须越过之前柱状线的高点，收于之前柱状线收盘价的上方，e 为现在的开盘价。

完成这种结构形态，少则三根柱状线，多则九根，这取决于夹杂在中间的柱状线数量。换句话说，价格是否超出之前的高点或低点并不重要。也许中间会存在若干个中性柱状线。

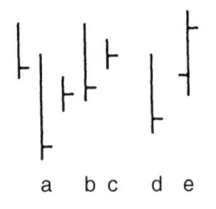

图 4-5　林达尔买入规则

林达尔卖出规则

由八个处于高点的柱状线所构成（图 4-6）。

◇ 在构成上，价格必须越过顶端柱状线的低点：b 必须处于低点 a 的下方。

◇ 价格必须越过之前柱状线的高点：d 必须处于高点 c 上方。

图 4-6　林达尔卖出规则

◇ 对于卖出，价格必须越过之前柱状线的低点，收于之前柱状线收盘价的下方，e 为现在的开盘价。

◇ 完成这种结构形态，少则三根柱状线，多则八根，这取决于夹杂在中间的柱状线数量。

Walter Bressert 发现有效的买入信号也许比卖出信号需要更多的柱状线。有些人发现林达尔信号很难掌握。也许得花时间，但这是值得的。当其他的指标显示价格转变时，林达尔信号就变得十分可信。在整个时间段内，它们在图表上也会频繁地出现。如果你对林达尔信号的识别有困难，只要想想柱状线中的 M 头或 W 底形状，它们就像是这个的缩小版。林达尔信号在月线图中更为可靠，因为它的时间跨度较长。

双重反转日规则

当出现六根柱状线或更少的一段时期内，在相同方向上完成了第二次反转，不管是收盘价反转，高低位反转还是多空结合。两种反转都应收于柱状线波动幅度的顶部或底部的 25% 左右（图 4-7）。

正如双重反转这名称所揭示的，这是一种双重趋势的延续（关键反转日规则）。双重反转日经常出现且可信度高。它们也时常会出现于林达尔形态中（林达尔买入规则）。

如果第二个低点相对较高，则会出现更强烈的买入信号。如果第二个高点相对较低，则会出现更强烈的卖出信号，除非第二个反转特别地强劲。理论上，和收盘走势一致，第二个反转应该在买入时上扬，在卖出时下挫。有时，两根柱状线就可以完成这个形态。当作为一个关键反转日的柱状线完成双重反转时，表明后市走势会较强劲。

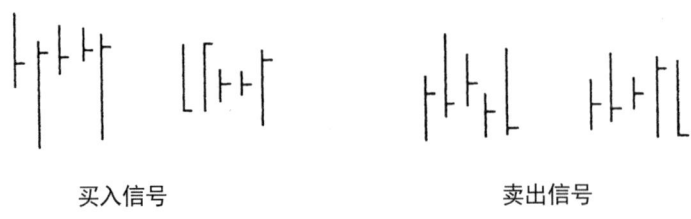

买入信号　　　　　　　　卖出信号

图 4-7　双重反转日规则

关键反转日规则

在交易过程中，出现长反转柱状线，甚至认为趋势会向相反方向改变，关键反转日由此得名（图 4-8）。

确定你对第 3 章中讨论过的所有关键反转日的构成都已了解熟悉。这条规则对于暂且离场观望或再还没找到好的入市时机前，都有非常大地帮助。

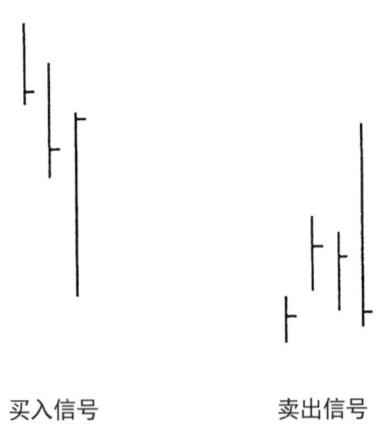

买入信号　　　　卖出信号

图 4-8　关键反转日法则

除非关键反转日非常强劲，否则最好还是等待观察，在买入时市场是否会返回测试低点，或在卖出时测试高点。甚至在出现强烈的关键反转日时，即使没有越过高低点，但试线的可能性还是很大。然后在图表上会形成一个新的 M 头或 W 底形态。V 型顶或 V 型底由半数还不到的反转图形构成。

趋势持续规则

这条规则普遍适用于走势快速变化的市场。关键在于欲知趋势的强度必须要知道更多的信息。节省时间简要说明，当一个独立的反转柱状线，不论是收盘价反转还是高低点反转，理论上外部反转出现于一个已经建立且明显的趋势上。一个清晰明确的趋势通常需要 25 天—40 天的平均移动来确认，并在月线图、周线图上表现出来。与之一样，日线图包含一个 10 天的移动平均线。

在心理上，要追踪过于陡峭的市场价格是很难的。价格规则只是提供了一个既能有效止损，又有可能获取收益的一种途径。

举例说明价格规则

2006 年 9 月至 2007 年 2 月的黄金走势图显示了所有的价格法则，其中有些是买入信号，有些是卖出信号（图 4-9）。

在每个信号出现时，你当然会把握时机，采取行动，但是有些事件发生时，你却没有留意。

你能看到有些价格规则只是另一个的重演。事实上，出现在 9 月底的林达尔买入信号（林达尔买入规则）与三日收市规则，反转日规则和缺口规则的信号相同。这样的价格规律关联方式很少见，但这并不意味着信号强度的成倍增加。当信号与其他各种不同的指标结合起来运用时，信号的势头将更强烈。9 月初岛型反转顶的形成，使得后期整个走势愈加坚挺。相比之下，临近十一月底出现的关键反转日（双重反转日规则）则有待商榷，无论在幅度还是动能方面都略显不足，虽然在位于一星期前留下的缺口处成功受到反弹支撑，而略有增强。

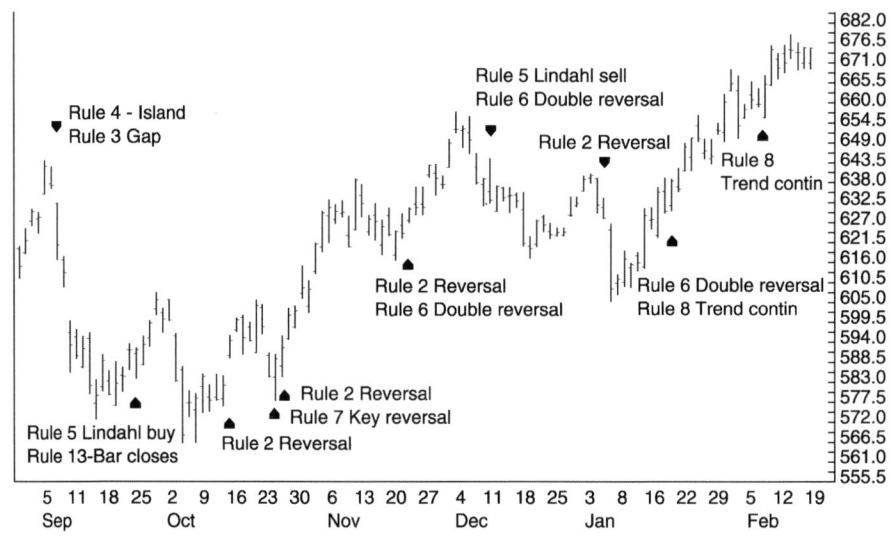

图 4-9　黄金日线图价格法则

第 5 章 蜡烛图：一个有用的工具

另一种看图的方法

日本的蜡烛图在最近几年变得很流行，甚至有些人只使用蜡烛图。下面是对如何使用蜡烛图这个好工具的一个简单的回顾。不过，这样的蜡烛图不是作为一种指标的，它们的意义是对时间技术的边际处理，因为没有一个单独的蜡烛图或者多个蜡烛图的模式能够提供统计可信的交易信号。当然，它们在别的指标确定波动行情的情况下，它们给出的潜在发展机会和时间进出点是足够明晰的。这样，它们可能可以作为对第 4 章中描述的价格规则的一种替代或者补充。

蜡烛图能做什么

蜡烛图用柱状对买压和卖压提供很好的证据，可以认为它比一般的柱状图好太多了。蜡烛图有着复杂性和多样性，可能有超过一百种的模式，这些在某种程度上抵消了从蜡烛图上看到的买压和卖压的优势。也与第 4 章中所讲的价格法则形成对比。单独用蜡烛图来开发一个交易方式是不可能的，甚至是最狂热的拥护者也表示蜡烛图只是众多工具中的一种。

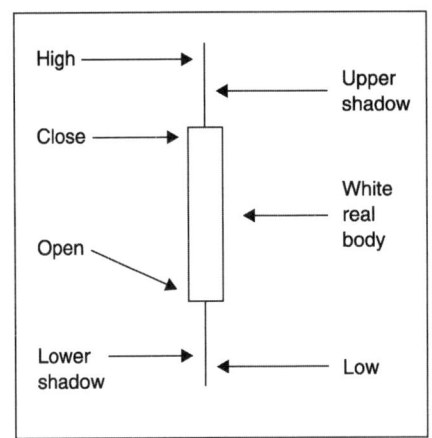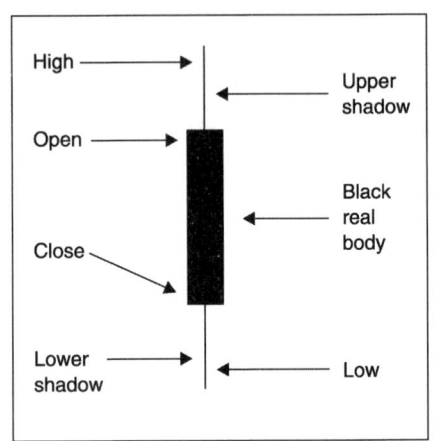

图 5-1　蜡烛图

这种情况并没有降低它们的实用性并且很好的保留在每个交易者的工具箱里。最主要的事情就是使得蜡烛图所代表的东西内在化，这样你就可以立刻理解这些潜在的因素如何产生了你所看到的图形。（图 5-1）

蜡烛图是由一个长的矩形构成，矩形里面是空心的或者是实心的，这叫作实体，通常在实体的上面和下面有一根细线伸出。这些线被称作影子、尾巴，或者在方法论中称作灯芯。这个柱状线主体的高点是上灯芯的顶点，同样这个柱状线主体的低点是对应底部灯芯的低点。当收盘价高于当前柱状线主体的价格时，实体是空心的，同时低于时，实体是实心的。实体的范围是由柱状线中的开盘价和收盘价之间的范围组成的。这个思想是这样的，开始的地方在哪里是很重要的，同时柱状图中的所有支撑和压力的短期买压和卖压衰竭后，交易行为是如何结束的也很重要。当交易超过了柱状线主体的高点和结束价时，灯芯线就超过蜡烛的终端,虽然灯芯很少或没有灯芯的时候经常发生,这就意味着大多数的交易都是在开收盘价相对的高或低下进行的。一些图形软件提供很有用的颜色来表示高低——绿色表示更高,红色表示更低。

蜡烛图显示市场动能

实体越长表明买卖压越具攻击性。另一方面,短的实体表明很少的价格运动并且代表巩固,可能是不明确的。(图5-2)

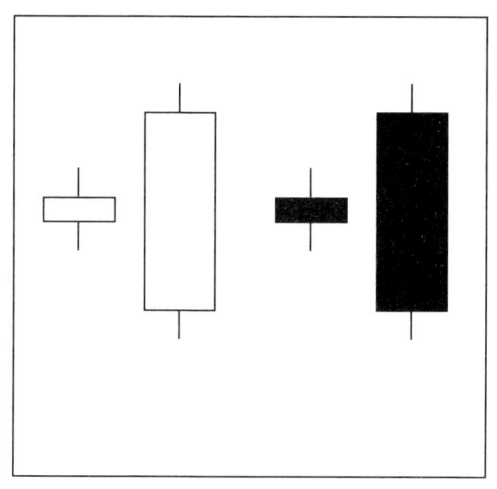

图5-2 买入和卖出的实体

最强的蜡烛图是光头图形,空心表示上涨,实心表示下跌。他们没有上下影线,并且高点和低点刚好代表开盘和收盘价。在柱状图中所有在市场右边的都在赚钱,同样,所有在市场左边的都在亏钱。在一个非常强的连续的图形之后,买卖双方都预期可持续动能出现,市场认识到突破正在运行,这时,市场中一个方向增加利润,同时另一方结束亏损的头寸。

以下这些蜡烛图和上下影线较短实体较长的图形出现时,可能会预示着市场将有行情启动。

◇ 几个实心或者几个空心的图形一起连成一串,预示出市场正试图向一个方向突破。

◇ 有一种包含的蜡烛图——图表上等效的柱状图在其之外包含。

◇ 一连串的蜡烛图突破某一个缺口。

强势的空心蜡烛图在它们出现时,特别明显,市场可能在支撑位置反转向上并且随机指标显示超卖。同样地,强势的实心蜡烛图可能显示新一轮下跌的开始,在相反的方向,当价格脱离运行阻力时随机指标已经在超卖的水平上了。另一方面,明显的强势蜡烛图也经常刚好发生在一个趋势的结尾,这是被热情所驱动的交易者在最后奄奄一息地表达,并且那些不想承受更多的损失的交易者将来对抗他们。随机指标提供了一种最好的方法来提示曲解突进的市场行为可能面临修正,这样就可能终止一个趋势。

蜡烛图显示趋势不明或衰竭

短影线短实体的蜡烛图意味着在市场的两端都没有攻击性的压力,并且价格正停顿不前。更重要的是长影线的蜡烛图,不考虑实体的长度,只看影线是长的或者实体和影线都是长的。开盘和收盘的价格和实体的相对的位置也是很重要的。普遍的规则是影线越长,那么把价格推向一个方向的努力就越容易失败并且表明交易者准备从极限区间把价格推向反方向。

根据这个原理,蜡烛图是一个有用的工具来帮助确认可能的反转,并且最重要预示趋势可能结束的是十字线蜡烛图。它发生在当开盘和收盘价格在相近价位,没有或者只有很少的实体。它常常显示一个趋势正超出火力范围,通常对于日线图是最有用的。十字线可能预示着至少短期回撤将展开，也可能更长，可能从现在开始或者不久以后。所以，它警示着在买压趋势的最高点或者没有成功获利的交易应该以一个适当的价格出来。同样的，十字线也可能预示着卖压的枯竭或者至少可能做一个向上的修正。

十字线蜡烛图，几乎没有实体就像一组没有灯芯的蜡烛图一样相对很小的范围，包括旋转顶部，锤子线还有吊线。这些图形都证明一种特定的市场行动的不明确，但是它们中没有一个单独的蜡烛图有任何的统计可靠意义，除非再结合其他指标、趋势的强度和接下来的一根或几根图的走势。通常的，缺口，甚至只相对于前一根的收盘价，不用管绝对的无区间交叉，预示着真实的意义。特别是，当价格向一个方向跳空然后再返回另一个方向的时候是最有意义的。

伴随着买卖双方的僵持，十字线显示了供给和需求的平衡。十字线本身只是警示了一些戏剧性的事情可能将发生。平衡中的市场也是具有不稳定性的，一个突然和急速的波动可能会使你走出沮丧，特别是当有更多的风险指标相配合，比如扩展的随机指标。

好的十字线和坏的十字线

根据影子形态的不同，有四种十字线——普通型，长腿型，蜻蜓型和墓碑型（图5-3）

普通型的十字线只有一个相对较小的交易区间，它反映了不确定性。当有一个向上的趋势，买方控制了市场，十字线出现后，情况受到质疑；在下降的趋势，卖方控制了市场，现在一些买方力量出现，卖方同时可能准备要退潮了。

长腿型的十字线更加的戏剧性，当市场急速向上的时候，预示着有巨大的卖压；当它猛烈突破的时候，预示着有很坚实的支撑。不过，需要有两个方面的配合来解释蜡烛图。第一个方面是简单地看是否收盘价在波动区域的中心上方，这代表强势，或者在中心下方，那就表示是弱势。不过，更重要的是，结合其他的指标来判断。这样就可以知道哪个方向的价格正随时间移动建立图形而走向结束。接着被衡量的可能性向着最近的突进继续而不是当图形建立时的失败的方向。（图5-4）

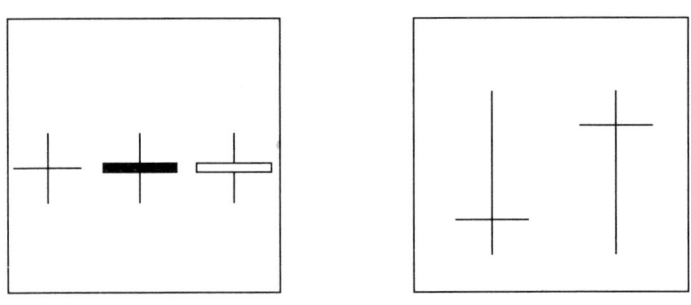

图5-3 买入和卖出的十字线蜡烛图

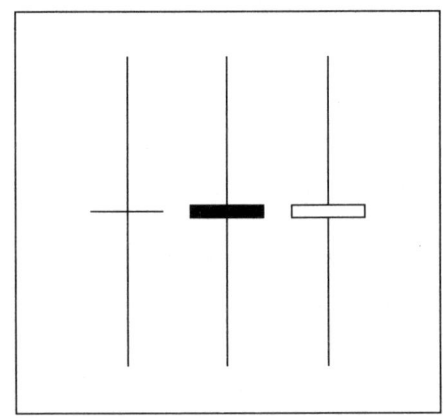

图5-4 长影线的十字线

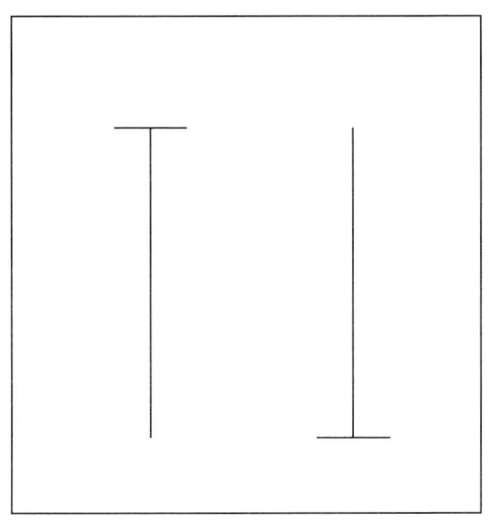

图 5-5 T 和倒 T 型十字线

倒 T 型十字线（墓碑十字线）是所有图形中最不利的，原因是这些在市场中做多的投资者就像是在观看死亡的木槌。它通常在柱状图中有关键的反转特征。依靠着趋势的潜在力量，墓碑十字线可能源于获利了结，同时市场可能在一两天内重聚力量，再创高点，尽管持续时间可能不会很长。在所有单独的蜡烛图中，它在超过平均水平的可靠性，来警示市场可能正在超买，包括趋势的停止，特别的是存在短期的死亡阵痛。（图5-5）

T 型十字线（蜻蜓十字线）恰好相反，通常发生在明显下降的结束或趋于结束的地方，但是在超级牛市有时作为重大获利了结的一种表现。价格在一个大的突破下反转同时向着开盘价反弹。

就像十字线一样值得注意的是，你必须在市场的整个模式下理解它们。设置一个警戒线的同时，你必须关注接下来发生了什么及所期待的情况是否按照期望进行，特别是当它向着期望的方向出现一个缺口的时候。不管是线性图，柱状图，蜡烛图或是任何的其他图形，关于图形方法的重要的事情是不要轻视显示方向、支撑位和阻止位、趋势的重要指标及超买/超卖振荡器。

蜡烛图总结

有六种主要的蜡烛图（图5-6）：

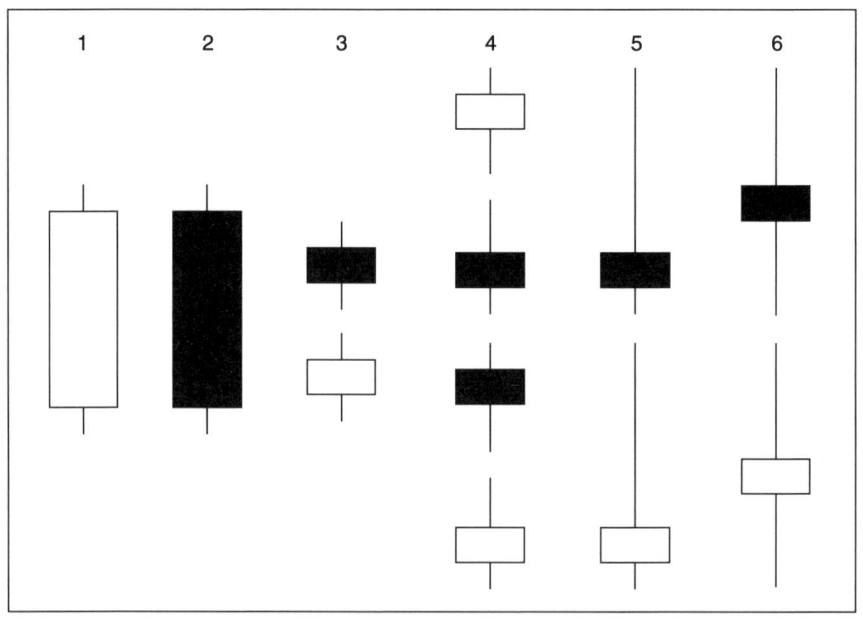

图5-6 蜡烛图总法：长蜡烛图和短蜡烛图

◇ 长白蜡烛图，显示了买方主导市场。

◇ 长黑蜡烛图，显示了卖方主导市场。

◇ 短蜡烛图，价格结束在或者接近开始的同样的地方，它显示了买卖双方的均衡。它可能也只能显示一个趋势的枯竭或者接近枯竭。

◇ 长下影线，表明卖方严重的打击市场但是在最后失去了控制，同时买方使得价格显著地回升。

◇ 长上影线，表明买方在早期控制市场但是在最后失去控制，对于卖方——不管是多方的获利了结还是新的空头的建立——都比卖方更具攻击性。

◇ 长上影和短下影，表明买卖双方都在一定的时间控制市场，但是最后的结果是僵持的结局。这可能是更具戏剧性行动的骗局并且可能至少是近期的反转。所以，找出市场将走向何方是很重要的。

蜡烛图和价格规则

用蜡烛图的柱状线建立的很多形态与从普通的柱状线得到形态的是相似的。你用蜡烛图看到的比柱状图看到的更好的一件事情是在比较高位和比较低位时，这里你可以使用第二有力的柱状线，价格却不能表达出来。这个寓意就是，在行情包含继续向前推进的尝试的时候就存在着阻碍。

垫子持有形态在实质上和林达尔形态（林达尔买入规则）是一样的，并且它被评为有一个较高的可靠水平。买方三白兵形态是由价格结束在最高点的三个连续的强柱状线组成，与以三根柱状线结束的规则1形态是相反的。在蜡烛图中，外部的柱状线被称为是卷入的，其本身的可靠性为中等，这显然是正确的。令人奇怪的是，很多被普遍接受的形态，其可靠性都是中等或者是更低的水平。

被抛弃的实体被很好地定义为的岛型底反转形态，在底部需要有一个十字线，并且它的可靠性是很高的。然而，交易的真实情况是，当与超买或者超卖情况下一同发生时时，所有的岛型反转都是可靠的。它们可能在极点处发生变化，构成不止一个柱状线，所以如果引入太多细节或者抑制进入交易，过度精确可能达不到预期的效果。就像价格规则和任何其他的方法一样，使用蜡烛图往往最好是结合这样的态度，那就是认为它们可以提供有用的指引而不是必须教条般地按照它们执行。

第 6 章 平滑异同移动平均线（MACD）

什么时候趋势可保持力度？

异同移动平均线（MACD）可能是单个的最有价值的趋势可靠性的指标。它不仅可以确认趋势的有效性而且可以确认它延续的可能性。对这种使用宝贵的副本在于当 MACD 与一个交易相冲突的时候给出极端谨慎的信号。这里当然对于如何去调和不同时期图形的指标冲突始终是一个挑战，但是这并不影响 MACD 的价值。

构建 MACD

Gerald Appel 在 1979 年首先创立了 MACD 作为股票市场的适时指标。其实没有必要知道这个关系式来了解它是怎么运行的，虽然一些交易者可能想看到这关系下面的东西。它是由三种指数方式平滑移动平均构成的，以两条线来表示的。使用标准的设置，第一条线，慢的 MACD，表示一个 12 时期指数方式移动平均和一个 26 时期指数方式移动平均之间的差别。第二条线，快速 MACD 或者有时被称为信号线，是大致和第一条线的 9 时期移动平均相当的。推荐期货市场买方和卖方使用的标准值是 12，26，9。对于股票的买方的使用，Appel 更倾向于使用 8，17 和 9。这个买方的公式反映出市场力量轻微的更快的变化，不过这也稍微地更看重锯齿波动。对于所有的实际的目的，并且考虑关注主要的长期趋势的成功交易者的实际情况，微调这种设置是没有必要的，因为增加的收益或损失是不明显的。

  你可以正常的把 MACD 展示为一个线性的振荡器，或者是柱状图，或者就像使用旗形软件并且也在这里使用，或者是它们两个一起。MACD 正常的波动在 +5 与 −5 之间。不过，不像在第七章中讨论的推断统计学，高或低的解读在一个主要的趋势可能走得足够远时，除了让你看到最近这轮在什么样的水平外解释很少。当一天一天或一根柱状线一根柱状线的增加的时候，对于高低解读的获得是没有限制的。在铜的超级牛市下，MACD 在周线图上在 2006 年达到附加解读超过 45 的点。所以在超级强的市场趋势下，试图使用 MACD 水平来衡量什么时候市场可能已经达到顶峰是会适得其反的，这个时候是你最想留在市场同时最不愿过早离开的时候。

MACD 显示什么

  MACD 的最主要的功能是解释动力，并且动力经常引导价格，有时提前伴随着显著的信号。可维持的趋势通常需要时间去延伸，并且一旦处于这种趋势下趋势的保持将比你预期的持续得更长，走得更远。一个可靠的走势应该在理想情况下持续稳定而没有干扰 MACD 的趋势。当 MACD 开始处于蹒跚的时候，可能是提供提前的警示，有时提前的很长，这样它就又一次的引导价格并且市场可能朝向整固或者反转。不过你需要下意识缓和这种对MACD一般的理解，一个有强大的趋势的市场可能在趋势最后的很长之前就完成了顶峰的动力。价格的变动率只是慢下来，并且甚至一个显著时期的整固并不是必要的导致趋势的反转。在另一方面，当MACD的快速线突然增加超过慢速线，可能意味着好的事情太多了，并且市场行动可能是指向顶点和对应的反转。

很多的时间在图形的不同时期将发生什么是有冲突的，但是这并不会否定MACD在你所看到图形所显示的东西。一般的规则适用于MACD，对其他的指标也一样，周线图显示，为了交易目的，主要的趋势动力，每天和日内的图示一起提供可能进出点。

代表性地，虽然在真实时间市场的行动是不规律的，但是MACD显示以下的五个阶段。

◇ 在一个扩张的趋势以后，MACD开始折回并且接着开始反方向运动。在之前确定的价格趋势方向中交易赚钱恐怕是更为困难的事，并且反转更可能是突然和剧烈的。现在明显的趋势可能取决于超预计的时间，相比于一段震荡时期来说，如果不是反转趋势的话。

◇ 当MACD在MACD快线与MACD慢线交叉时，指标指向的趋势是很明显的，如果再带有一系列常规的z字形趋势指向，那么是很理想化的交易指标。一旦MACD确定一个明确的趋势，就有理由预期现在的价格可以进行交易，趋势将会保持。

◇ 如果有明确的趋势追随MACD指标和价格之后，特别在反应迅速的市场，MACD应该会在相同方向保持平稳。根据你看图形的周期不同，在不同时期会信号会略有不同，价格很少在MACD趋势平稳的情况下改变目前趋势。只要MACD表现的不是特别的钝化，市场波动很可能像正常的市场行动一样，不会比你所期望的波动大。警示的信号是：

a. MACD 开始疲弱——表明价格的变化趋势缺乏前行的动能。

b. MACD 突然强势——表明价格的变化趋势可能走向峰值。

◇ 动能最终轻松恢复后，即使在最强势的市场下，接下来 MACD 会保持平稳。在这种情况下，基本不用担心趋势正在结束，主要趋势的方向很难改变，直到最终 MACD 显示动能衰竭。所以，除了在主要的买卖峰值位置，没有 MACD 指标的明确指引而价格趋势发生反转是相对不太可能发生的。

◇ 最后，MACD 开始反转过程并且使得市场向相反的方向运行。

MACD 柱状图

MACD 柱状图给我们显示了一种看待 MACD 快线和 MACD 慢线之间的关系的不同视角。在大多数的时间，MACD 柱状图里显示动能是否稳定、活跃。最可靠的确定的趋势发生的情况是：当 MACD 快线稳定持续地与 MACD 慢线分离时，柱状图没有扩张超过零基本线太多。当它发生，对于你可能是一件好事，因为可察觉到的急速波动通常发生在极端情况下。它可能是高低点动力的一种表达，并且很可能是，压迫市场走向一个方向动能枯竭的一种表达。在这种情况下，MACD 可能作为一种超卖超买的指标而不用考虑它到达了什么水平，至少是短期的超买超卖峰值。

根据以上的柱状图理论，你可能发现当剧烈急速波动结束后往往有较好的建立新的头寸机会，抑或是平掉已有的头寸。另一种方法，当柱状图已经在零基本线以下很低的位置，同时开始出现一系列短的柱状线时，它可能是很好的买入时机或者至少是平掉空头头寸的时机。同理，当柱状线从较高水平开始下降时，如果没有必要去做空的话，这可能是卖掉多头头寸的时机。

MACD 零基线

虽然作为交易时机指标使用受到一些限制，但是高于基线的MACD指标确认了牛市行情，并且当在熊市下时，同样可以用来确定趋势行情或者是否进行的交易指标。然而，当MACD在零基线以下时，如果MACD快线与MACD慢线在开始交叉时有一个明显的向上倾斜时，仍然可以发展成为正向指标，特别是在一个明显的低水平或者在一个明显的高水平下并具有Z字形形态。不过，零基线像这样的交叉很少提供有用的交易信号，因为它一般都发生得太滞后了。

学着去相信 MACD 指标

虽然有例外的情况需要判断，但是在一般的情况下，首先应该相信MACD指标的信号，而不是过分的担忧将获利的交易平仓，除非MACD给出很强的平仓信号。好的交易不应该过早地将筹码交给对手。相反地，应该一直持有，甚至极度超过你初始进入交易时所期望的。不要受到所有谨慎观望和离场的影响，你应该相信MACD有能力抵抗合理的相反波动，并且会增加交易的赢利而不是过早的平掉它。对于主要买卖点猛烈的逆转，虽然你必须时刻为它们的到来做好准备，但它们相对很少发生。在任何情况下，甚至当趋势明显趋向结束时，通常在反转之前，会有另一个向顶或向底方向的运行并且在新的方向上建立一个新的趋势。

从谨慎的角度来看，有多少次戏剧化反转发生时都很显著，相对于不同的看起来是很好信号的交易有锁定的确定的 MACD，或者 MACD 仅在价格已经移动一个很长的距离很久之后才跟上来。所以，当 MACD 对于当前或你所期望的交易向着相反的方向运动时，它传递一个很强烈的警示信号，但没有必要使用一个否定指标来有力的构成一个完全的禁止操作。你最需要特别的留意 MACD 指标的周线图告诉了你什么信息，根据这个原理，就是周线图是我们选择市场交易的最主要的决定指标。当将 MACD 指标结合起来使用时，周线没有支持某个交易，那么日线和 60 分钟线也是会很确定的让你保持在市场之外，并且很可能信号显示在该交易的反方向操作。

使用 MACD 的总结

根据下面几条原则来判定支持还是反对进场交易：
◇ MACD 在确定的方向上出现交叉显示了是否支持进场交易或其潜在的动能。最好的情况是，MACD 同时在周线、日线和 60 分钟线的图形下确认动能。
◇ MACD 快线的 M 和 W 型强烈加强了趋势延续的可能性，不管是对于指标本身还是对于价格。
◇ 交易信号发生在柱状线图完成 MACD 快线转向。更重要的，其不是作为进场时机的指标，而是 MACD 力量信号方向的显示。
◇ 反趋势的 MACD 在特殊图形中是很强的否定指标。
◇ 在不同时间级别的图形中，MACD 指标信号可能有冲突或表现较乱，不过着并不意味着我们要离场观望。例如，在一个周线图信号确定，日线图信号否定的情况下，

MACD 在 60 分钟和 120 分钟图都转变为很好时，就可能是一个新的进场机会。

◇ 对于主要趋势方向确定的时候，MACD 的解读更重要的依次是在月线图（根据市场而定）、周线图、日线图和日内交易图。

◇ 当趋势动能变弱时，MACD 就会领先价格运动，并且价格可能会保持稳定；如果不是这样，就需要准备反转可能将要开始了。明显衰弱的动能通常在休息之后会再向前运动。

◇ MACD 确认一个牛市指标：当柱状线在零基线以上；一个熊市指标即柱状线在零基线之下的时候。

◇ MACD 柱状图在很多时候，是作为一种有用的判断超买超卖的指标。在牛市中，柱状图向下的猛突后停止显示买入信号，甚至在极端情况下，出现一系列更短的柱状线，这可能这是一个很好的买入时机，反之亦然。在熊市中，柱状线向上猛突后停止，显示出向下的信号时应该卖出。

◇ 当 MACD 快线与 MACD 慢线交叉时，柱状图与零基线的交叉提供了另一种显示行情的方法。

MACD 和黄金市场

黄金连续月线走势图显示 MACD 是怎么在确立趋势结束的很长时间之前出现价格背离的，在趋势反转之前显示出背离（图6-1）。

在 1996 年开始的熊市下跌的主要阶段，陡峭的 MACD 下跌趋势从 1998 年开始反转。这些无情的下跌最初带来了一个长达十六个月的整固时期，最后在 1999 年 8 月下降到底部。在确认底部很久之前，MACD 将其底部确立在更高的水平。就像我们在第 2 章讨论的 M 与 W 型看到的一样，甚至这并不意味着一个新的牛市将要开始，只是因为熊市可能要结束了。在 1998 年 8 月 W 型确立了 MACD 的低点以后，这个指标正暗示有动能在尝试和市场卖空黄金资金流对抗。移动平均线仍然确认为下降的方向并且持续长达两年，不过，MACD 正在告诉我们黄金卖空交易已经无利可图。确实，最后大约 20 美元是很难赚的，如果你试图赚取它，将会是很困难的。同样，对于黄金多头交易的任何利润也是难以获得的。将要用另外的两年时间来让价格下降到这块区域，不仅仅是停止下跌而且是开始有目的的再次上扬。

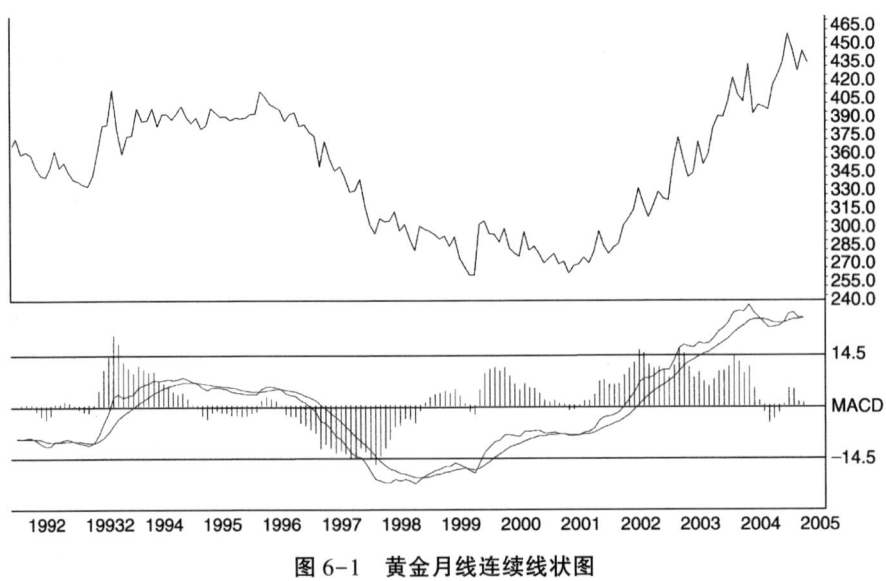

图 6-1　黄金月线连续线状图

虽然仅仅是粗略的指标，但是你可以看到这样的信号是低风险的，也就是在确定熊市的情况下，当柱状图的柱状线在高峰的顶部到达绝顶时，卖空是低风险的，同时，在确定的牛市情况下，当这些柱状线在走下一个山谷之后变得更高的时候，做多也是低风险的。

第6章 平滑异同移动平均线（MACD）

黄金的周线图

2004年到2006年之间的黄金周线图在行动中显示出MACD（图6-2）。这个图形在反转失去动能时变的平坦，并且接着在2004年夏天以后和2005年的下半年开始向上运行。每个时间段，MACD交叉和向上几乎都是刚好和周线图向上运行发生在同样的时间，这样可以认为是足够有意义的信号在提示买入。每一小段都像这个买入信号一样的重要，当市场趋势在2004年的上半年和2005年的上半年向下运行时，这些MACD的指标表明多方的机会可能被限制。回顾明显的行为过失是值得的：不管是在线形图上还是在2006年的前三个月反转时期的MACD指标。在周线图上，MACD转头向下并且有一个短暂的向下交叉，同时价格的线形图有一个明显的更低的点，甚至是当前的高点比之前的顶点高了几分钱。

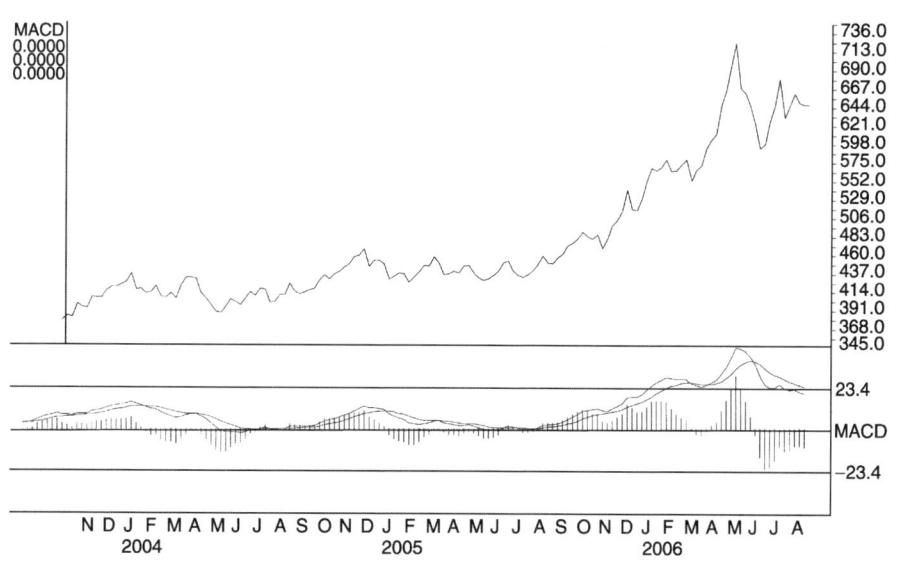

图6-2 黄金周线连续线状图

黄金的日线图

现在来看 2006 年三月末的黄金日线图（图 6-3）。价格有一个确定的小的 Z 字形走势，这样设定为会突破到一个新高，同时 MACD 清楚地再次向上。同样注意到日线图的 MACD 看起来正要向着新的高地运行。这样，你可能会认为它走向一个区域，那里的 MACD 和价格可能在任何时间都容易受到急剧反转的影响。Appel 建议你可以在不同的市场建立 MACD 的高和低水平，去了解什么时候它们可能是超买或超卖。不过，所有市场都是随时间改变的，并且一次明显的超买和超卖情况，可能在下一次意味着会有一个更强大的趋势。

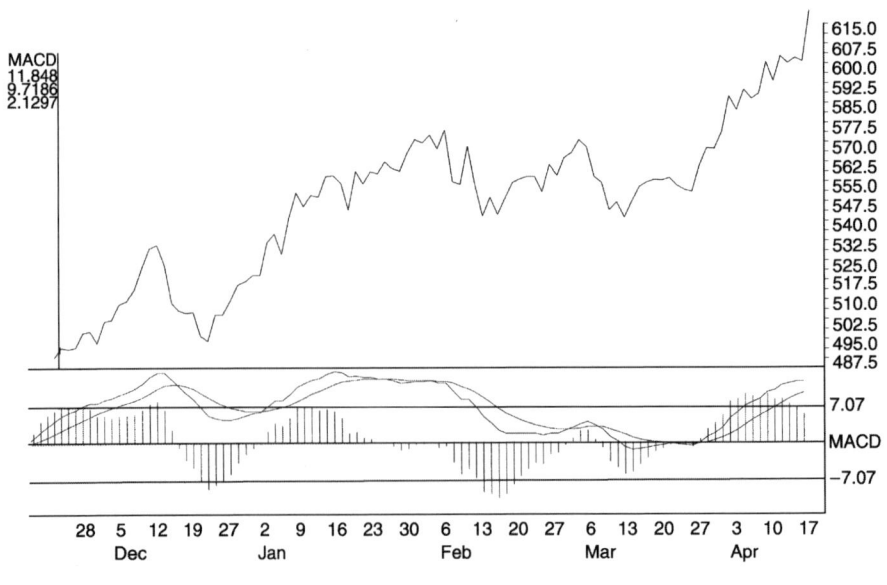

图 6-3　黄金日线连续线状图

在 2006 年 1 月至 2 月初，MACD 开始慢慢地有向下的趋势，甚至黄金价格开始不规律地上升。这样就表明，动能和买压正在减弱，至少是现在。MACD 是通过瀑布的一条河。在最初的突破之后，这短暂的和急剧的价格集合对于新的 MACD 确立下降趋势是没有什么作为的，这个趋势主导价格方向直到 3 月中旬。接着 MACD 开始再次集结，并且它确定了更高的低点，在 3 月底构造了一个新的 W 型，在接下来的强势上升浪中显示了新的买入位置。

在黄金的日线图上，虽然价格还是很低，大概在之前同样的水平，但 3 月合约的柱状图显示在基线下方出现了一系列更高的柱状线，这比在 2 月份的时候高出了很多。这对于技术指标显示对于看涨分歧来说是一个很好的例子。

MACD 趋势暗示价格

你几乎可以看着 MACD 的形态问这样的问题："如果 MACD 快线代表价格，你会想参与交易吗？"如果你还没有头寸，确定的答案可能是建议你找机会进入市场，并且你不应该被太剧烈的波动洗牌出局，这样可能不仅仅是过失而已。总之，MACD 对于发觉潜在动能来做最好的交易和去避免多余损失是最合适的指标。理想地看，周线和日线的 MACD 共同确立了构造有扩展性波动交易的可能，并且在这些图形中，共同和双重的否定相当于显示完全离场观望。你可能会错失一些极好的进入机会，但是对于成功的期货交易来说，是为了试图在每笔交易中获得最大的赢利概率。总的来说，这个概率是无法完全确定的，MACD 告诉你的就可能是它所预测的概率。

能够比 MACD 在确认动能和潜在的趋势力量看得更深的指标是很少的，虽然很多交易者为了这个目的而喜欢方向性移动指数（ADX）。ADX 显示一个强的趋势的持续性，这是值得了解的。不过，一旦趋势确立，ADX 线的曲率和斜面的标准设置在实质上是和 MACD 是一样的。ADX 向上指数和向下指数线不会产生可接受的一致性的信号。

第7章　移动平均线的趋势、支撑和阻力作用

三个实用的功能

移动平均线本身是最有价值的工具之一，几乎可以完全根据移动平均线来建立一个简单赢利的交易系统。但是前提是你必须知道如何运用它们。

移动平均线由规定前期数的收盘价的平均值构成。因此移动平均线就如同后视镜。如果你身后的路正逐渐下降，则说明你现在正在走上坡路，如果你身后的路不断上升，则说明你正在走下坡路。后视镜不会告诉你什么时候会出现急转弯，也不会告诉你什么时候开始由下坡转回上坡或者由上坡转回下坡。尽管如此，趋势在出现结束或反转信号之前会继续维持下去，这一原理仍然有效。

移动平均线有两个很好的功能，第三个功能可能没有前两个好，但也很不错。第一个功能是移动平均线可以表明市场方向，尽管仅知道方向还远远不够。移动平均线表明市场目前具有持续上涨的潜力还是持续下降的潜力，而不是单边形式，只表明明显的上涨趋势。很多时候移动平均线不能表明清晰的方向，并且甚

至当其他指标支持时也会存在很多错误的信号。

第二个功能是移动平均线具有趋势线的功能，具有支撑和阻力作用（将在第 10、11 章中讨论）。一旦方向明确，在多头市场，价格会保持在移动平均线之上运动，在空头市场则是在移动平均线之下运动。你会期望价格随时间逐渐收敛于移动平均线，而不会希望价格穿越至移动平均线的另一边。

根据收敛原则，移动平均线的第三个功能是表明市场什么时候需要回调。当价格已经与移动平均线拉开一段距离时，表示市场可能会休整或回调。价格偏离移动平均线越远，价格回调的概率越大，而不是价格停滞等待移动平均线赶上。

注意交叉理论

与大众常识相反，移动平均线有一件事情做得并不好，你必须当心掉入认为其能做好的陷阱。移动平均线之间的交叉并没有什么作用。价格穿越移动平均线和移动平均线穿越另一条移动平均线在任何市场都不具一致性的作用。

电脑化测试结果显示在大量市场上什么期间的移动平均线之间的交叉会获利最多。然而这仅仅是事后诸葛，它们只显示净利润，因为有一些巨额利润往往伴随着大量不成比例的亏损。由于大多数市场大多时候都是随机运动的，移动平均线之间的交叉也是随机发生的，并且市场的均值回归——即回归到移动平均线，是一条准则。结果是大多数交叉反转趋势，并不能获得可观的利润。在巨大收益或亏损之前或之后开始或结束交易，结果就会迅速发生变化。仅仅基于移动平均线交叉，而不应用其他指标方法的结构性缺陷是无可救药的。

任何事物都有两方面，移动平均线之间交叉的无效性在某种程度上可以转变为布林通道的优点，这会在第 12 章讨论。布林通道的成功应用，一部分依赖于这样一种预期，价格穿越移动平均线后不能维持很久，而会在预期偏离区域停止并向均值回归。考虑到整个形势，出于价格回归到移动平均线的预期，你可以应用移动平均线之间的交叉作为低买高卖的机会。

尽管随机交叉的不当应用存在缺陷，但是当与其他指标结合运用时，移动平均线是一个必要的工具。

移动平均线的设置

很多交易商将 200 日移动平均线作为大多数牛市和熊市的首要决定因素。它不仅能表明方向，而且能够为金融市场和其他具有很长趋势的市场，如金属和石油市场，提供支撑和阻力。200 日移动平均线具有可靠性，它必须显示明确的方向，价格必须在它的一边或另一边，并且必须坚守在那儿。40 周移动平均线与 200 日移动平均线一样，并且对周图相对有用。

关于 200 日移动平均线的有效性，最显著的例子莫过于 2006 年 6 月的金银爆发事件。明显的牛市得到如此大的扩展，以至于一场广为人知的事故正等待发生。在崩盘下降了 185 美元后，金价维持在比其正逐渐上升的 200 日移动平均线高 2 美元的位置。波动性更大的银市，价格比其正逐渐上升的 200 日移动平均线低将近低 5 美分，当价格下降了 5.75 美元后，比移动平均线低 6 美分（图 7-1）。

该图显示 2006 年 6 月的 200 日移动平均线方向没有摇摆。潜在的越来越不好的征兆是随后的价格偏离 5 月高点越来越远，再次回归到 200 日移动平均线，银的图像形式非常不清晰。

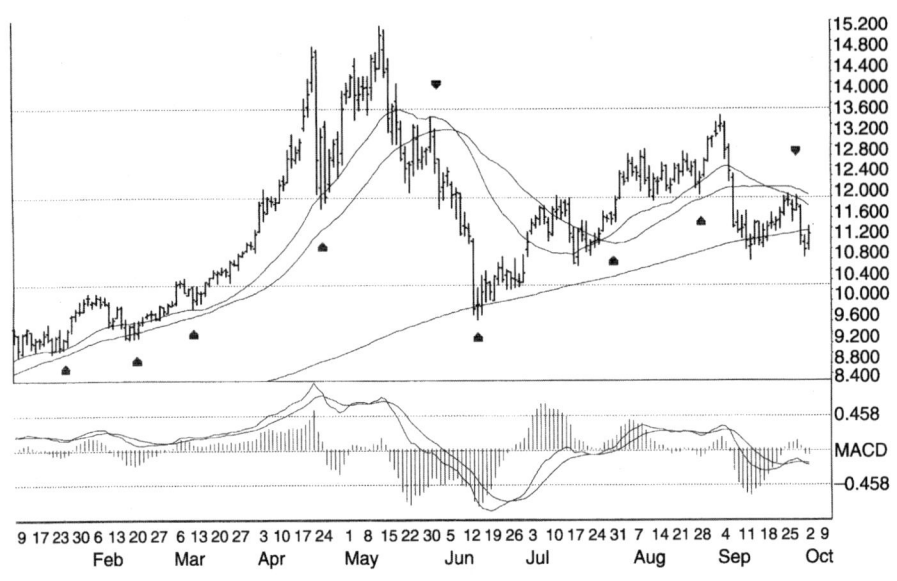

图 7-1 白银日线连续图（附 25 日、40 日、200 日和 MACD 指标）

默认设置为 25 日和 40 日移动平均线

就一般应用来说，很难打败默认设置为 25 日和 40 日简单移动平均线。在一个趋势稳定而未必迅速的市场，价格运动偏离具有这些近似设置的移动平均线后又再次回归，这显得十分不可思议，这样的过程不断重复。考虑到市场的内在可变性，同时应用这两个移动平均线是有帮助的。当一个趋势开始时，有时是一个移动平均线占主导，有时是另一个，这都无关紧要。

银的图形显示了价格向 25 日和 40 日移动平均线收敛后的连续反弹，上面讨论的 200 日移动平均线也都有向上的箭头符号。银价在 4 月直线下降时，25 日和 40 日移动平均线也成为价格的支撑。还要注意有两次价格跌穿 25 日移动平均线后企稳，随后市场抛售，第一次的时候 40 日移动平均线还没有下降。在这种情况下，第二次跌穿 25 日移动平均线线几乎不会维持下跌趋势，但是第一次的下降幅度很大。

移动平均线拟合市场

有另外一个观察移动平均线的方法，尽管这个方法没有得到足够重视，但却很直观。移动平均线是趋势线的一种，划趋势线必须能够最大限度地拟合图表上的市场行为。市场变化得越快，要求的趋势线就要越陡峭，相反也成立。因此，与仅依赖默认设置相比，看看哪个能最好地拟合市场实际情况往往是有益的。趋势很强且很规则的市场往往波动较小，与波动较大的市场相比，一个较短时间的移动平均线就可以包含波动较小市场的趋势，这种市场上要获得净收益也要慢一些。尽管陡峭的趋势只会持续一个相对较短的时间，最好的一些能够持续数周。在这个过程中，它们提供了迅速获得巨大利润的机会。当移动平均线被测试过并且发现它很好用时，它们也为新的进场提供了绝佳机会。

在一个趋势性很强的市场里，日线图上的5日、10日和20日移动平均线常常可以较准确地拟合一个趋势。理想的情况下，当市场真正运动时，10日移动平均线包含了波动，回撤到20日均线可能仅仅是反常。但是，一旦价格反方向与最优拟合移动平均线交叉，特别是存在其他不利迹象，比如说缺口时，你很有可能不愿意继续保持头寸去发现到底会不会回撤到20日均线。寻找最优拟合移动平均线时，可能会考虑利用加权或指数移动平均线。他们对最近的市场行为反应更快，但是，这些微调变化不会让你知道更多关于趋势正在获得还是正在失去动能。

60分钟图的趋势

在一个趋势很强的市场里，25日和40日移动平均线常常包含60分钟、日线图上的价格波动并且提供了几乎是自我实现的有效性。在大牛市里，60分钟日线图上的40日移动平均线包含原油几个月的价格波动。对于24小时交易的市场，只用日图似乎更合乎目的。尽管在一些24小时市场上存在隔夜重仓，美国白天的交易趋向于维持基本趋势，在扩展到24小时交易后，25日和40日移动平均线运用到120分钟图时可以起到几乎相同的作用。也就是说，移动平均线设置不变，只是每天的时间单位数在变化。

你可能想用60分钟图的25日和40日移动平均线更精细的调整以获得更多的利润和更少的损失，因为回调更小。不幸的是情况并非这样，就算是趋势最强，由60分钟图上的移动平均线包含的市场，也可以在一个有限或更大范围内波动，在不破坏主要趋势的情况下，在初始保证金的范围内波动。在一个已经确立的趋势里显著波动是所有市场行为的内在特性，试图寻找更精细的微调很可能导致过早地结束交易，而这时你应该增加头寸而不是减少头寸。

在趋势开始时运用移动平均线

在趋势开始时锯齿形理论如何起作用，这个问题很神秘。很容易判断什么时候趋势确立，但很难判断什么时候趋势开始，并伴随着入市交易机会。在图形任何期间，一个新的向上趋势开始的理想形式是价格自下而上穿越上升的移动平均线，然后有几个柱状线，通常 3 个或 3 个以上聚集在那儿，显示价格能站稳在移动平均线之上，看上去就像是被移动平均线包围着。交叉的初始形式越长，市场越有可能维持运动趋势。如果正明显发展的上升趋势可能持续，一般可以从 MACD 中看到正向行为。

最好的是如果在交叉之后存在新的整合锯齿形而不是失去控制的激增，那么可以得到很强的结论说明原来锯齿形的完结。以单边买入为例，当存在来自移动平均线之下很强的向上推动力时，回调的概率非常大，新交易的风险也相应很高。如果你等等看市场接下来如何演变，风险则会小得多。一个很好的锯齿形在移动平均线之上完结，就增加了潜在卖方进行未完成交易的可能性，说明推动力可能比进行卖空交易的交易商设定的止赢点的推动力大。这也能重新确立已经拥有多头头寸的买方信心，鼓励多头增仓。你能够看出买方会在什么位置准备介入支撑市场，当价格回调至上一个向上运动的底部时可以预期买方会再次这样做。

因此在交叉后最优的买入时间是在结束锯齿形的强柱状线的收盘时，具有理想的完整价格规则。这表示确定性方向已经结束，价格将会立即跟上。尽管一些大的交易可能会让你不愿等待证实，显示力量正在集聚，但还是很值得等待。这大大提高了运动持续的可能性，并且这种情况经常发生。

英镑飙升

英镑的周线图显示了英镑近一年的延伸触底行为，MACD 处于最低水平时，碰巧与第一个显著低点一致（图 7-2）。

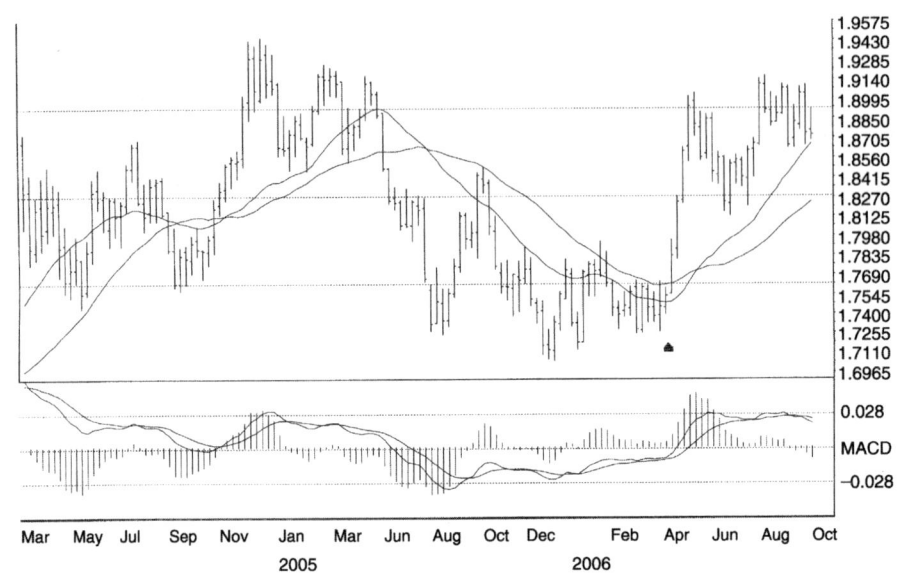

图 7-2　英镑的周线图（附 25 周和 40 周移动平均线和 MACD 指标）

然而，移动平均线随价格不断下降，直到 2002 年的 4 月，价格在箭头符号处走出延长线，自下而上穿越移动平均线。

英镑的日线图显示明显的交叉和新的上涨趋势的开始，用箭头符号在 A 处标明了两个可能的买入点（图 7-3）。

然而，周线图仍然极端为负。然后市场在接下来的三个月里在很窄的区域单边运行，是时候相信市场可能准备向上运行了。在 B 处趋势开始时，也存在两个可能的入市点，都用箭头符号标明，这时，这些强离差柱线都标明可能入市，在此之后市场完成了这种可能。你可能会很谨慎地在市场已经运行了一段距离后的第二个箭头符号处买入。然而这种行为证明了一个原则，人们希望市场用实际的上涨来表明其上涨能力，然后再买入。大多数波动仍然会来。

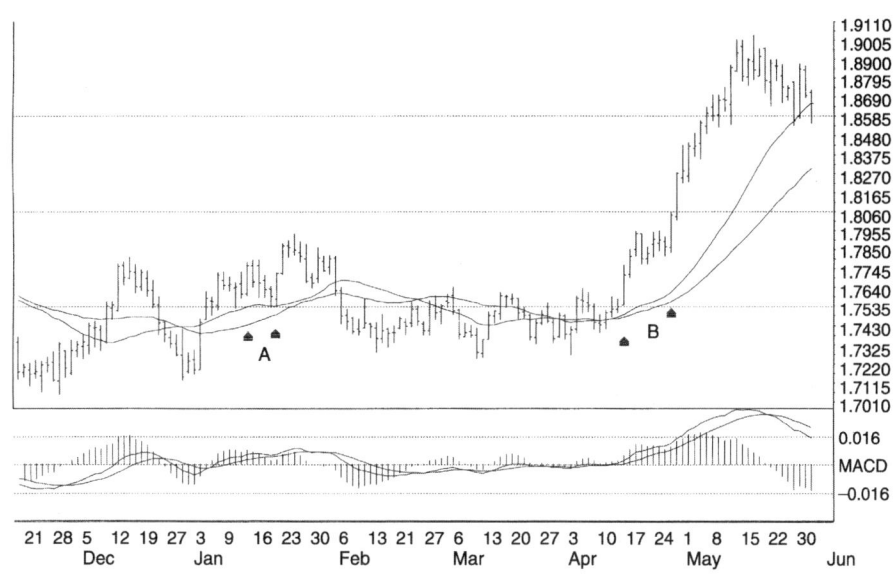

图7-3 英镑的日线图（附25日和40日移动平均线和MACD指标）

玉米的牛市

从2007年3月的玉米日线图可看出2006年秋的一波牛市上涨行情，包含价格的10日移动平均线和20日移动平均线指明基本方向（图7-4）。

牛市上涨趋势以8月到9月的W形状开始。移动平均线交叉后，迅猛的上涨趋势得以确立，但在A处存在很好的高/低向上逆转，为市场开辟道路。在B和C处，价格反弹偏离10离差柱线移动平均线，另一个向上逆转发生。

在X处，价格自上而下穿越10日移动平均线，并存在一定缺口。是时候出来了！自那之后，尽管存在一些合理的信号，市场行为还是变得更具波动性，上行压力很大。D处显示买入信号，紧随其后的Y处又显示另一个必须卖出信号，仅仅弥补了7美分的亏损。要进入1月份生产报告之后的大涨市场，需要更多判断和运气而不是好的信号。

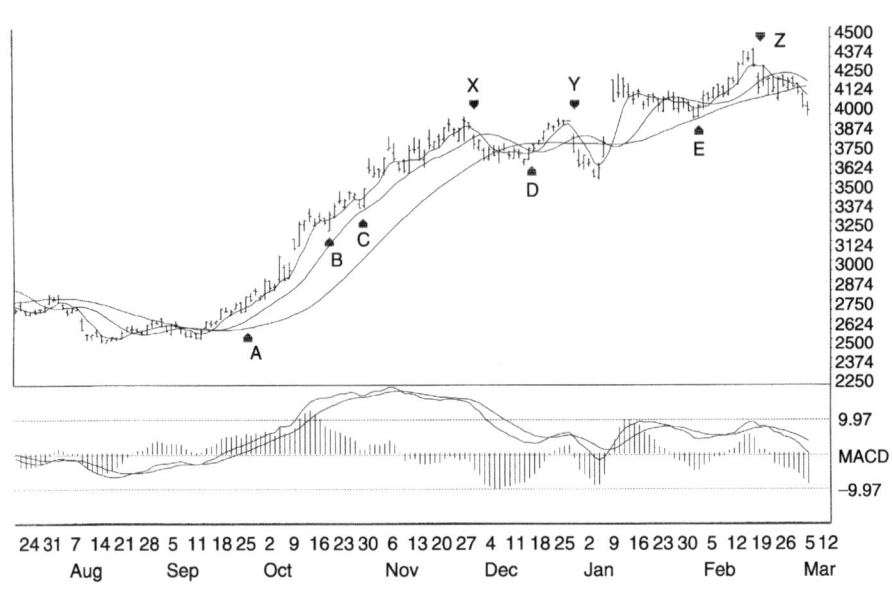

图 7-4 2007 年 3 月玉米合约日线图（5 日、10 日、20 日移动平均线和 MACD）

E 点是个很好的买入信号，如果你在后来还没有证明是那轮上涨行情的顶点处的话，几周后会出现清楚的出场信号。

MACD 在 9 月底价格上涨之前开始由负转正。然后开始滚动运行，直到初始顶点 X 后再开始下降。在 E 点，MACD 表明可能会开始可持续的新的上涨趋势，但很快又再一次下降。

2007 年 3 月的玉米日内 60 分钟图显示价格被 25 日和 40 日移动平均线包围，这在趋势明确的市场上经常发生（图 7-5）。

值得注意的是，在 A 点处有一系列收盘价正好位于 40 日移动平均线之下。第一个相反的收盘价第一次提示趋势可能会变化，直到那时候才有理由关心这张图。现在你可能已经开始寻找卖出机会以防价格下降，在任何情况下，在 B 点处价格跌穿 40 日移动平均线时应果断平仓了结，离场观望。

第 7 章　移动平均线的趋势、支撑和阻力作用

图 7-5　2007 年 3 月玉米合约日内 60 分钟图（附 25 单位和 40 单位移动平均线）

卖出活牛的 2006 年 6 月份期货合约

活牛期货的 2006 年 6 月份期货合约的日线图显示 5 日和 10 日移动平均线很有用，而 20 日移动平均线在这里几乎是多余的（图 7-6）。

这是一个很罕见的例子，为了确立下跌趋势的有效性，在回调和回调失败的过程中，你能期望的东西很少。二月份的一天孤岛，是一个关键的回调失败，在图中的第一个箭头符号处。通过 MACD 来确定持续的下跌趋势在某种程度上可以缓和关于趋势持续性的问题。存在很多期望市场顶点的理由，包括位于历史高价位水平的单边市场行为的持续时间延长。一旦开始下跌，5 日移动平均线实际上是平滑价格，10 日移动平均线包含几乎所有的运动。在一路下跌的过程中存在连续信号，吸引新的空头入市。

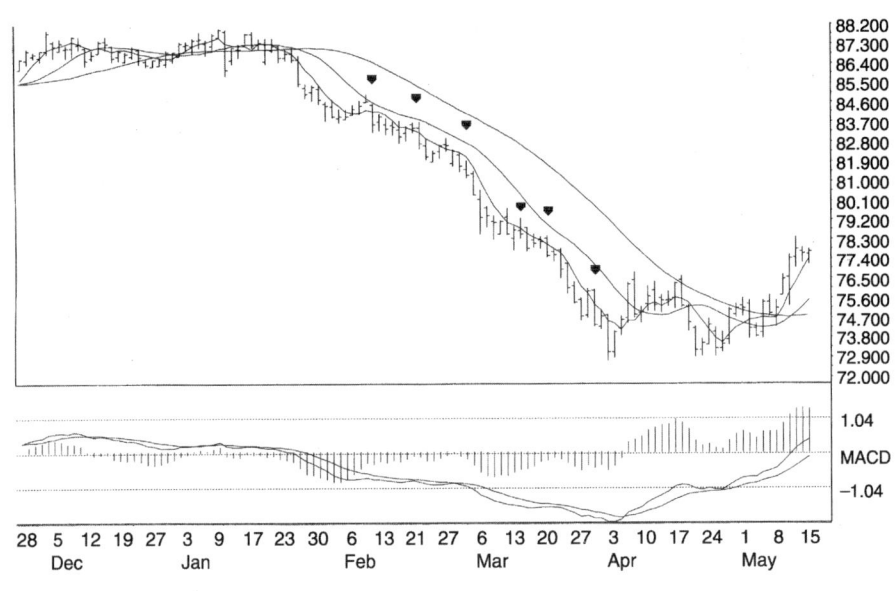

图 7-6　活牛期货 2006 年 6 月份期货合约日线图
（附 5 日、10 日、20 日移动平均线线和 MACD）

注意这张图显示了当下跌趋势终结时市场如何反应。很清楚，恐慌性卖出使得价格偏离 10 日移动平均线比趋势早期更远，然后回调剧烈。第二次回调而不是第一次回调确定趋势反转。一段时期的反向穿越，伴随着四价线的小 W 形状，显示这轮行情的动能逐渐消失。第二次穿越是趋势反转的信号，价格呈现一个大 W 双底形状和双底内部第二个主要低点的双底形状。

出售——60 分钟图

在活牛的 2007 年 6 月期货合约的 60 分钟图中，25 日和 40 日移动平均线的作用与日线图中的 10 日移动平均线的作用几乎完全一样，也就是说，市场开始剧烈波动表明趋势即将终结（图

7-7)。

60分钟图包含整个趋势,具有不可思议的一致性,存在一系列连续的合理入市机会,在价格紧挨着移动平均下侧的下跌过程中做空。同样重要需要注意的是价格偏离平均线后风险更高,收敛的可能性更大。

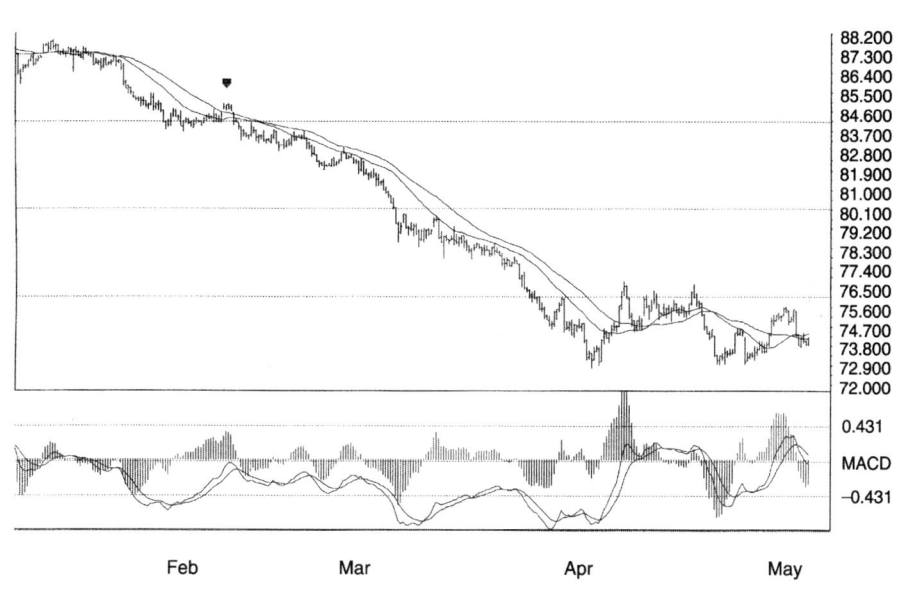

图7-7 活牛的2007年6月份期货合约的60分钟图

(附25单位和40单位移动平均线和MACD指标)

移动平均线总结

◇ 移动平均线表明方向,但仅仅当应用图表上存在清晰的上涨趋势时。

◇ 默认设置为25日和40日移动平均线,但在强趋势市场,可利用更短持续时间的最优拟合设置。

◇ 在趋势上升,价格回调至移动平均线并显示价格受支撑继续向上从而恢复涨势时，伺机买入。在趋势下降，价格受阻力作用再次下降时伺机卖出。

◇ 在强趋势市场，在 60 分钟图上可能会仅有一次回调至移动平均线，在日线图上不会出现向平均线回调，更不要说周线图了。

两三天内总会出现价格向 60 分钟图上的移动平均线收敛，然后再继续其方向。60 分钟图仅利用日内数据，却有时可以包含很长时间内的价格回调，有时是很多周，这相当显著。对于 24 小时市场，利用 120 分钟图。

◇ 首次穿越移动平均线是不可靠的。而应该关注回调及连续向移动平均线回撤，为确立新趋势的潜在可靠性需要观察目前的趋势方向是否明确。

◇ 当价格已经偏离移动平均线很远时要注意新交易的进入。价格偏离移动平均线越远，市场超买超卖现象越严重，回调的可能性越大，很可能剧烈回调。需要判断价格偏离移动平均线的距离，可以通过移动平均线的收紧很容易地修正距离。因此要关注收紧点，如果市场开始动摇则准备离市。

◇ 如果市场继续维持原来的趋势方向，相反方向的穿越移动平均线可能是个假象，不起警示作用。然而，要注意第二次相反方向的穿越移动平均线，尤其是当势头摇摆或存在不利头寸时。

第8章 随机指标和相对强弱指标（RSI）：超买/超卖指示器

何时低买高卖？

随机指标是除价格波动外决定何时进入或者退出一项交易的单个最重要的指标。这一指标由四个独特功能组成，两个是正向的，两个是反向的。首先，随机指标最常见的功能是判断主要趋势和次要趋势的显著转折点，追逐令人困惑的低买高卖目标。另一个随机指标和MACD共有的确认功能，是用来指示方向和动能的，一些技术人员主要在长期图表中，使用指标的这个功能。

此外，随机指标有两个同样重要的反向功能。在你看的特定图表的基础上指示何时进行一项交易从概率上是不合适的。第一个宝贵的反向功能是显示不要在何时进行低买高卖，它用来警告人们不要做相反的事情。以买方为例，在预期价格会继续上涨的时候买入是一回事，而在已经使用许多火力以至于遇到阻力线，价格可能下降时买入又是另外一回事。第二个重要的反向功能是当大势与当前或潜在的交易方向相反时，发出趋势反转警告。

随机指标设置

当使用相同时间段数据时，随机指标和 MACD 的模式看起来也相同。然而，随机指标主要使用由较少量数据组成的设置。像 MACD 一样，随机指标由两条线组成，分别是快线 K 和慢线 D。一个重要的区别是，随机指标在 0 到 100 的区间内波动，而 MACD 没有界限。

标准形式的随机指标方程有三个组成部分：第一个是数据单位量（是每小时，每天还是每周）的数量。乔治·兰恩（George Lane），五十年代发明这一指数的人，推荐使用十四个单位量，但现在大多数技术人员都更喜欢使用从九到十二个之间的数据单位，在本书中，我们使用九个。当你只用这个指标时，使用十四个单位量的设定，提供了更多的余地。最好的方法是将使用较短设定的随机指标与建立在更多反向数据的粗线条 MACD 结合在一起。

0 到 100 间的取值表明了当前价格在过去的 n 根柱状线中最高的高点和最低的低点之间的关系，n 是设定的数值（这里用 9）。在基础等式中，当前的价格与最近的 9 根柱状线的高低价格范围进行比较。如果当前价格等于最近的 9 根柱状线中最高的高点时，取值为 100。如果当前价格等于最近的 9 根柱状线中最低的低点时，取值为 0。如果当前价格正好等于未来九根柱状线价格范围的中点时，取值为 50。在最初时段数据基础上建立第一个平滑，得到快线 K。在快线的基础上平均三个数值进一步平滑（通常是三个数值），得出慢线 D。

正如我们从第四章和第五章看到的那样，价格波动范围作为潜在方向和动能的指示器是很显著的，尤其当作为一个关键逆转时，收盘价留下了长长的实体。在波动范围内的一个显著价格翻转将会令随机指标改变方向。与随机指标不同，流行的相对强弱指标（RSI）[①]，有着相同的作用，却是基于收盘价的，当在当日波动范围内有一个宽幅振荡时，不会留下显著迹象。你需要注意发生了什么，不要被平稳的 MACD 蒙蔽双眼。

低买高卖

当价格达到一个理想的低买高卖价位时，随机指标会发出信号。首先，在大多数情况下，你会在牛市反转中低买，在熊市反转中高卖。其次，当价格达到了极低点，并显露出会稳住一段时间的迹象时，你会尝试买入；当价格达到了极高点，并且有迹象表明上升趋势已经到头，价格走势可能反转向下时，尝试卖出。当随机指标达到一个极限值时，表明该是时候退出一个有利可图的交易了。然而，等待新证据表明市场能够停下来并且开始向另外一个方向移动时才进入市场，这种等待是值得的。

随机指标会显示当市场达到或者接近极限点，此时买或者卖的火力达到或者接近耗尽。此时对价格影响的释放就像是持续紧绷的橡皮带突然之间被放松了拉力。因为有许多交易员使用随机指标作为常用的交易指标，当随机指标到达超买、超卖区间时，人们都知道接下来会发生什么，这会使得其对价格的影响呈现出预期自我实现的特征。然而，除了表面上明显的指示效果外，使用随机指标还面临着额外的挑战。你必须在使用随机指标进行低买高卖操作时意识到心理因素可能带来的挑战。即使在最佳的环

[①] 这项指标的命名用词并不恰当，因为它是不合逻辑，任何事情原本就都是相对的。不过，这也就是所谓的该指标具有普遍性。

境下，当随机指标发生反转，并产生交易信号时，人们也往往不敢相信，而是选择等待进一步的价格波动来证实随机指标已经指示的方向。当预期的价格波动发生，有新的证据来证实这一趋势时，开始一个新的交易可能会面临更加不利的价格或者止损会变得更加昂贵。

市场反转时的随机指标

当整体图表形态和其他指标预示着一个新的价格波动即将开始时，如果K线发生反转，这些因素会发生作用，但他们不一定在每一个反转时都发生作用，不一定按照如下的顺序：

◇ 第一个转变，最好发生在随机指标达到一个很大的值。

◇ M或者W形态，如果预测可能的顶部时，最好和一个比前期高点低的高点同时发生。如果预测可能的底部时，最好和一个比前期低点高的低点同时发生。——通常，新入场的机会在完成M形或者W形的最后一根柱状线时出现。

◇ Z形变动与第三个高点或者低点联系在一起。

◇ D线出现相似的反转，已确认。

◇ 快线（K线）穿越慢线（D线）

◇ 快线（K线）达到目标值，并且在一个下降市场中超越20的超卖水平或者在一个上升市场中超越80的超买水平。

当快线（K线）只是做了一个转向，而没有出现M或者W形态，并且沿着这个转向方向一直变动到很远时，这些步骤会出现一个相对来说不常见的变化。此时开始一个新的交易会变得更加挑战，通常情况下，快线（K线）达到第二高的低点或者第二低的高点时会伴随着价格出现同样的波动。此外,当随机指标引领价格时,会出现另一种变化,被称为"反向分离",此时随机指标出现 M 或者 W 形走势,而价格没有出现类似走势。随机指标,当用来表达动能(将会在之后讨论)时,可能会发出预测未来价格走势的正确信号。

显示方向和动能

我们可以将随机指标想象成价格的代理,连同 M 形,W 形以及 Z 形一起,这个指标能够建立起自己的趋势。快线(K 线)穿过慢线(D 线)时就证实了这一趋势。和 MACD 一样,原理是价格总是倾向沿着和随机指标建立起的趋势一致的方向移动。价格偏离移动的方向只是噪音,除非随机指标也蹒跚而行,发生方向性逆转。

然而与一般逻辑相反,价格纠正过快上涨或者随机指标发生反转时,价格走势不会改变原先的趋势。市场或许会一路凯歌,正如移动平均线必须追上价格而不是价格回复移动平均线一样。譬如,当价格经历了一段上涨行情后,随机指标可能会走低很长一段时间,甚至快线指标低于 20,此时市场巩固前期所得。下一次价格上涨当它一开始时就会很显著,此时 K 线向上反转便会称为开始看涨头寸的一个可信赖信号。

随机指标可以显示力量

随机指标有时会展示一个功能,就是显示强大的动能,并且显得与低买高卖的理念相悖。当市场一往无前地上升或者下降时,随机指标会达到极限值,比如高于 80 或者低于 20。因为这个原因，许多技术分析人员低估了随机指标在一个趋势市场中的作用。然而，知道市场正朝着趋势强势移动是很重要的，随机指标的这一功能很有用。正是这种市场情况下，一些交易者在上升市场的每一个新高中成功买入，或者在一个崩溃市场中的每一个新低卖出。在这种市场情况下，随机指标的数值只是作为一种提醒，没有什么价格太高了，以至于不会被超越。对应的，没有什么价格太低了，以至于不会被跌破。

因此，以来图表形态或者支撑阻力价位，或者机械运用随机指标者的陈词滥调认为价格达到了非常超买或者超卖阶段来进行判断会很容易得出错误结论。这只会吸干你的勇气，使你错过搭上火箭起飞前的最后一班车，或者错过在支撑被打破前加入落井下石队伍的最后机会。在最后的分析中，我们要指出，没什么比经验和良好的判断更能平衡风险和收益的了。然而即使你错误低估了市场继续飙升或者下跌的潜力，你无疑会在看起来像是趋势跟随行动的最后机会时上车。这些过度继续的运动中有一些会失败，然而，那些成功的人会以更多次的胜利弥补这些失败。看似矛盾的是，那些最容易成功的波动是那些最有力的。这些如公牛咆哮般的剧烈市场波动通常和一些显著的基本面因素联系在一起，例如2005年飓风给石油市场带来的冲击，或是从2003年开始的持续的铜供给紧缩。另一方面，市场崩溃也可能是由于泡沫破灭的结果，由于缺乏买单造成没有充足经济证据却已经上升了太多的市场突然之间出现真空。

总之，过高或者过低的随机指标值告诉人们进行交易时要小心，但绝不是要冻结所有的新交易。随机指标指出的一个很实际的风险是，当在一个一往无前的市场中，价格出现纠正性回调，你不会知道这个回调会走多远。

于是，你会面临一个困难的挑战，既来自财务，也来自心理。要想在巨大的潜在收益和可能承受的重大损失间取得可接受的平衡，解决办法是在你感情和财务承受能力之内交易，不要接手会产生超乎想象动能的交易，不要进行碰了就停不下来的交易。

随机指标的方向性运用

◇ K线的任何转折，即使在高点或者低点，使得完成K线的转折成为市场走势转折一个潜在的信号源。
◇ K线的一个M形或者W形走势，或者一个确认了的Z形走势，能够证实转折的有效性，并且增加K线预示了价格未来走势的概率。
◇ 当K线在D线以上运行时，有买入的条件。当K线在D线以下运行时，有卖出的条件。
◇ 在一个新方向运动的潜在起点上，当K线出现双顶或者双底时，画出一根趋势线。
◇ K线的一根趋势线预示随机指标和价格趋势的持续性，趋势线破裂预示当前价格走势的结束。然而在一个强势市场，K线能够在80以上或者20以下区域长期运行时，趋势线被打破的意义就不显著了。
◇ 在一个有着强烈趋势的市场，K线偏离20到80之间区域时，预示着开始当前趋势方向交易的机会，而不是退出交易，此时不用管反方向的交易。

反向功能

随机指标的反向功能很容易理解，与他的正向功能相比需要更少的解释。与一个交易的正向预示一样，随机性指数有两个种类的反向预测。一个显示超买、超卖条件，另外一个预示反向趋势变化的动能。反向应用随机性指数时要考虑一个重要因素：实际的作用是对一定比例看上去很好的交易机会提出疑问，你会错过一些本来能挣钱的交易机会。然而这不是重点，没有什么比提高我们的赢利概率更重要的了，因此过滤掉一些我们潜在的损失显得格外重要，即使这么做也会过滤掉一些成功的机会。随机指标保佑你，你就能顺风而行。如果随机指标透露反向预测，你就只能逆风而动了。

考虑到交易的心理因素，人们会受诱惑在显著高点或其附近买入，或者在显著低点或其附近卖出，而事实上你应该做的是相反的事情。当然，如果你能预知市场即将开始回调，很可能是大幅回调，你不会考虑这样的交易。然而，随机指标可以指明何时具备回调条件以及风险不断上升。从买方角度看，价格上涨了很长一段距离后，随着一些交易商获利回吐，其他一些包括生产商在内的交易商建立新的空头头寸，价格至少需要休息一下。绝不会仅仅因为市场趋势维持了很长一段时间就出现大的回调，更不用说崩盘了。然而，市场下行空间可能大于其上行空间。在不存在更多买方的极端情况下，由于没有买盘支撑市场可能还有下行空间。类似地，甚至最陡峭的崩盘最终让空头平仓止盈，市场上也还会存在一些空单获利和少量多头建仓。

尽管随机指标表示的动能可能有时会先于价格，但大多数时候随机指标和价格是同步的。通过扩展，K 可能维持原来的方向直到出现反转信号。因此，在任何图上，价格打压反向增长趋势的概率为 K。当然，价格与随机指标同时反转的情况经常发生，这可能是入市交易或了结交易的好时机。

第8章 随机指标和相对强弱指标（RSI）：超买/超卖指示器

反向应用

因此，将K作为反向指标：

◇ 当K低于20或高于80时，K是超买/超卖反向指标。

◇ 当K低于10或高于90时，K是超买/超卖双重反向指标，出于实际目的等同于阻止新的市场介入。

◇ 当指向相反方向的交易时，K是一个反向趋势指标。

◇ 另外，M或W形式反向指标。三重顶或三重底几乎是强制入市信号，反向交易可能出现。

◇ K对于多头头寸低于D，对于空头头寸高于D，是趋势反转信号。

石油周线图的随机指标

原油周线图显示随机指标与移动平均结合运用，可以显示什么时候适合做多什么时候不适（图8-1）。

如果以下两件事情中有一件发生，那么入市做多几乎总是正确的。第一，当随机指标出现W形或双底，甚至像2004年9月和2005年3月一样，第二个低点偏离底部很长一段距离时，做多几乎总是有利的。随机理论认为高得多的低点是力量，而不是脆弱的标志。

应该特别注意在2004年10月、2005年4月和9月随机指标和价格两者如何形成波峰的，在这些时间里，价格显著地偏离移动平均值。

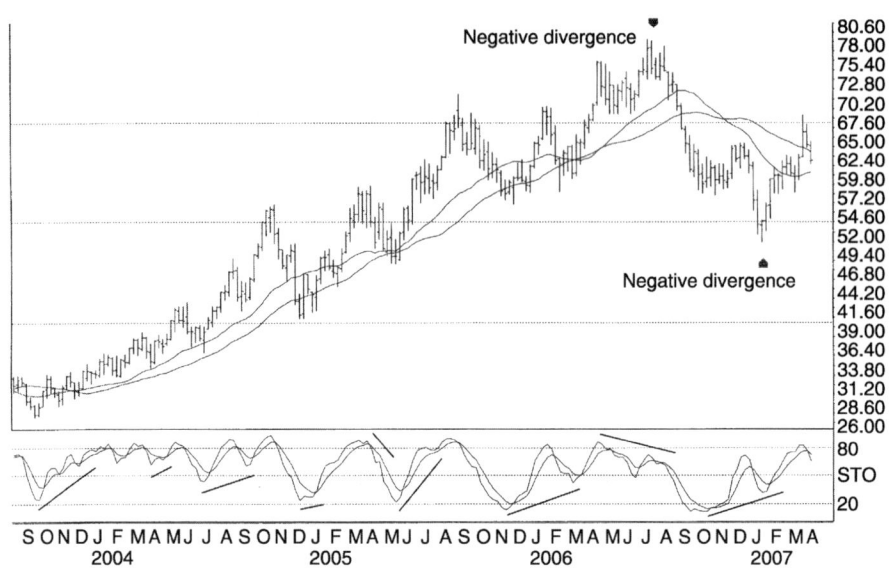

图 8-1 原油的周线图（附随机指标和 25 周和 40 周移动平均线）

在 2006 年 7 月的高处下降，形成了一个显著的高/低反转，这被三个星期后一个新的收盘价反转的终止所证实，也被证实是一个林达尔卖出信号。它成为一个重要的高点的暗示是随机指标的极度负偏离。

随机过程中一个重要的下降发生在靠近 2006 年末的几个星期里。K 值在一个清晰的 W 形态中是 12，远在超卖水平 20 之下，接着开始向上突破 20，但是对价格的推动不大。当然，一旦它上升到波峰，市场将垂直下降到可能的低处，从这低处以一个负偏离的完美例子的形式上升。当你遇到这种偏离时，它常常需要你考虑将 K 作为价格的替代指标，原理就是概率证实了价格的发展趋势就是 K 显示它应该成为的趋势。

K 的背驰走势显示什么时候向上猛推走出市场的方式与所有的正向指标同等重要。很少有通过与 K 的相反的方向进行交易而有所收获，尽管事实上石油处于一个大的牛市行情中。当油价折

第 8 章　随机指标和相对强弱指标（RSI）：超买/超卖指示器

回时，它需要极大的勇气和不必要的财富来对价格的下降提供资金。通过许多深度折回的多头持有者本来应该在这些折回结束时使得购买更多变得更为困难。

这图的另一个特点就是它显示了针对一个真正的主要交易，优异的进入点是如何的少，和显示了当寻找一个强的进入点是要有多大的耐心。这幅图中三年半的时间里，仅有大约 12 个优异的进入点，基于随机指标，移动平均线和周线图的市场行动的分析。但是市场进入点是多么的多！当然，基于日线图会得到更多的进入点，但是会比优异的进入点多许多附加物。

活牛期货价格的趋势运行

在 2007 年 6 月的活牛期货日线图显示了你所期待的随机指标的功能，随机指标在上方，MACD 在下方（图 8-2）。

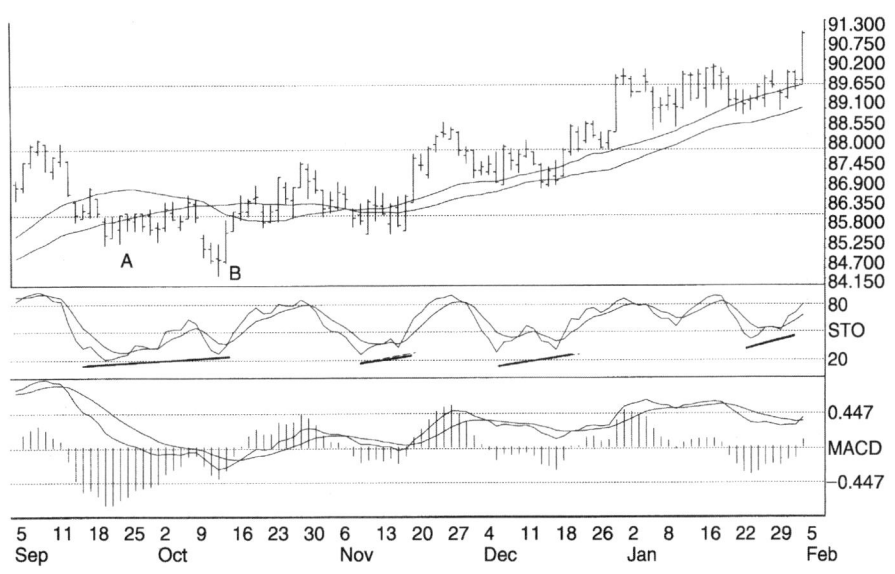

图 8-2　2007 年 6 月活牛合约日线图

(随机指标，MACD，以及 15 日和 40 日移动平均线)

至 2007 年 2 月

值得注意的是，A 点的低点和 B 点的更低点是伴随着随机指标出现第二个更高的低点——这是反向分离的一个教科书般的典型例子。之后你可以看到市场不规律地缓缓上升，在 11 月中旬之后站上了 40 日移动平均线。需要指出的是，快线（K 线）的每一个向上反转对价格的影响并不显著，而每次当快线（K 线）出现了 W 形态，并且出现了第二个更高的低点时，价格都会上升到一个新的水平。MACD 的变动相对迟缓，但我们看到，直方图在本图最后一根 K 线处，很明显地从低点反转向上，走出突破走势。

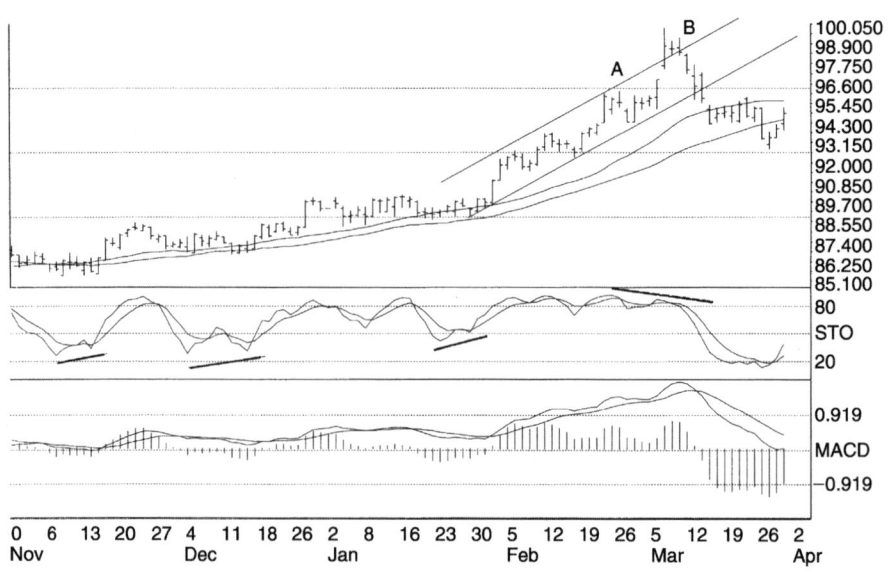

图 8-3　2007 年 6 月活牛合约日线图（随机指标，MACD，15 日和 40 日移动平均线）

这个期货合约从 2006 年 11 月到 2007 年 3 月的日线图描述了

市场从 2 月初的突破点开始继续前进的走势。快线（K 线）在 80 以上的略显停滞的走势维持了六个礼拜，期间有两次短暂的低于 80 的小突破，这两次都是新的买入机会，而不应该不成熟地退出。

至 2007 年 4 月

应注意到，以快线（K 线）衡量的动能最大值出现在 A 点，并且在此之后价格继续上涨。在顶部，快线（K 线）出现了一个明显的稍低的高点。此外，价格到此为止已经离开移动平均线很远，对市场能否继续飙升要开始产生怀疑。价格的确在上升轨道的上轨出现了回落，根据一些教科书，这预示着市场之后会企稳并加速走高。然而出现这种延续上升势头的概率并不大，相反，此时你应该考虑毫不犹豫地获利了结。有许多理由支持，并且有充足的时间在回调的开始阶段就脱身。这一回调由一系列的向下跳空缺口和低位回补组成，最后导致价格打破了六周以来形成的上升趋势线。

一旦价格触顶回调，随机指标持续趋势向下。即使移动平均线仍然向上倾斜，也没有理由期望价格会企稳并继续上行，更不用说强势上扬了。同时快线（K 线）会一往无前地下行，MACD 也会出现相同走势。这是反向快线（K 线）如何当走势接近一个彻底交易禁令时如何发出信号。在个例子中，当快线（K 线）超越慢线（D 线），并且在 20 以下做出一个古怪的三重底时，市场才算走出低位。然而市场波动诡异难测，指标显示前景仍然模糊不清，不能就此认为市场就会从此复苏并重拾涨势。

相对强弱指标（RSI）

RSI 指标和随机指标的做法相似，它的方程是随机指标概念的变形。如果你想换个角度分析内在动力，RSI 指标是随机指标的一个有用补充。他是基于收盘价而不是要研究的 K 线柱的范围，这既是他的优点，也是他的缺点。优点在于收盘价的重要性，缺点则在于当在前一个收盘价的基础上有一个明显的回抽时，随机指标会相应地以一个反转做出反应，而 RSI 则没有。

人们通常使用的是九个时间段的设定，在这种设定下，RSI 提供了另一种分析图标的有用方式。至于随机指标，它有两个功能——指示方向和揭示超买、超卖条件。你需要一个 Z 形反转并且最好有一个穿越 10 天移动平均 RSI 的动作，才能证实这个趋势。70 是超买的界限，而 30 则是超卖的界限，在实际中，它会走到更极端的地步。

RSI 和瘦肉猪

2007 年 4 月瘦肉猪的日线图表示了九柱 RSI 和十柱移动平均线的关系（图 8-4）。

2006 年 10 月，市场显然在试图寻找价格和 RSI 指标不稳定变动中的低点。在突破点存在一个明显的确定价格变动和无疑的 W 形 RIS 之间的连接点。当价格已经变动了 4 分时，在日线图的基础上很难再进入了，但是在这个趋势走完之前，仍然可能获得另外的 5 分收益。这就成了一个很好的例子，你可以利用单日的日线图和短线操作来获得更多的收益，这比仅仅持有而无所作为好得多。

第8章 随机指标和相对强弱指标（RSI）：超买/超卖指示器

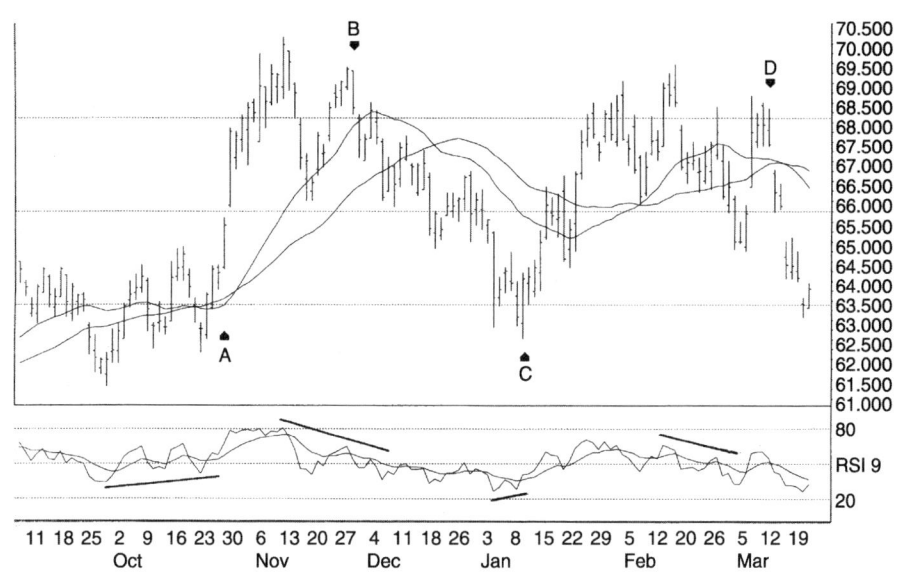

图 8-4　2007 年 4 月瘦肉猪合约（附 RSI 指数）

当市场在 B 点走弱时，你可以看到，在走弱的第一天 RSI 显示的顶峰早在 2 周前就发生了。从这一点看，当价格明显维持在趋势线以下时，价格和 RSI 都会以不稳定的趋势走弱。

在 C 点，RSI 产生了一个小的正偏离，此时价格正在更低的低点。当然，当价格正要返回 10 月份低点附近的支撑线时，这是一段颠簸不平的上升过程，但是市场变动和 RSI 变动在顶峰 D 点是具有决定性意义的。市场拒绝在收盘点回到 68.50，经过 4 天的努力仍然没有成功。这足以使 RSI 往下走，表明已经没有可能在收盘点回到 68.50，并且最小阻力线已经向下了。

对所有期货交易者的一个巨大挑战是找出市场的重要的潜在的早期发展模式。确实如此，如果你想进入市场，市场变动告诉你它将会变化。然而，你必须警惕被市场套住，因为它随时可能在自己的轨迹中停止。我们需要预见市场什么时候会展开。事实上，当价格在低水平上出现双重底甚至三重底，在高水平上出现双重顶甚至三重顶时，几乎没有比 RSI 更好的工具可以用来预测市场。

第 9 章　缺口的三种类型

不断改变的预期

对于研究入市和出市指标，几乎没有一个指标可以比缺口更加重要。它显示了预期的急剧变化，可以视为是重大变化的一个前兆。因此，你要避免在缺口不利的一边进行操作，而要沿着缺口的方向操作。并不是每个缺口都一定要有后续，但是有时剧烈的市场反应，或者至少内在力量的转变，就是从缺口开始的。并不是所有的缺口都有意义，但大部分时间，你可以看出哪些缺口是有意义的，但这时你还是要考虑到其他指标的情况。

对于所有的缺口，当它上行时体现了购买压力，下行时体现了出售压力。这种冲击可能不会持久（这是另一个问题），但是它仍然可以表现当前市场上交易者的意图。很多缺口并不显著，但足够多的缺口在巨大变化之前出现也值得交易者关注。这里可能存在雪球效应，随着在缺口方向的不断累积，至少会在中期趋势上存在反映。当在星期五交易结束后和下一个周一交易开始前预期有显著的变化，周线图的缺口就会明显的显现出来。

通常，缺口是指股价在快速大幅变动中有一段价格没有任何交易，显示在股价趋势图上的一个真空区域，这个区域称之"缺口"。一般来说，缺口越大，变化的可能就越显著。然而，延伸缺口的定义也是很有价值的。要注意第二日开盘价格较之前日收盘价格的缺口，无论两个柱状图是否完全分离。最重要的是当前的柱状图是否在缺口的方向上远离前日的收盘值。一个暂时失败的试图返回前日收盘值的尝试加强了这种说法：缺口可能是重大变化的开始。

缺口类型

虽然你直到后来可能才知道缺口的重要性，但将缺口分类成各种不同的形态还是很有意义的。这样有助于你判断什么变化有可能将要来临。

普通缺口

普通缺口可以在任何时候出现。通常在密集的交易区域或股价整理区域中出现。普通缺口常在几天以后由价格移回来填补，与图上其他柱状图连接起来。当然，你只有在事后才会知道上述情况发生，或者这个缺口是迈向新的价格水平的一个突破。当闭市在跳空方向上收强时，跳空的影响力会更大。当缺口在同一个方向上有后继，即使是很小的，都是很有影响力的，就像2006年9月稻谷价格上涨之前的情况。

在已经形成趋势的情况下，与趋势反向开仓可能会带来常规的利润收入，无论价格是否按照不变的水平回到先前的柱状图都没有意义。在获利发生时，实际上是加强了一个趋势并且被成功吸收。理想地说，在一个有强烈趋势的市场中，上述情况可能在交易的第一时间在日线图中显示出来。

第9章　缺口的三种类型

突破缺口

突破缺口是当一个密集的反转或整理形态完成后价格突破盘局时产生的缺口。它是重要的买卖力量的可靠指标。它暗示了主要的变动刚刚开始，你也想要参与进来。至少，当突破缺口被价格沿缺口方向的变动而证实时，你一定要脱离与此反向的交易。你也可以考虑下达一个双重指令，从而退出与你预期相反的头寸，然后在反向建立新头寸（如果你面临这样的决定，你需要质疑你是如何进入第一个交易中的，如果在这个方向上没有最初的波动，相对来说突破缺口很难形成）。

虽然观察价格在突破第一天变动多远可以起到警示作用，主要的规则是突破强度越大，价格就可能走得越远，突破就有可能更加可靠。这样，就很难找到一个比马上交易更好的了，并且风险更加可控。

总的来说，在很好的开始以后的突破所带来的好的可能性要远超损失的风险。然后你就需要鼓起勇气去把握强有力的信号——即那些收益对风险比率最高的股票。

隔夜缺口

突破缺口的转变是基于前一天夜间成交量猛增后的日内交易行为的结果。缺口行为重要的特征是仅限日内交易图表与即时交易图表两者之间的差异。日内出现的缺口显示了买或卖压力的显著增长，这里在图上可能没有持续交易的可能突破。这种情况以什么频率发生是很重要的，因为你可以通过在日内开盘时持有头寸，并期待夜间可以有很强的市场行动配合跟进来赚钱。

持续缺口

持续缺口在上涨或下跌过程中出现。有时被称为中间点缺口或测量缺口。原因是因为它通常出现在一个持续的变化的中间。然而，这里只有一个粗略的主要规则来度量持续性缺口的价格在停止之前究竟能走多远。

你可以经常性地看到一个日内图的市场上出现持续性缺口，而且在当天收盘之前也有可能预料到它的出现。如果你在收盘之前没有交易，那么在稳定一两天后你仍然有很好的机会在缺口上建仓。

这种形态通常给一个新的交易或者增加旧交易提供很好的收益风险比率。就像突破缺口一样，这个市场趋势最可能持续下去的点，是很值得我们研究的。从图表上来看，在牛市上沿着上行缺口方向交易要比在熊市上沿着下行缺口上交易风险要小得多。

衰竭缺口

衰竭缺口发生在行情的尾声，或许你会把它当作是一个不会再前行的失控缺口。当价格已填补了在最后留下的缺口，特别是当市场形成缺口支持另一个方向，并留下一个岛形时，你就会明白那只不过是一个衰竭缺口而已。有关岛形接下来将会再讨论。衰竭缺口经常会因为顶点导致惊慌而引起买或卖。当这全部结束时，价格会朝另一方向快速地前进。当随机指标处于超买或超卖时，衰竭缺口的趋势就会显现。价格不发生变化，或许也是一种迹象，比如当前主要的支撑或阻力位（这将在第10和11章再讨论）。

当价格在趋势的方向上形成缺口，并反转到非常接近反向极点时，即使价格无法回到此前的水平，此时，衰竭缺口仍然存在的可能性成级数增加，蜡烛图用十字线揭示了这种可能性。

岛形缺口

岛形缺口与衰竭缺口相对应，在趋势方向上提供未形成缺口的衰竭。它由一日或多日的交易组成，在曲线图的两个方向上都有缺口。这经常是在较大的行情末端衰竭的主要迹象。这也是当新的缺口留下若干个齿形时，岛形缺口所呈现出的价值。此外，这也意味着被贪欲或绝望的情感所驱动（绝望因被挤兑而生起）的那些人，已经真正完成了不适当的操作。

当他们操作时，虽然岛形缺口相对来说很少发生，但仍会使大的变动或反转终止。通常很难相信以岛形作为衰竭尾声会经历这么久，部分是因为从远离中心的极点到现价有一段很长的历程。不过，通常的规则是结果的概率是与反转的力量成比例的。因此，对于在强势日收盘中完成了一个很好交易，岛形或许是最好的记录。

如果你在收盘时错过了交易，缺口会在一两个巩固日后打开，所以仍然有极好的进入缺口的机会。这种结构为一项新的交易或追加已有的交易，提供了一个很好的机会。作为独立的缺口，值得再次强调一点，强趋势市场是最有可能持续的。依靠图表模型，牛市中上行缺口方向的交易风险要比熊市中下行缺口交易风险稍微小些。

三日收市规则

三日收市规则理论结合了所有的缺口智慧，在潜在的大行情开始时，以几乎不可思议的可靠性，预测期货市场行情。价格在第一天创造了初始缺口，并且这一缺口会持续三天甚至更长时间，市场行情表明缺口也许并不意味着随机的异常。在理想的环境中，市场并不是立刻一飞冲天，而只是巩固第一天的收获。然后，结果的巩固应该为下一波段提供跳板。

基本规则是在强势收盘的第三天，在缺口的方向上进入新的交易。依靠整体市场的状况。如果在第二天，你能够把握市场行情，特别是当日曲线图表明缺口有可能在下一个交易日出现时，那么也可以在第二天再进入市场。如果在你获得了强势收盘之前，巩固期已超过三天的话，接下来的行情或许是有利的。只要缺口没被填补，就会提升市场进入新的高度的概率，减少回到初始位置的可能性。市场经常会在25日和40日移动平均线上形成缺口，尽可能地创造机会改变运动方向，然后价格在此交叉后固守。

当形成缺口过后，价格继续前进而没有立刻固守，这表明推力是强劲的，这也许预示着失控市场的开始。然而也存在着巩固市场行情和相应回撤随时可能发生的风险，这种风险是很有可能发生的。你应该评估与风险相比之下的潜在回报，这种风险与合理的保护性止损有关。

你真的至少需要一个"Z"字形插入符来表示为相信行情会持续进行而设立的起点。

缺口充当支撑和阻力

缺口的必然结果表明，市场行情的突然变换是缺口作为支撑和阻力杠杆的一个功能。这将在第10章进行全面的介绍。曲线图上的一个下行缺口使得在高位上买入或持有多头的意愿疲软。一个上行缺口显示或许有长期持续的影响，当随后的曲线图行为表明缺口在明显的高位或低位出现时，其影响随之而增长。

缺口的神奇的地方就是有着将价格拉回的偏好，并形成缺口——用商业的专用术语说就是：检验缺口，而不是在收盘点上填补缺口。一种解释是缺口不仅会引起交易者投入新的资金，也会导致投机者从缺口中获利。对大多数交易者来说是，一鸟在手胜于二鸟在林。他们拿走赢利的意愿是巨大的，或是接近于初始的动机。缺口理论并不表明价格可能会回到起始水平，而只是建议你应该做好准备防御巩固回撤的发生可能。当价格受挫，新的、通常也是更聪明的交易者进入，在完全有理由期望的刺激下，价格通常会拉回走向缺口，并提供了一个很好的进入机会。事实上，很多交易者克制交易，直到价格回到缺口，结果有时是令人期望的，如同市场中那些期望一样，缺口会自我强化。

用三日收市规则或许可以检验缺口理论。依靠整体曲线模型及其他的指标，缺口过后会有趋于形成价格间断后恢复的可能性，但这种可能性并非非常的大。你想看看形成缺口过后市场行如何变化，回头检验并巩固是增加价格恢复可能性的必需过程。

缺口作为目标位

作为支撑位和阻力位的缺口的第二个主要变化是当前市场行情有时数周或数月之前形成的缺口，变成了目标位和较强的阻力。有一种说法，"缺口被填充了"，用现有的理论，意思就是说，已经形成缺口的市场，不论将要花费多长的时间，最终都将在某个点位会返回来填补之前留下的缺口。这种说法是相当可靠的，除非交易者知道在哪儿留了缺口。如果市场没有开始再次出击进入缺口，那对交易者来说，建立一个目标价格已经是足够了。概念的稳固与人们受情绪驱动的观念有关，也存在感情的成分使得人们想在上次有机会的但却错过的有利价位上操作。他们等待价格达到相同的水平，以至于可以在这个位置上拿走利润，其他人在此新位置上进入相反的方向，期待着行情反转。

必须在曲线图上形成缺口的地方画上一条水平线。否则，你可能会无意的在支撑位上出售权益，此时市场预期要反弹。除了动能这个最有力的因素之外，依靠整个曲线图模型及缺口的支撑和阻力作用所经历的时间，所有的可能性都是倾向于原缺口的突破。此外，当价格进入了一个缺口时，随机指标处于延伸线上，几乎可以肯定市场将要花费时间来巩固，以便消耗掉过剩的压力，即使还没有开始发生翻转。

上行和下行缺口

尽管缺口的支撑和阻力作用具有有效性，但当在两个方向上都形成缺口时，这种效力却又总是存在着质疑，因为在交易范围之内，总是会发现一些小的缺口。有时也会出现不止一个衰竭缺口，以此作为一个修正后的终止的结果。这或许并不是稳固主要趋势的错，而或许只是延伸的市场开始一个滚雪球式的调整，这种调整超出了大多数人的期望，结果在这一过程中停止运动，同时形成缺口进一步调整。

因此，存在着一系列看似失控的缺口，但同时在另一个地方也出现了显然的衰竭缺口。当你在最后一个缺口方向上考虑交易时，就会发现有矛盾的迹象。除了辨认出作为可能停止一项新交易的潜在阻力的反向缺口之外，别无其他的选择。然而，对包括基于周曲线图主要趋势评估等所有可使用的指标而得来的证据进行整体权衡，最后分析表明并无其他办法可用作评估缺口阻力可能所具有的效力。

第 9 章 缺口的三种类型

缺口和反转

当缺口在终止点上被填补时,它的意义也就消失了。也就是通常所说的市场上行缺口——通常是日曲线缺口,然后在缺口开始的地方价格线以下关闭。事实上,的确是存在买方压力导致缺口,但不足以维持此价格。所有冲动的人现在都有所损失,并且都是潜在的卖方。这同样适用于缺口下行,此时市场没能继续而是翻转了。

大豆的缺口

2007 年 5 月的大豆走势图为缺口理论在实践中的应用提供了良好的例子。(图 9-1)

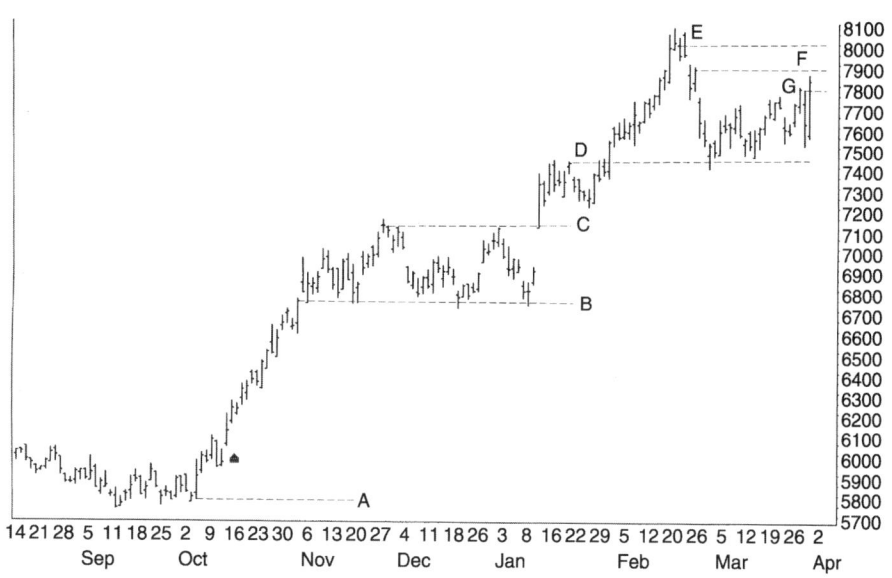

图 9-1 大豆 2007 年 5 月合约走势图

9月底部有一系列的衰竭缺口，市场虽然没有随之跌到谷底，但是也不能够打破这个趋势而上行。最后，形成了一个三重底，随着顶端出现缺口，行情上涨，甩开了基于点A处所产生的小缺口。

基于三处价格跳空，给予了我们入市的机会。箭头上方那一处非常明显。根据图表显示，市场在一系列的缺口出现后持续走高，直到价格收于虚线B点处的上方。这是为了回撤的有效性。然而，在虚线C的下方，也存在着类似的较强的买入压力，使得缺口大幅跳空。

之后，在B点和C点交投区间内起伏震荡，随后市场走势大幅上冲并越过虚线C。然后出现了另一个向下的缺口，紧接在突破水平上方出现一个回撤，由于支撑良好，这个突破比起初D点处的缺口来得更为有力。现在价格已经突破阻力位，然后价格一路上扬，成交量逐渐放大，直到在E点处出现向下缺口。随后跳空缺口出现的那个位置，即F点和G点处可能会形成一个新的阻力位。此时请注意，之前位于D点的阻力位现在变成了新的支撑位。

给出这张图表是为了说明，当市场出现不同位置的缺口时，市场会产生怎样的行动。这个双重缺口表示含义不明确，对期货投资者而言存在弊端。除非你有很强的自信，基于其他一些指标，如随机指标，分析得出反向缺口会被快速填补，否则最好还是离场观望。

观察开盘的一小时

当在主要趋势上出现同向缺口时，行情可能会按趋势继续惯性延伸。当主要趋势反向出现跳空缺口时,仅仅说明存在套利空间。许多跳空缺口都会演变为中继反转,即使一开始是不可预见的,有时甚至没有任何征兆,在你还来不及反应时,它就已经开始转变。在其他时候,跳空缺口会反向出现,并相对前一交易日呈现强收盘,这表明已到达买入或卖出的顶点位置。当预感到走势偏离过多时,我们会抱着期望支撑的心态,在反向市场来进行交易。

跳空缺口形态的出现,并不完全表明此时可以进入市场进行交易。然而,在既定的走势中出现大幅的跳空缺口时,则表明走势需要回调企稳。当出现不利的缺口时,价格则会迅速下探。利多利空消息推动收盘价处于强势行情,并一路到达支撑或阻力位,此时你希望可以突破它继续,假如没有发生,则情况会相反。也许之前的强势收盘是趋势枯竭的征兆,从而投资者再次入场。当这种情况产生时,不仅要结清头寸部位离场,而且对于日线交易者,可以反向建立头寸入场。

对于可能导致缺口出现的信息要持谨慎态度。甚至如预期的那样是有利的消息,也不过是短暂的飙升,随后市场将获利回吐。而当信息与预期的相反时,这种情况也会频繁发生在开盘时的一小段时间内,紧接着市场走向将会改变。在对待缺口的操作上,特别是缺口的信息面上,有个非正规的方式:那就是观察在日内交易开盘后的四十分钟内市场的走势情况。如果缺口出现于持续的市场行为之前,则即时的市场行为是可维持的。因此当开盘时出现一个向上的缺口,伴随着一轮猛增,价格会飙升至新高,然后继续冲高,反之亦然。

2007年4月复活节后,在堪萨斯的小麦市场出现过一个非可持续的例子。在整个周末都有霜冻,市场一度到达涨停,在开盘时上涨了30美分,而收盘时却收于低位。对于交易商来说,这是绝好的进行反向止损的机会。

第10章　支撑和阻力：水平障碍

阻力和支撑位

接着第9章对于缺口作为阻力和支撑的讨论，这里还有一些其他的重要障碍。即使供需理论基础认为市场只会有一个理性方向，但所有的阻力和支撑位仍有近乎怪诞的能力——为价格波动设定边界。当供需上存在持续的不平衡时，这个边界或许就不会起作用，或者不会持久发挥作用。然而，我们总是不间断地想要利用当前的价格来获利或是规避风险。因此，从某种意义上来说所有的市场都是波动的，即使总的趋势走强。

可以识别的潜在阻力和支撑水平显示了交易者要交易的位置，而他们的交易，与其他的一些技术分析一起共同决定了价格的走势。随后，一旦回调成功发生在阻力和支撑位，价格就会偏离理性水平较远的地方。因此，阻力位和支撑位不仅可以用来获取利润，而且对于短期交易商有目的的反趋势操作也有很好的指示作用。

现在存在两种不同的阻力支撑理论，这两种理论都是可靠的。第一种理论，如我们在第9章讲的那样，跳空是其中的一个部分，是由基于过去发生的价格走势而形成的水平、静态线组成，与时间几乎没有关系。第二种（将在第 11 章讨论）由对角线支撑和阻力线组成，它包含了时间和价格两种因素。

当一个趋势已经建立，并且价格在标准阻力和支撑位所代表的障碍点出现回调，市场显示有能力反弹时，交易商可以进入一个很有前景交易。引申来说，将一个市场可能的波动锁定在一定的范围内是很有必要的，否则交易就不可能成功。很多时候，交易看似要不留余力地冲破一个明显的阻力，但最后还是走入了相反方向。因此，没有什么可以替代价格图表中所标出的阻力位和支撑位。可能阻力位和支撑位不一定会发挥作用，但你至少应该知道它们在哪里。

阻力位和支撑位一旦被突破，市场看上去将会朝着与其作用相反的方向发展。一旦市场果断地突破一个阻碍，它就很有可能继续保持原来的方向直到达到下一个稳定状态附近范围内。认识到这一原则后，基于阻碍会发挥自身作用的预期，一些交易商在可识别的阻力位和支撑位范围之外设置止损来卖出合约。还有的交易商在突破的方向上持有新的头寸。另外的交易商利用止损单进入到一个双重指令来扭转他们的头寸——这种方法从原则上值得称道，但还需考虑其他的已被确认的信号。

最高价 最低价 收盘价

最快速得到的却又是最不稳定的水平阻力位和支撑位是你柱状图上的最高价，最低价和收盘价。这些水平线对于短期交易商寻求快速进入和退出一个交易有很大作用。

收盘价比最高价和最低价的作用大一倍，尤其是在临界点时。因为在柱状图所代表的期限内，尾盘统计选票结果反映了交易商更倾向于朝哪个方向推动市场。这个在周末和月底更为重要，因为此时交易商已经做了充分的准备，并正在决定下周或下一个月继续持有哪些交易。交易商继续持有能够扩大利润和减少损失的头寸将会使市场的有利趋势得以维持。当一个市场跳空所有的收盘价，而且缺口没有填补，那么收盘价就是最有用的水平线，可以通过它画出包含未来回调的新的阻力位或支撑位。而且，收盘价对于一周，一个月或者一年的结尾具有重大作用。

在一个上升的市场中，大多数柱状图的最高价和最低价应分别超过前面的最高价和最低价。因此，当市场回调到前面柱状图的最低价时买方可以进入，当市场价格逼近前面柱状图的最高价时卖方可以进入。然而，卖方不应该像买方一样激进，在一个强的牛市中，价格不大可能触及前面柱状图最低点附近。

类似的，在一个下降的市场中卖出者更为激进，价格不太可以达到先前的最高值，但却有可能跌破先前的最低值。在一个上升趋势的，柱状图有上升趋势，最低点的连线形成一个上行线，可确认为一种累积模式。反之，下行市场中的最高价的连线形成一个下行线，构成一个发散模式。（见第3章）

根据价格规则和跳空原则，当图上有缺口，或者仅仅前一日的收盘价和后一日的开盘价有缺口，而两个柱状图之间还未形成空白区域时，重要的阻力位和支撑位都有潜力发生变化。一周开始时的跳空比周中出现的跳空更重要，在某一月的第一天出现的跳空更具重要性，它很可能会脱离上月收盘价而走得更远。

2007年5月的棉花合约日线图展示了价格在水平阻力线AB下面的一系列回转（图10-1）。

这一市场表现强烈的暗示了棉花不大可能冲破这一阻力位。另一方面，在DE水平线附近存在强有力的支撑，因为有一系列的柱状图在这一范围或在其上方收盘。这个支撑位包含了合约任意时间上的低点，额外验证了市场在这一水平位置会有很好的支撑平台。从底部的强势反弹和顶部的"盖"来看，次要的支撑位BC线能否经得起考验是值得怀疑的。

有时你会看见一个明显强势的市场，每日的高点几乎维持在同一水平。这可能是因为在这一位置或该位置附近有无限的供给量，通常是专业的交易者，如套期保值的生产商，他们准备为疯狂的购买者尽可能提供他们想要的数量。相反，在最低价时，咖啡烘烤商也愿意收购投机者抛售的全部头寸。这种顶端和底部的特征越明显，它就越有可能代表了有巨额资金参与进来，它们对价格按原趋势进一步移动设置了障碍。

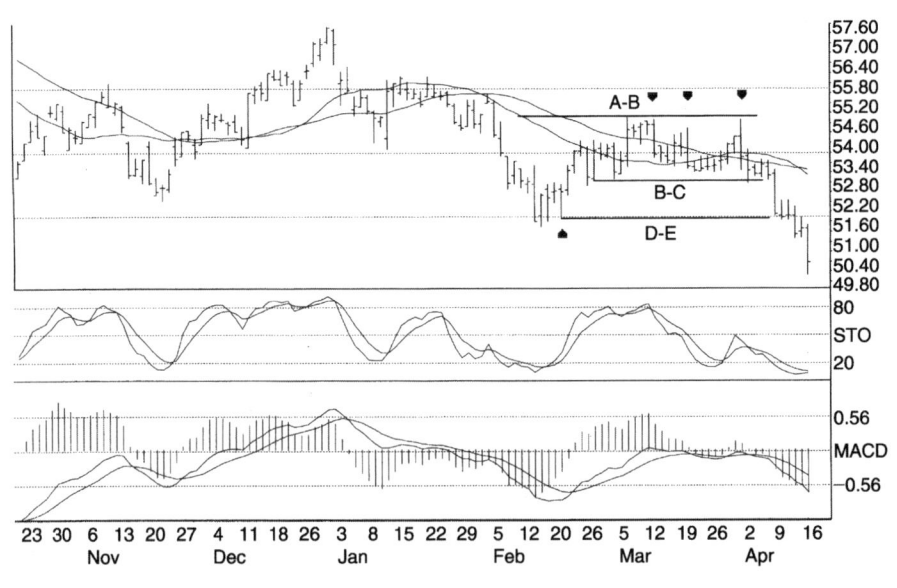

图10-1　棉花2007年5月合约日线图

市场行为的重演

从一个较大的范围去看柱状图，无论是对短期还是对长期来说，阻力位和支撑位都有一个潜在的原则，即市场很可能会重复前面的走势。交易商通过观察走势图，观察出过去的价格走势，并且以此为参考来衡量未来的价格走势。重复的大量的冲高失败会坚定阻力位持续的可能性。正如你可以在2007年5月的日线图中看到的那样，一次冲击高点阻力位失败可能意义不大，但是多次反复冲击失败意义就增加了（图10-1）。不仅如此，一个阻力位持续发挥作用的可能性按比例的增加了它能维持不被突破的时间长度，无论是几天，几个月或是几年。

有时候你能够判断出交易商在冲击阻力位或支撑位，并且很有可能突破。棉花合约的图像再一次说明了这是如何发生的。头肩顶形状的区域反映了多次冲高未果最终跌破最低点。注意相对低一些的高点和迅速跌至下一个支撑位51.75的低收盘价的情况。

长期阻力和目标

仅仅只看日线图是不够的。要通过大图观察周线图和月线图中存在的潜在障碍，这与短期日线图的潜在障碍同样重要。大量的公司交易记录一旦被确认是正确的，将会说明这些水平线能很有效地发挥作用。有一类相反势头的交易者顺着走势购买或出售，这不仅仅是交易商的热情，而是一种有意图的持有。交易商知道市场什么时候可能走势趋缓并调头反转，这就是最可能的买入或卖出区间。当存在冲突时，阻力位和支撑位更可能会超越趋势，尤其是在市场上已经存在超买或超卖的情况。

正如第9章所讨论的缺口方面，我们常常忽视的是，其实阻力位和支撑位本身也可以是"目标"，而不仅仅是对未来价格变化的障碍。以买方为例，根据以往的经验，绝不仅仅是想要进入市场的空头交易者有目标卖出价格，持有多头头寸的交易者也会设定目标卖出价格来保障利润。类似地，也有两组人准备在低价时买入，一组是持有空头头寸的交易者来保障利润，另一组是寻求在低价进入而持有多头头寸的人。

将阻力位和支撑位视为目标价格的一个推论是，你要意识到市场可能达不到某个重要的阻碍价位。通常你可以从柱状图反映出的简单市场活动判断出趋势将要发生变动。然而，当市场活动接近一个重要的障碍时，趋势可能看起来走得很强，并且价格好像也是可以突破的。尽管有这些强的指标，但趋势还是在途中停止并且朝反向迅速变动。一个并未触及主要支撑位的下行市场是牛市的，至少不能算是熊市，它可能会因为意料之外的因素而反弹。一个未触及主要阻力价格的上行市场是熊市的，这也暗示着它一旦反转就可能会走得更低。

长期道琼斯指数

阻力位和支撑位在长期中如何作用的一个典型例子，便是道琼斯工业平均指数从1962年至1982年的20年内，在500点水平线、600点水平线和1000点水平线之间的波动情况（图10-2）。

从1959年至1982年，道琼斯指数主要稳定在一个固定的范围内，好像在一个带有"盖子"的盒子中，维持在1000点水平线附近。下线的界限稍稍模糊了一点，在1973年至1974年间出现了罕见的暴跌，这是由于当时阿拉伯石油禁运，严重影响了世界经济。最终，当道琼斯指数突破1000点并且维持在这一水平上方，整个股票市场的投资状况发生变化。除了这次强有力的单边趋势证实了技术分析的两个重要概念之事实外，其他的都已成为历史：一是阻力位和支撑位是有效的；二是阻力位和支撑位维持的时间越长，一旦这种状态被突破，突破的力度就会更强大。

第 10 章　支撑和阻力：水平障碍

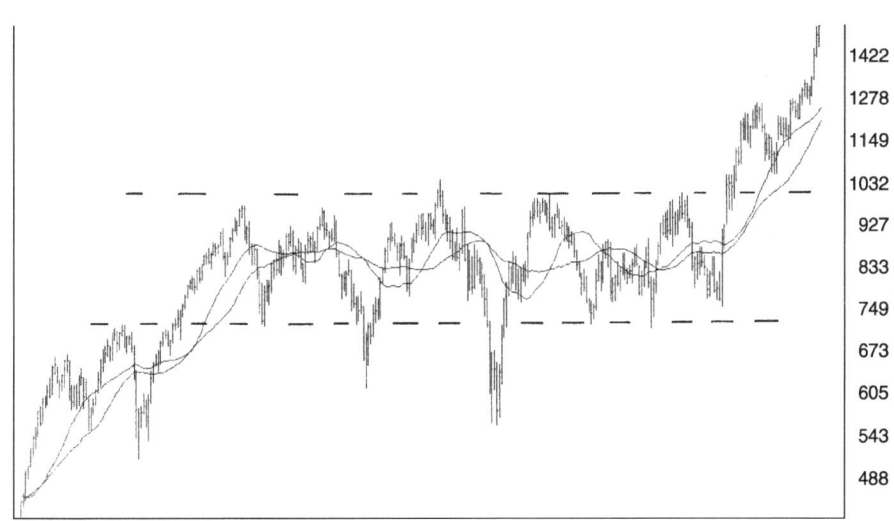

图 10-2　1959 年—1986 年道琼斯指数月线图

这个图也显示了在一个单边市场中，移动平均线是如何像中位线一样发挥作用的。图上的移动平均线显示了价格从平均线两边近似相等的位置波动。这个图也显示了在 1984 年，道琼斯指数似乎要回归到刚刚突破过的阻力位，这相当于是对突破的有效性所做的一种试探。一旦对突破做了试探，并且证实突破是有效的，你就可以对突破的稳定性充满信心。你也可以看出一旦移动平均线确立了一个清晰的趋势，它是如何包含市场回调的情况。

历史上最高点和最低点的阻力和支撑

大多数市场都有与阻力位和支撑位相对应的长期障碍，很典型的例子就是玉米（图 10-3）。

你可以从长期图上看出在 2 美元价格上有一个强力的支撑，而且，自 1974 年起只有短暂的时间维持在 4 美元以上，并且最后上升停留在 4 美元。当价格停留在 2 美元时，这并不意味着价格一定要上涨很多。通常价格可能只是上冲半美元左右然后又回落。在长期价格边界的低端意味着在这个位置靠做空来获利的可能性微乎其微。类似地，当价格达到边界顶端时，再获利的可能性受到限制，而下跌的风险就变大了很多。可能有一种有效的趋势，应该坚持这个趋势，但是到达某一价格就足够了，长期价格图就显示出了这条水平线的位置。

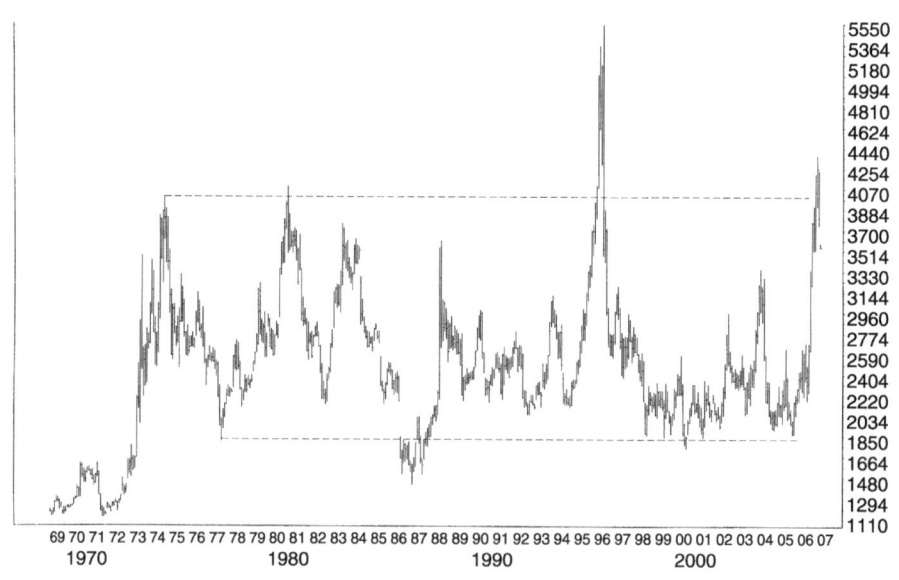

图 10-3　玉米的月度连续图

因此，当你在市场上持有的头寸接近或者已经触及一个比较大的目标水平时，这可能是一个很好的维持已有利润的机会，而不要继续持有去看下一步将会发生什么。依靠总趋势和其他指标，可能存在一个进行反向交易的好机会，前提是价格确实就此停止并且转向。当你看见市场价格径直走到某一个位置并有可能在此处停下来时，耐心等待一个好的入市价格并坚定持有到一个好的价位,这会是不错的交易机会。

道琼斯指数的长期月线图和玉米月线图显示了一个重要原则——你需要知道重要的支撑位和阻力位在哪里。找到近期和中期的重要水平线对于实时期货交易也是很重要的。仔细地衡量道琼斯月线图,将 1979—1981 年这段时间独立出来看,它体现了螺旋状的成功突破而不是疲软和分散。但事实上,不仅那个时候不是有效突破,在最终成功击破 1000 水平之前,市场曾经几乎一度回撤至箱体底部。

黄金市场的高点

有一个显著的例子,就是历史高点是怎样在黄金和白银价格不断上涨并于 2006 年 5 月创出新高时发挥作用的。1980 年 2 月,在刚开始的主要上升趋势中,黄金价格一路飙升,并达到 742 美元高位,紧接着经过一轮放量抛售,价格下跌了 289 美元,随后在那年 8 月,价格又第二次达到 729 美元高位(图 10-4)。

2006 年 5 月,价格曾一度上摸至 732 美元高位。随后的五周时间内,价格大幅下跌了 183 美元,至 546 美元。同样地,在 1983 年 9 月,白银以 15.20 美元的价格站上高位。在 2006 年 5 月,白银价格收于 14.93 美元,随后下跌了 5.15 美元,至 9.78 美元。在位于 14.00 美元处有一条陡峭的趋势线支撑,但单日市场价格下跌了一美元使这条趋势线被打破,而且几乎到了无法修复的地步,这与黄金的同期走势颇为类似。

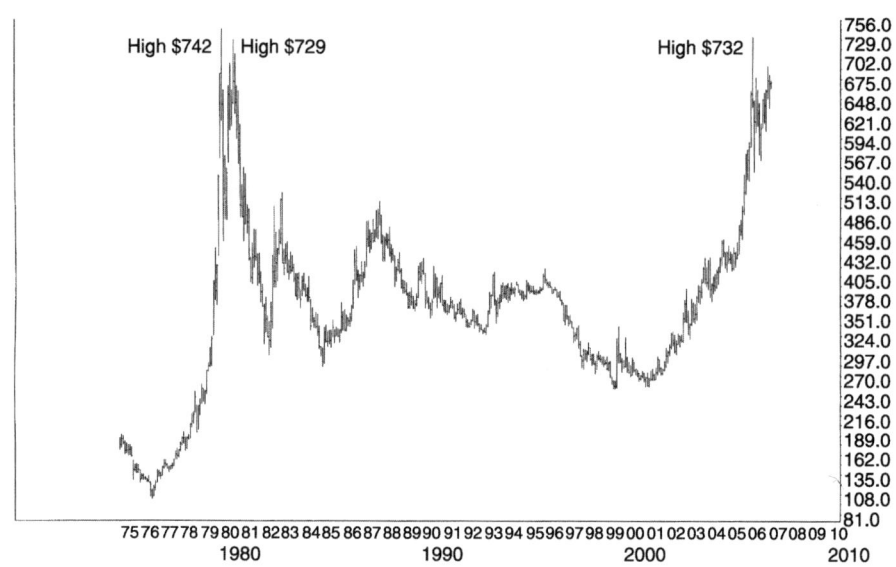

图 10-4　黄金月线连续图

整数关口的力量

整数关口对高点和低点也有一定作用。许多明显的整数关口起着支撑或阻挡的作用，包括道指长时间的站稳于 1000 点上方。它们包括处于 1 美元的活牛期货，10 美元的大豆。其中最明显的是，4 美元的价格对于铜来说就像是一个能持续发挥作用的天花板。在 2006 年 9 月，铜价格已经到达 4.16 美元的高位，然后价格下跌了 40%，和上升速度相比，下降速度显得更快一些。相同地，玉米价格在 4 美元和 2 美元附近分别有一个明显的顶部和底部，大豆也一直难以突破 10 美元。自从 1973 年起，价格从 12.90 美元毫无阻力地一直下跌，10 美元成为整数关口的极限。

当市场爆发时

以另一种方式来看支撑和阻力,即当市场稍做抵抗或者毫无抵抗便冲破支撑阻力位时,此后走势必将延续。当这种情形发生时,很难判别却又无法逃避。然而,你可以通过以下情形判别,即当市场发起快攻时,阻碍也许就很快会被扫清,然后会及时出现短时间的小幅回撤,价格随即会再次上攻。市场爆发时,价格停留在可识别的价格边界之外有助于趋势的延续,但需要提醒的是有些突破并不是真实的。当突破形态强而有力时,就有很高的可能性冲出整理区间,比如价格缺口超出关键边界线的情形。

当突破整理区间时,考虑立刻采取交易还是继续观望回撤的情况也是一件有挑战性的事情。总的来说,你应该谨慎小心地选择立场,如果没有在突破的当天进入市场的话,那么你应该选择离突破那天较近的时间。你需要保持大量的火力在手边,用来应付价格再次回撤到突破线的情况。根据市场随后的变动,当市场表明突破有效并开始向所期望的方向继续移动时,你要有足够的时间来调整操作方向。

突破遵守一个重要的经济原理,特别是一个合约创下新高或新低时。一个公认的真理就是,在期货市场上任何价格的变动都会为市场一方的人们带来利润,并同时给市场另一方的人们带来同等、相反的损失。例如,当市场创造了一个高价合约,每一个市场多头交易者利用步步增多的多头而获利,同时,每一个空头交易者处于压力下买回以补偿损失。为此,结果将是加倍的刺激需求以驱动市场价格进一步上升。

阻力变成支撑——支撑变成阻力

对上行趋势有一个可靠的法则，阻力位一旦被突破就会变成回撤的支撑力量。同样，在衰退的行情中，被突破的支撑位在回撤中会变成阻力位。这一法则对短期突破和长期曲线图中期望的持久支撑或阻止位都有效。根据法则可以推论，在回撤中，支撑或阻力位的效力有可能在某种程度上会延长市场折回及填补之前爆发处所需的时间。这也经常发生在有差不多相同点位的复合顶部和底部，而且，此种情况下的阻碍线显得更加重要。

当价格大幅度超出支撑或阻力位时，并不能意味主要趋势从此消失，尽管理论上认为，价格下超出支撑或阻力位的情形在强势或相当有潜力的市场中不会发生。作为趋势市场整体行情波动的最终支撑或阻力位，对牛市中波动来说是先前的低位，对熊市中的波动来说是先前的高位。相比已经形成趋势的市场，以上内容通常更适用于有交易边界的市场。

玉米市场中的边界

2007年5月玉米日线图很好地说明了水平支撑线的指导原则。

2005年11月，主力合约价格低到1.86美元，创造了收获季节的低位，以此回应丰收。2006年间，尽管由于增加种植产生大量供给，但交易价格开始回升，工业制酒精的需求旺盛，以至于无暇满足家畜生产商的需求，玉米的价格至少不在一个合理的价位上。

第 10 章 支撑和阻力：水平障碍

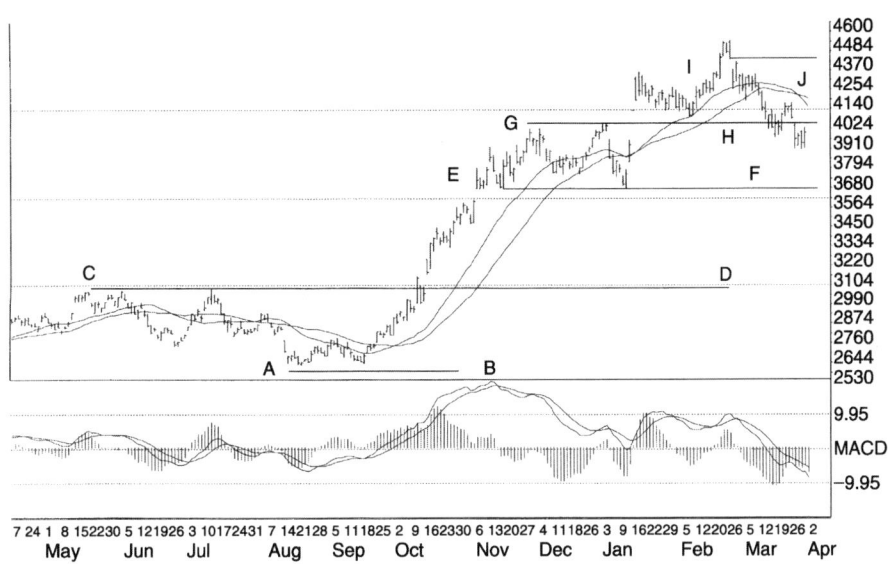

图 10-5 2007 年 5 月玉米日线图（附 MACD）

在支撑线 AB 以上，从 8 月、9 月双底开始，MACD 比价格指标更能体现牛市的快速上扬。价格上的第二个低点比前一个低点高不出一美分，但仍然构成了一个有效的双底形态。

一旦市场开始前行，就会聚集重要的动力源，迅速到达阻力线 CD 的位置，进而挑战 5 月和 6 月的高点。不寻常的是，价格在突破阻力线之前，盘整的时间没有超过两天。照此做法，玉米说明了这样一个规则，那就是强市仅仅短暂的受制于支撑和阻止位。当然，你只有在事后才会知道这个道理。尽管如此，价格跃过了阻力位并不是侥幸，相反的是，它意味着一个强大、迅速趋势的成功建立。

注意价格的大幅波动和在 E 点相应的缺口，市场行为在此处说明了缺口自身提供支撑或阻力的原则。果真，从经过 E 点到 F 点所画的水平线正为此后七天的交易提供了支撑。更为重要的是，在接下来的整整两个月中，它几乎在同一水平线上继续为回调提供支撑。

接下来，波伏的高点 G 保证了另一个水平阻力线，价格第二次试图超过这一水平线恰好印证了其存在的价值。这两个高点中的第一个高点是 3.97 美元，市场在三天后再次触及这一价位。回撤过后，第二次冲击关键的 4 美元价位，价格在重新回到 EF 支撑线前，成功突破了 3.991/2 美元。

在宣布 1 月份玉米产量报告时，市场形成缺口并以有限的波伏越过阻力位。但现在的波伏是要大得多。市场勉强重设趋势线 GH，并在最后的死亡阵痛来临前形成了一个新的缺口。在此点上，留意一天内缺口的内部和外部，然后是缺口下降明显的地方。跟随缺口下行的新水平阻力线 IJ，在市场形成下行缺口的地方不再密切跟随。正如所料，市场存在通过填补缺口来重新进行调整的意愿，但这并不会成功，尽管价格几乎压到了新的阻力线。从那开始，玉米波动变得没有规律，但价格却一路下行到 3 月玉米产量和种植计划报告出台。这个报告造成价格连续两次下跌 20 美分，直到创造 3.43 美元的低点。

玉米曲线图在某种程度上显示了另外两个未经证实的一般性原则。第一个是，一波行情的大小和为此准备而需要的时间之间可能存在着一种关系。从 5 月到 9 月，单边趋势所持续的时间正好为接下来的大行情提供了坚实的技术基础。曲线图同时也说明了市场经常以梯形或相互堆积的箱形形态移动。一波行情过后市场就面临调整，这会使价格回到上次行情起始的点位。接下来，市场再次爆发并产生新的波伏，其大小大约与上次波幅相当。

总结

我们没有夸大水平支撑和阻力位的重要性。当趋势上行时，你必须在支撑位上买入,当趋势下行时,在阻力位上卖出。只要市场按预期的那样发展,这一原则就同样适用于在新的点位加仓和止盈。为了将此付诸实践,除了勤奋地在曲线图上多画些关键性的水平线,并将这些水平线在不同的时间框架中推进之外,没有其他的办法。有赚钱机会的互惠交易是放弃利润和避免不必要损失的全部原因,几乎没有什么东西比重要的技术障碍更加重要的了。

艾略特波浪理论及应用

在大众使用的用于预测市场可能延伸多远、波动可能回撤多远、价格波动在往复中会产生什么模型方面,存在着各种各样的理论准则。这些方法只有依赖于其他支撑性的方法论时才是有用的,而且很多还是相互重复的。基本的但很重要的原理比建立在几何学上的理论推测更为重要。一个短暂的小幅回撤与一个持续的大幅回调更能表明市场还能走得更远。更为重要的是,与技术分析的一般原则一样,市场总会重蹈覆辙。

许多交易者运用艾略特波浪理论[1],这一理论转而建立在号称是黄金比例的斐波纳契级数之上。人们对于这种方法论的信任程度有相当大的差别,一方是从几乎非理性的虔诚信徒,另一方是完全不予考虑,其他人则处于这两者之间。一件有关艾略特波浪理论的肯定说法是它对行情的判断在事后看起来是相当确切的。然而,现实情况下,试图在时间或价格之前进行预测,弄明

---

[1] 在艾略特和他的理论基础上,斯蒂芬斯在 www.luckymojo.com / fibonacci-mkt.html 网站发表过一篇优秀的论文。市场上关于艾略特理论及其应用最好的书是托尼卢默的《预测金融市场》(伦敦 Kogan Page 出版社,1989)

白高位和低位从什么地方开始计算等问题都十分有挑战性。不论理论有什么优点，那些已建立可靠记录的实践者几乎总是能使用一些额外的指标来证明他们的结论是正确的，就像本书所提及的一些细节内容。

总之，当评估和应用艾略特波浪理论时，铭记所有市场预测的逆势观点是有益的。逆势观点陈述了每个市场都必须做它该做的事情，市场的职责是在尽可能多的时间里愚弄尽可能多的人。

在 www.luckymojo.com 网站上，克里斯·斯蒂芬斯（Chris Stephens）写了一篇极好的有关艾略特（R. N. Elliott）及他的理论背景的文章。这本最好的有关艾略特理论及在市场中应用的书叫作《托尼·普卢默预测金融市场》 （Tony Plummer's Forecasting Financial Markets, London：Kogan Page，1989）。

斐波那契回撤和启动

最常用的作图程序包括斐波那契回撤线，弧形，扇形和时限工具。然而，当你将这些工具中的某几个运用到多时限中的多个点时，这张图上就会变得很杂乱而不实用。然而，就像很多交易商使用艾略特波浪理论一样，了解一下它们的基本属性和作用是值得的。我们可以用这些理论做一个参考而不是依赖它们。一些以艾略特理论为主要基础分析工具的咨询服务机构发现，基于艾略特理论的结论可能是错的。总的来说，艾略特理论从某种程度上来说有用的，尤其是用它来证实那些你通过支撑阻力位和其他更基本的衍生指标得出的已知结论。

斐波那契序列通过将前两个数字相加推出下一个数字，并照此无限继续下去：1，1，2，3，5，8，13，21，34，55，89，144等等。减小至百分比，每个数据约等于前一个的1.618或

1.62倍，每个间隔的变化也很小。它由希腊字母 φ（在代数中，φ=0.1618）表示。斐波那契数列的结果，包括小于1的，是0,0.38,0.50,0.62,1.00,1.38,1.50,1.62和2.00。当这个数字小于1时，数列取决于你从顶部还是从底部开始，但两个方面都是一样重要。这些数字也可以用百分比的形式来表示。

无论你多么依赖于斐波那契或艾略特理论，最有效的评估回撤潜在界限的数字是50%水平位。无论是什么样的图，多长时期，也不管在这个位置上是不是有可识别的阻力支撑线，市场会一次又一次的回撤到这一水平。许多交易商将这一水平线作为进入和退出的标准，这是技术分析的另一原理。按照50%回撤推论，你可能会尽量避免在一个回撤超过前次行情50%的市场中交易。值得反复说明的是，最好的交易市场是那些只有短期小幅回撤的市场。

行情开始启动所对应的数字是100%，它来源于市场很可能会历史重演这一原则。这一原则对于突破和波动具有普遍应用。换句话说，所谓的我们已经衡量过的突破的位移去我们对于下一次突破的位移的预测是一致的。但是，长期固守后的突破行情会走得很远，这似乎与前面的原则相矛盾。某些情况下你可以期待一个类似的100%行情，例如，大豆上次在十个交易日内上涨了20美分，随后在五个交易日内回撤了10美分。一个经验法则要求市场下一次的前行在时间上和价格上进行类似重复。经常发生下面的情况，即在一个强有力的上行或下行市场中，行情会暂时停止并开始盘整，这可能发生在整个行情的中途位置，根据你是从中点位置还是从最终目标位置观察来提供一个50%和100%的百分比。

银的周线图和斐波那契

银的周线图展示了从 2005 年 9 月 6.63 美元的低位到 2006 年 5 月 15.20 美元高位的垂直线。(图 10-6)。

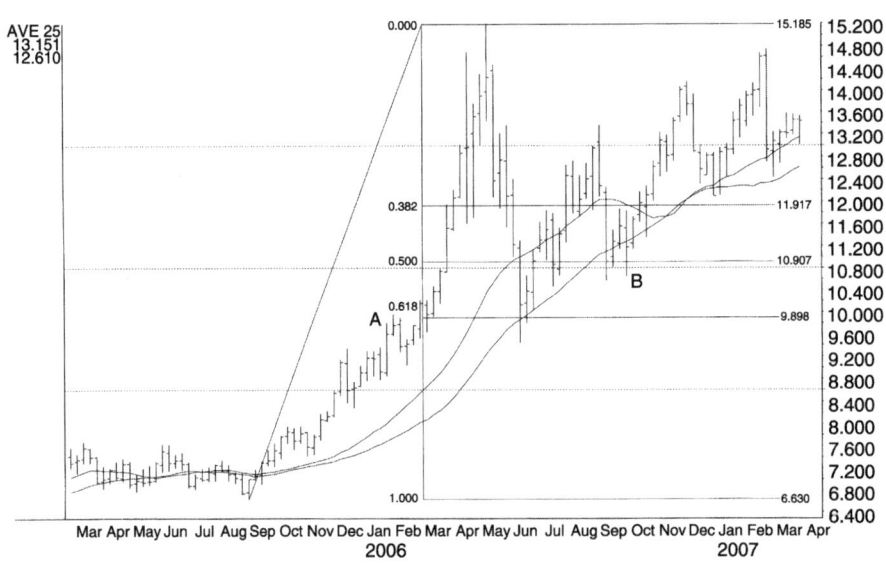

图 10-6　斐波那契回调和银的周线图

2006 年 5 月的迅速大跌看起来似乎没有停顿。然而，从收盘价的基础上来看，价格支撑在 40 周均线（近似等于观测的 200 日均线位置），而且收在 2 月份的高点 A（9.95 美元）之上。无论是巧合还是通过计算，银价在试图停留在 38% 回撤水平线几周后，又类似的试探 62% 斐波那契支撑水平。在反弹中，在 B 点的 50% 水平线提供了两次重要的支撑。尽管阻力位支撑位具有明显效能，银价一旦触顶，交易就会变得富有挑战性。

就像所有关于阻力位和支撑位的几何学理论一样，对于回调和行情启动的预测永远是试探性的，甚至比其他理论更具试探性。它们在判断一个市场向什么地方移动是很有用的，但是你要善于变通，当市场和预期方向不一致时要随时修正你的图表。

阻力位和支撑位概要

回调和启动

◇ 在图上做出水平阻力位和支撑位，最理想的情况是将他们应用到不同时期的图表上，以上做法是很有必要的（不这样做就代表你做的功课不够，这也是导致判断错误和交易损失的主要原因之一）。

◇ 主要的水平阻力位和支撑位是：
- 缺口，包括两种：一种是在柱状图之间的明显间隔，另一种是在收盘之前未能回补的空间。
- 最高价，最低价和上次的收盘价——日线图，周线图或月线图。
- 历史上的长期最高点或最低点。
- 整数关口。
- 突破水平——之前的阻力位和支撑位，被突破后其扮演的角色发生转换。

◇ 阻力位和支撑位持续的时间越长，它被检验的次数越多结果越好，它就越有可能持续下去。

◇ 每当价格接近先前的最高值和最低值时会踌躇不前，这是肯定的，但是市场冲破一个阻力位或支撑位越坚决，它就越有可能继续向前。

◇ 如果市场试图接近一个阻力位、支撑位或其附近的目标水平时失败，这很有可能意味着市场已经没有这个方向的能量，趋势有可能即将发生反转。
◇ 最重要的回撤位置是50%水平线。
◇ 最重要的衡量行情在现有图形基础上继续移动的目标波幅是100%。

第 11 章　对角支撑位和阻力位

绘制趋势线

支撑位和阻力位理论的第二种变异包含对角或动态水平位，他们依赖市场维持方向和速度的能力，此即为我们所说的"趋势"。

无论是短期还是长期，趋势线提供了一种最基本的可以从随时任意改变的市场中看到其内在平滑走向的方法。和与其相对的通道线一样，趋势线经历了时间的考验。由于很多投资者在运用它们，它们的效用性得到了自我加强。趋势线看起来可能浅显易懂（尤其是事后看起来），但是成功的期货交易员要知道的是，当做出预测时如何实时地对待应用这些趋势线。你可以完全相信那些专业人士和做市商在用完全一样的图表，而且在等着从那些不做研究的人身上赚钱。

趋势线将牛市的低点和熊市的高点联系起来。当你在图表上看到两个明显的高点或低点时，可以先画一条待定的趋势线。然而只有当价格可以第三次或更多次回到该趋势线且在那里转折时，该趋势线的正确性才能得到确认。一般来说，在价格的每一个小尖峰处画一个趋势线是一个不错的主意。虽然其实大部分的长期趋势线在初始咬合点之间时间较长，但一般我们只能做这样的假设。展开来说，趋势线存在的时间越长，它就拥有越多的正确性，而且当趋势线不能持续、市场暴跌时就更明显。一种单凭经验在日度图表上确定趋势线的方法就是在明显高点或低点画一条线，然后根据第 14 章的周期理论，在大概四周之后寻找次高点或者次低点。

有时我们的确能比较容易地知道一条趋势线的走向，但绝不是一直这样，而且，当市场行为不断进展时，我们有时有必要重新审视我们的假设条件。比如说，在一群柱状线中可能会有那种明显但异常高的柱状线，最适合的结果不是来自那个高柱状线，而是来自这群柱状线中第一个柱状线。交易趋势线的目的是为了表达可能的支持位和阻力位，而且，最重要的，表达市场的速度。

如果价格趋势继续持续，那么经常会有机会绘制更陡的趋势线。那么初始的、相对比较平的那个可能会比较好地代表市场的主趋势，而且它可能保持正确性并对以后更显著的回撤提供支持位或者阻力位。但是，趋势线越陡，它在价格回撤前就会越不稳定。不陡的趋势线可能会让人有机会在价格好时持有以后，会回到主趋势线的支持位或阻力位交易的观点，从而积攒一定利润。

当然，绘制陡的趋势线的相反面是需要绘制比较平的趋势线。这里经常是需要人为的判断的。你不得不考虑到一个事实，那就是在周度和月度图表上，主要的长期趋势规则性地有较大的波动。尤其是在经常拥有长期趋势的股指或货币市场上，在主趋势上可以有很大的波动。鉴于这种考虑，一般的规则是要求较平的趋势线的市场就是那种失去动量的市场，而且，它可能正处于改变明显趋势的过程中。

对于期货交易员来说，趋势线的早期和晚期假设之间经常有矛盾。期货市场，尤其是农产品期货市场的趋势一般要远短于股票市场的趋势，如果其他的指标支持交易，那么当没有第二个触点时，一般开始交易是有利的。好价格上交易的可能利润和赶早的行为可能证明明显大于真实的风险的正当性。展开来说，一个期货交易员可能不得不接受主趋势内的非短期更陡的趋势，且如果价格回撤开始消耗更多的钱就立刻停止交易。

绘制通道线

假设已经找到了一条趋势线，找到距离趋势线最远的点，或者是最突出的点（这两点不一定相同），理想情况下该突出点在趋势线上的两个标志着接触点的低点之间。然后画一条和趋势线平行的趋势线。那么就有一条上限线和下限线，市场过去和未来都在这两条线之间的范围内波动。这样做的目的是找到一条最适应总体方向、且能反映市场离开趋势线时的市场速度的线。通道线对趋势线确认的频率十分好。如果仍有所怀疑，那么就记住我们对趋势线和通道线的所做皆是为了得到能够代表市场方向和速度的最佳适应渠道范围。

趋势线和通道线理论关于阻力位和支撑位的一个重要部分就是以前的支撑位一旦被过了之后就会变成阻力位，而以前的阻力位一旦过了后就会变成支撑位。对市场判断有误的交易员在可能时离开均衡点的影响其实是存在有说服力的解释的，所以这些绝对数量值就是可自我证明的。无论如何，成功期货交易的一个基本概念是最可靠市场行为需要返回的价格确认，对以往的股票价位说再见。这和锯齿曲线理论关于趋势——无论是价格趋势、指示趋势还是供需基本面趋势的观点一致。

市场回调时进入

趋势线和通道线隐含的理论是价格在趋势线和通道线之间前后波动。在一个有稳定趋势的市场上，价格在大小改变的同时仍保持着一种稳定的大致上的方向。这就好像一艘帆船虽然有时向前有时向后，但总体总是保持着前进的方向，所以，有时大家用"线性回撤"来表述这种现象。

当价格返回到趋势线并且可能在那里停留一段时间时，这就很可能是开始新交易的好机会。偶尔，你可以看市场回调的力度有多大而简单假设市场将如预料的一样返回；但是一般来说，在确定反应为新价格规则和过度购买/销售指标的转折后再行动效果会更好。理想情况下，你可看到市场势头回到主趋势方向并希望新的交易能力可获利。至少，一般你会看到回调消失的可能性，因此通过日内如 60 分钟图之类的行为重回主趋势。

我们为什么需要看到市场重回趋势线是显而易见的。但是，当价格在趋势线上或者靠近趋势线时将发生什么也很重要。市场可能会转变，也可能不会。或者交易员要花很久很久的时间才可能做决定。因此，一般来说，不贸然开始新交易最终会好得多。另一方面，趋势线的断然转向可能意味着趋势的全然反向。

小心通道线

通道线对于显示转回可能在哪里发生有很重要的作用。如果转回发生，那么它不仅将使其带回趋势线，而且如果趋势线不包含转回时它可能跨越趋势线。追逐一个看来迅速移动且无迹象减速（更不用说停止）的市场极有吸引力。但是，上升趋势没有买方而下降趋势没有卖方可能只是在最狂热的时候。不绘制通道线就像开车却不看停车指示牌或者暂停指示牌。当价格到了通道线时，如果可能，你最好守住你现有的获利而不要开始新的交易。

有理论宣称当市场在牛市中突破通道线的上限或者在熊市中到达通道线的下限后，市场可能继续发展到新的水平。因为市场已经离开了趋势线，所以预计市场也会离开通道线。这个理论是十分不可信的。的确，只要你可以一直注意离开市场，那么留在一个好价格交易一般会有不错的结果。但是，真实交易的实际是如果你想在市场突破通道线时追逐一个失去控制的市场，你很可能会输得惨败。而如果你输了，你可能的损失要比你可能得获利大得多。

除了对大概能有多少获利有所指示作用外，市场到达通道线可能对于开始一个逆趋势的交易也是一个好机会。但是，相对于回报来讲，这种风险也很少能被控制住，所以对几乎所有的交易员来说（除了那些最聪明反应最灵活的），一般都是直接放弃这个明显的机会。当然，当主趋势是上升时，卖出具有很大的风险，而当主趋势是下降时，买入具有很大的风险。主趋势很可能居主导地位，惊奇很可能在主趋势方向发生，甚至当市场已经大量扩展时。所以，要使采用逆趋势的行为一定要有很好的理由。这种理由存在，但很少。

通道线还有另一个重要作用。通道线是一个目标，但是同时也要小心那种没有到达通道线的市场。比如，价格在趋势线和通道线之间的情况。这时可能整个市场行为都值得怀疑。如果价格在没有到达通道线时就开始回调，趋势线失效的风险也很大。

趋势线崩溃时的退出

趋势线理论的主要延伸就是当价格突破趋势线时，要采取一定的行动。趋势线意味着支撑位，一般人们预计支撑位会持续：有效的趋势会一直有效。那么，当趋势不再持续时你该做什么？理论上，也是实际上，穿过趋势线意味着趋势的结束。根据如趋势坡度等因素，这可能意味着退出该趋势所对应的交易，也可能意味着另一个方向的新趋势的开始，而且为新方向上的交易做了论证。

一般，在突破趋势前都会有大量的统计和 MACD 方面的动能先兆，比如价格没有到达通道线，或者在价格柱状线行为上也可能有表现。当价格穿过一个长期保持的清晰的趋势线时，交易员或急于在原趋势方向平仓，或者在突破方向开仓，总之，十之八九在开仓出现或者平仓溃退中做选择。

周度石油图表的通道线

图 11-1 中周度原油表有效显示了趋势线和通道线如何工作。

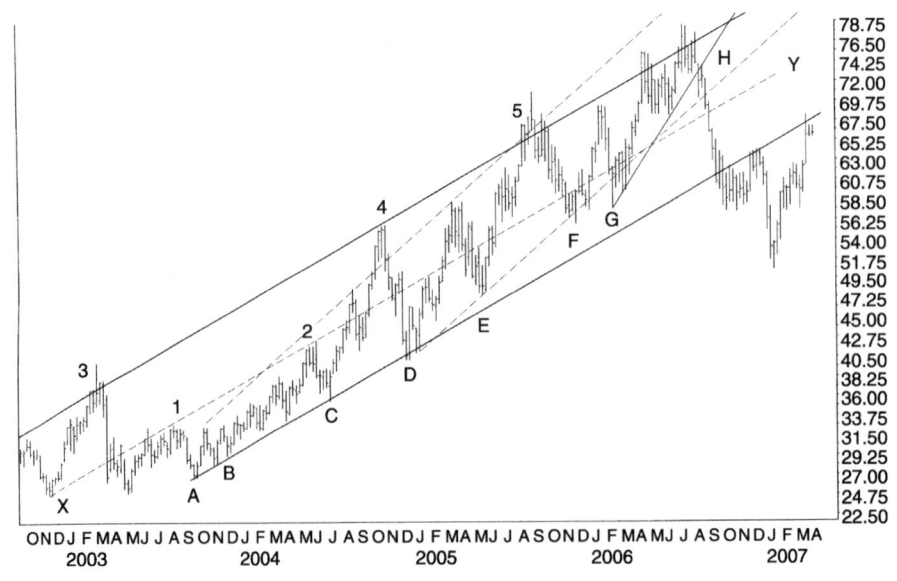

图 11-1　原油周线连续走势图

不同寻常的是，日度图表（此处没有显示）显示了一条可能从 A 开始到 B 结束的可能趋势线。这条上升趋势线大概持续了十五个月，价格经常回调，甚至在经历了快速上升后。

在开始潜在的趋势线 AB 之后，可以认为潜在的通道线和它联系的点在 1 的位置。这个通道线真正地刺穿可识别的高点在 2 的位置，不过接着，在接下来的猛推过程中，有些不寻常，市场加速突破了它。这个不寻常是被支持的，这个事实就是突破超过通道线通常只有很低的概率跟进并且有很高的概率是失败的，构造出了被熟知的牛市陷阱。使得这个向上扩张更好的建议是市场在构造猛突新高之前重新集结一小点。这样做，它满足了另一种支持和抵抗理论的格言——一个强大的市场在继续上升到下一阶段之前，当前阶段应该很少犹豫。它是一个慢速移动的市场，另一方面，这是最可能转向返回的。在任何情况下，这是有效的，那就是保持 X 线的位置最终扩展到 Y 线作为未来潜在的支撑和抵抗的线，并且在事件下，它被证明是在剩余的主要的牛市中从 X 到 Y 的中间线的一些东西。这条线的有效性已经从事实中发展出一些附加的意义，这发生在 X 的低点，并且它在之前的一周在反转从 1 点开始的时候提供抵抗。

一旦市场突破超过通道线 1-2，你能够看到一个潜在的新的目标。在这个目标下，并且没有任何意外，它表明是一个新的通道线大概从高点 3 的位置拔出，将要联系到点 4，并且再一次到点 5，最后正好在最终的市场高点。

一旦低点 E 保持住，你可以画一个更加陡峭的潜在的趋势线，假设在一组平行线间包含一个海峡，它从近期高点中拔出。这个新的海峡是来证明比你理想地从海峡理论的期望更少的影响，虽然这两天通道线有一个主要的连接点和价格在点 5 的位置。在 F 和 G，价格通过趋势线回来，显著的在月的结尾低于 G，虽然前期的低点保持得很好。

至关重要的，低点 G 产生画新的东西的机会，更加陡峭的趋势线从线 G 到 H。在教科书下，市场将在通道线上运行并且折返到另一次运行——可能被一些狂热的人招徕不可思议的 100 美元的水平。最后，不过，在最终的高点有最后一次的运行，认真的完成旗形动能。一旦新的陡峭的趋势线被一语道破，它就发出一直以来强大的牛市就要结束的信号。不仅仅是这样，现在还有很多很强的技术指标表明这个可能真的是牛市的结束了，有一个一致的机会在市场的空方做一个大的交易。

就像在牛市历史的脚注，价格将突破长期向上的趋势线 AE，接着集体回到它代表的抵抗水平，最后下跌到这次移动的最终的低点，在顶部宽大的 28 美元。

原油日线图的通道线

在 2006 到 2007 年之间的原油日连续图非常好地显示了趋势线和通道线（图 11-2）。

在 2005 年底的巨大的震动，在 60 美元一线决定了一个坚定的基础并且在 2006 年 3 月宣布向上的 Z 字形的走势，几乎是不寻常的。在那个底部的第二个低点，在箭头位置，在通道线 AB 下，为新的向上的趋势线 CD 提供了有效性。这是显著的：市场在 B 的位置短暂的突破通道线并且接着在最后突向高点之前急动地向旁边运动。这次市场没有试图狙击接近通道线的任何地方。它在 E 点做了一个双重顶接着果断的向下突破长期趋势线。

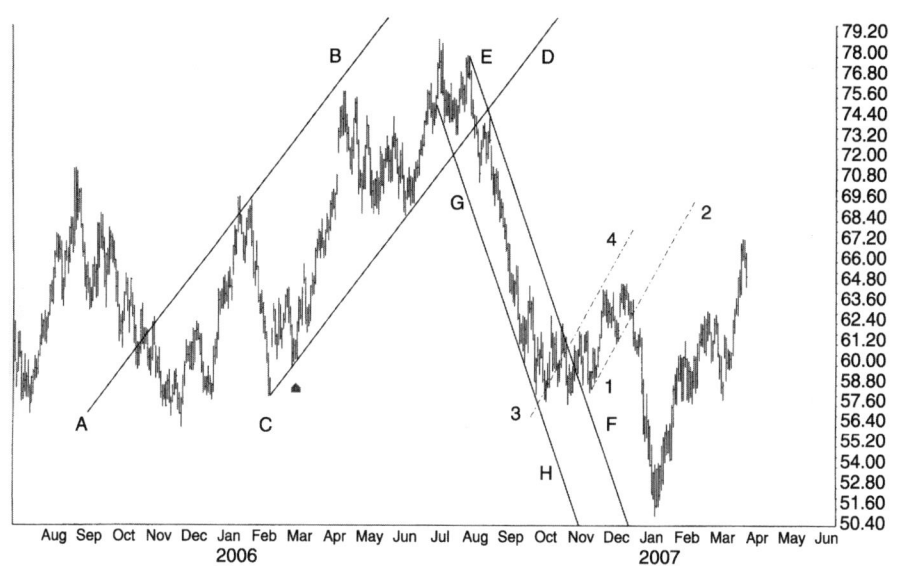

图 11-2 原油日线连续走势图

就像理想化下每个主要趋势的反转的发生一样,市场突破向上趋势线接着返回建立明显的更低的高点,因此能够在它的暂时的通道线 GH 形成潜在的新的向下的趋势线 EF。接着,当然,一路向下到 15 美元是很难的,没有任何集结回到趋势线的尝试直到市场最终在通道线上找到支撑。

结果是在趋势线 1-2 之间有明显的上升趋势,而在到达 50 美元水平前,通道线 3-4 不会构成大于一个的旗形。一旦暂定的新趋势线 1-2 不能含有这个新趋势,那么直到价格快速跌落底值之前都至多有暂时的持续形态。

第 12 章 布林通道

波浪行为导论

通过鉴别即时趋势的布林通道为支撑位和阻力位理论提供了更进一步的变形。结合布林通道和 MACD 指数、统计量、识别趋势的工具等,你可以建立一个交易系统。它们可以进行移动平均,中线就是一个移动平均。

主要思想就是,根据定义,偏差可能不会持续,而价格将会回到均值。因此,布林通道有助于找到市场低值时的支撑位和高值时的阻力位。那么,你可能会有一个很难实现的目标,就是在可接受的风险范围内,以一定合理程度的可靠性,在尽可能的低点买入、在尽可能的高点卖出。移动平均线延伸出了基于标准方差的线。从移动平均线到带宽的距离随市场波动率而改变。该指示的奇怪之处在于在某方向引起膨胀的波动在另一方向也能引起波动,使它远离价格从而使通道线的另一个方向看上去毫不相关。实际上,这不影响该指示的应用。

设置布林通道

布林通道是由约翰·布林格（John Bollinger）发展出来的，他以前是美国全国广播公司财经频道（CNBC）以及金融新闻网的市场分析师，现在是约翰·布林格资产管理公司的董事长。对于技术面，两个标准差应该包含随后市场运行的主要过程。标准差是与平均价格的离差平方相关的，这个计算是对于短期价格变化的反应。这几个通道快速的扩张或者缩短，因此，是在市场变化无常下运行的。用另一种方法，他们对于最近的市场运行是很敏感的，并且他们确立价格波动的区间。推荐的设置是20单位的简单移动平均，包含两个标准差。

对于包含价格波动的海峡带有几种不同的公式，并且他们中的很多有相似的行动。很明显，肯特纳通道和布林通道做几乎一样的工作。在时间中证明它们在交易者的工具箱里都是足够有用的，虽然，当在一个很强的移动下，他们更像是巧合指标而不是帮助预测什么时候这个移动会结束。

布林通道的应用

布林通道在每个时期的图形都是很有用的并且很多日内交易员都在使用它。这些交易员必须特别准确的确定进出的水平，他们可能指出哪里可以以一个更好的价格来进入一个交易，在市场正在达到顶部或底部的时候而不是等待更多的信息，比如价格与移动平均线或者趋势线交叉并且显示能够停留在那里。风险可能是容易被确认的并且是很小的，同时可能的回报也是很丰厚的。回报的目标可能至少在相反的外部通道上面，它现在在那里，并且如果市场像你预期一样的来反应的话就可能超过它。接着相反的外部通道可以扩展来使得价格走得更远。

每一个交易的方法都有它的弱点，那对于布林通道来说有一个显著的弱点就是它不会去跟随一个向上的值得做的数量市场，仅仅是因为它显示市场将停止并向下运行——同时如果你试图卖在可能的高点，反之亦然。不过，如果你已经正确地确认了主要趋势的方向，并且它有大体上的动能，当市场启动的时候就可能有一个很好的移动。争夺从超买和超卖的情况下的市场反转是很常见的，并且价格能够快速地再运行很长一段路，带有来自市场错误的一边的压力和这些目标在好的价格进入新的交易的压力。因此，布林通道对于那些持长期观点的交易者也是特别有用的，这些交易者想要在好的价格微调进入点，但是同时也想在价格运行蹒跚的时候平掉交易。

一个交易的开始、中间和结束

以另一种方式来看待布林通道，它们帮助显示一个市场运行可能连续地在它的开始，它的中间的和结束的时间，并且接着运行到下一个开始，所有这些理想化下的在定义好的主要趋势内交易。你们给出一个可能的进入点，当这些通道在一定时间内已经走向旁边并且显示价格已经保持住至少曾经在外部通道并且它在第二次再次转向或者更加依靠主要趋势的整体强度。当这个整固是可能短期的在很强的确定趋势内的时候，很少跳跃出外部通道是很好的。在这种安排下，MACD 和随机指标应该来揭示一个价格保持的运行路径所聚集的动能正在偏离外部通道，这个外部通道本身可能开始显示方向。

假设在周线和日线图上已经建立了一个很好的趋势，一旦在它的路径上交易，价格应该至少达到相反方向的外部通道，并且最好奋力前进使得外部通道跟随它。急剧的运行可能发生在布林通道向移动平均的中间线收紧之后——在一个小的范围内与价格Z字形的圈子可以对比。一个运行走出了收紧的区间，因此需要一个连续性而不是一个阻碍来使价格走得更远。一旦有一个很强的价格的突破并且布林通道收紧，价格可能靠近或超过外部极限。接着理想化地，移动平均的中间线应该包含反转，并且反转应该保持来提供新的进入的机会。

当市场达到目标的外部通道——就像例如，多头更高的通道——这通常要小心准备离场。标准差可能正确的结束它的预测在必须反转之前可能走的多远的任务。在很强的趋势市场下，价格和外部布林通道应该保持很紧密并且保持倾斜的角度。一旦他们开始出现蹒跚，可能就是离场的时机了，特别对于使用日内图的短期交易者。就像在第11章中讨论的通道线，最容易受挫的是低于目标布林线的弱势市场，而强势市场更有可能继续向前。

建构的时间长度

短期整合结合和长期整合之间有常见的不可调和的冲突。短期整合一般发生在强烈趋势性的市场，该市场是人们最想交易的一种市场。但是，就和一般的支撑位阻力位一样，布林通道在整合过程中包含的价格越长，那么支持位和阻力位就越容易持续，而且下一次主趋势方向上的突破发生时冲击就越可能产生持续且有价值的行动。当价格测试一个相对平的或者是平整过两倍或更多倍的布林通道而且显示明显的边界可能持续且支持一个显著且持续的反弹时，概率会出现惊人的指数级增长。

依据市场行为和其他指示的表现，当价格超越布林通道时，在确定时刻会有一个新交易进入。当这个发生在建构的延长时间后，随后发生大交易的可能性很大。

作为负指示的布林通道

在周度、日度和一天内的图表上做布林通道来看市场和全局图表关系一直是很有用的。这的确是一个粗糙可用的指示，但它经常可以对新交易中的可能回报和风险提供一些全面的指引。

布林通道的容量函数意味着你需要清楚新交易相对于 Bollinger 外通道宽内部的风险。和过度买或过度卖统计量一样，这个条件可用作一个评价所有因子的警示而不会发展成一个禁令。当其他如表格行为的因子确认了突破和坚持的可能性，那么这些指示远比这个警示重要。

活牛期货市场和布林通道

2007年6月活牛合约的日度图表显示这个市场开始是缓慢且不稳定地向上波动，然后在一月开始加速（图12-1）。

几乎每次价格都走向较低的段，而且，统计上有一个 W，证明了当价格从轨道上行时，有一个中度的低点。一个明显的例外是在十月标志着 X 的箭头，但在价格到达较上轨道时，下一个对几乎200个点都成立。当然，最明显的成功是在二月时，当价格到达低点，然后像火箭一样在 K 完成了 W 形态的结束。

一旦市场起步，价格就停留在上轨道和二十个柱状线移动平均之间。在最顶端，在上轨道有一个值得注意的上涨，价格可能有更大的上涨。但是，这是和 M 在 K 同时发生的，这强烈意味着市场可能在制造人气高昂的顶端。

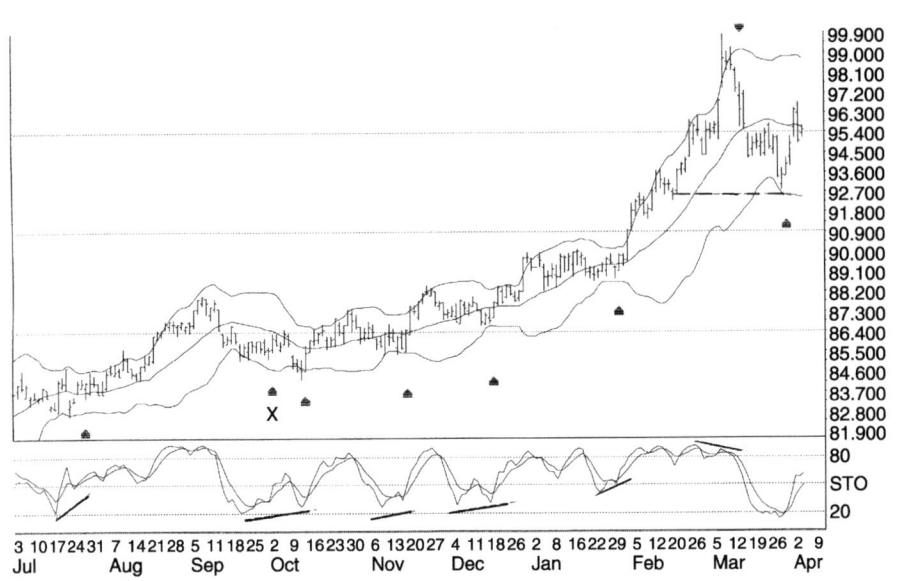

图 12-1 活牛 2007 年 6 月合约日线图（附布林通道和随机指标）

在衰退期，K 稳定地在 D 下。K 先在 20 下取一个初值，然后最终在低点 16 结束。在这个过程中，虽然价格将从低 Bollinger 段和五周前一个可判别低点的水平支撑位反弹，但是由于这个市场将从相等且反向的人气低迷的低点走出，将不会有一个 K 的 W 形态。

关于活牛合约的图表最重要的一点是当价格水平较低，或者靠近较低段的时候，买入的风险也很低。相应的，当价格水平在或者靠近较高段的时候，买入的风险就高多了。回报风险率的一个例外在 2 月份，那时市场整个月都运行不正常，然后在上段突破了。

活牛合约的 60 分钟图表

2007 年 6 月活牛合约的 60 分钟图表显示，市场 1 月份一直不正常运动的过程（图 12-2）。

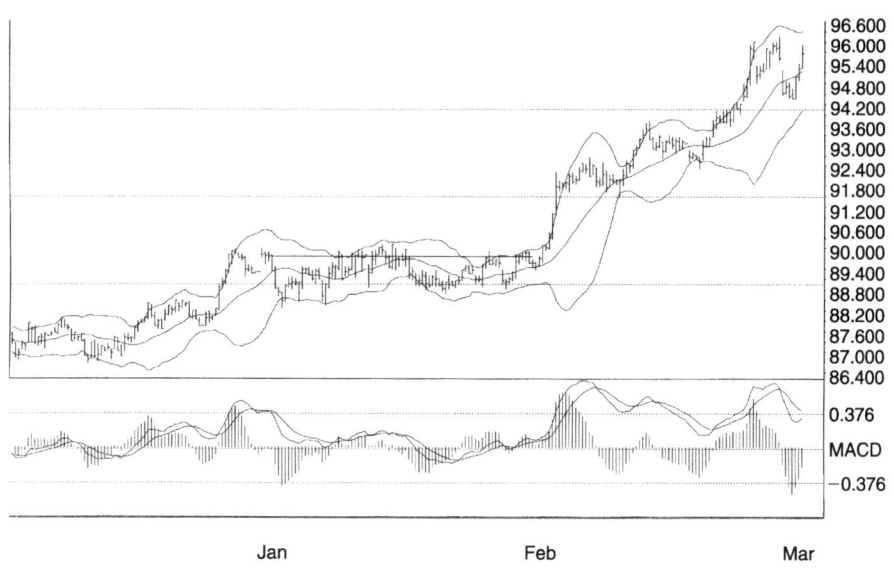

图 12-2　活牛 2007 年 6 月合约 60 分钟图（附布林通道和随机指标）

和在日线图上一样，你可以看到价格趋向于在布林通道之间持续，明显不能向更高或者更低突破。布林通道对强力购买或者不强力的出售都有警告作用。

虽然你从布林通道或者价格几乎注意不到，但事情随着时间而改变了。变化是动能逐渐上行。要知道这个，你需要其他一些指示。同一般情况一样，这来自 MACD，该线在月中旬开始上行。伴随着加强的 MACD 和可观测到的突破前的更高的低点，可以看到可能的上行迹象，甚至可能是一个显著的。注意一下布林通道是如何在新的上行轨道上表现包括回调。

第13章 有效图表形态

最可靠的图表形态回顾

一些技术人员确定了大量的不同表格形态，但是只有少数几个既可鉴别确认，又可提供一定可信度的结果。当某一可信图表形态在周度图表上的表现如所预期时就更好了，你可以有提升的信心在市场上停留比较长的时间。

虽然永远没有安心的时间，但是你可以找到这样的市场：当你忍受现有交易的大幅震荡或者在牛市买熊市卖时，你会在该市场中有所收获。只有一个符合该广义定义。某些市场经常拥有长期有效的趋势，而其他市场没有。股票指数市场和货币市场一般就是这样的。近期，金属，尤其是基本金属的趋势比较清晰。石油某种程度上趋势也比较清晰，但是，一些主要运动的振幅很大，所以对于大部分投资者来说长期持有是极其昂贵的。

好的图表形态是那种在各种时间段都有效的形态。在周度或月度图表形态内，有一系列在日度和日内的逆趋势的运动。但是，当短期图表、日度图表或日内图表上的形态列队时，会有一个主要进入；而且宏观图表一直受人欢迎。主要运动倾向于在成功的形态突破之后，而期货交易的基本原则是你要寻找成功突破后的所有主要运动。因此,你需要认真观察从以后主要运动发展出来的图表形态。但是,一个难题是当向上突破发生时,即使在最佳市场也可能人们已过度买入,同样,向下突破时的过度卖出情况也存在。因为许多突破并没有成功,或者有些突破的发展完全事与愿违,尤其是形成时期很短的时候,你需要小心观察随着突破的发展,市场是如何进行的。除了到达新高或者新低的突破点之外,还需要其他确定性指示。

双重顶和双重底

最基本也是最可靠的图表是双重顶和双重底。当有三重乃至多重顶和底,而且宏观来看一段较长时期有很多柱状线时,可靠程度呈现指数级上升。这和锯齿理论和柱状线组成的 M 和 W 形态基本是同样的原则。反转和林达尔表现出来的市场行为是同样的道理。当市场处于可识别的 W 形态的长期低点或者支撑位时,或者 M 形态的长期高点或阻力位时,全局图中的可靠性也增加了。

你不得不将全局的图表形态和其他指示,尤其是但绝对不仅仅是,MACD 和统计量。由于具有双重顶或双重底(尤其是双重顶)的趋势反转形态太简单了,人们一般不会在它发生之前想到它。记住那句谚语:"牛市里会死得很难看!"而且,仅仅由于趋势看起来要停止了,这不意味着市场在近期就一定会走向另一个方向,更不要说保证另一个交易了。和这个警告相冲突的是,在好价格时的早期进入会产生更大利润,而且它能承受更多可控风险,但也仅是在指示或者供需基本面有可能一致时。

堪萨斯小麦的月度连续图表显示了两个分开的、清楚的长期双重底和 W 形,每个都是在几年内形成。(图 13-1)。

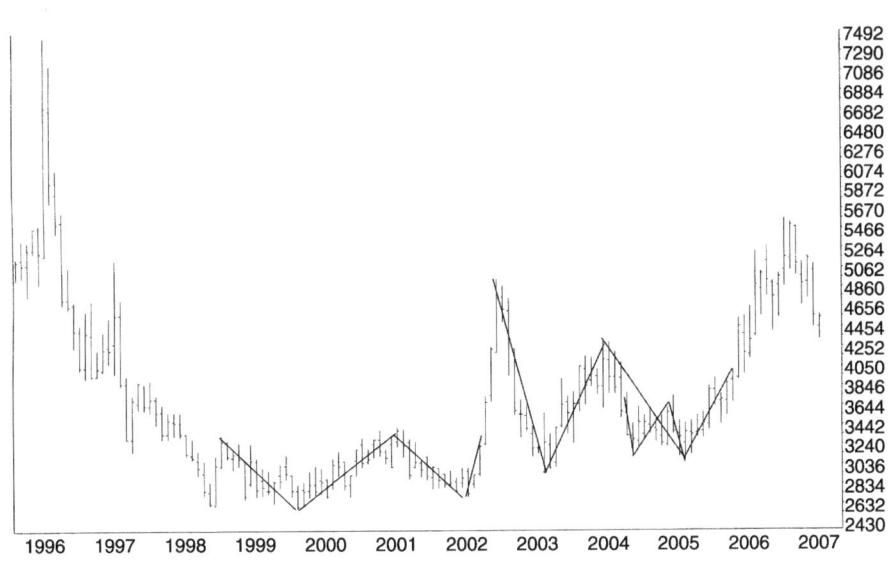

图 13-1　堪萨斯小麦月度连续图

这个图表也显示 2004 年至 2005 年的双重底中再有双重底：也就是说，大底内有小底，这两个底最终形成一个底。在小底内，其实有一个比第一个底中更低的次低点，低 3.5 美分的样子，这不比一般的误差大。

虽然单独在 M 的基础上，可能比较难以预测市场迄今已经衰减了多少，但是，原则上，当小麦 2004 年丰收时，一个大的新的 M 形态形成了。这里的教训就是，相信图表告诉你的，相信技术分析是会得到回报的！

长期圆弧底

长期圆弧底是衰减结束、同时上升开始的图表形态。这在有数千只不同股票的市场上出现频繁，在长期期货市场上较为少见。但是，在日度和日内图表上出现得就很经常了，它常常是图表期限内大量行为运动的开端。

当这种形态在月度图表上延续几年，而且价格超越了长期高点（如一年或者更长时期）时，向上发展几乎是确定的。该图标形态的发展几乎是一定伴随着月度、周度或日度图表的强烈的买入信号的。铜的月度图表显示这种形态持续了五年，在2002年—2003年期间有一定的弧度（图13-2）。

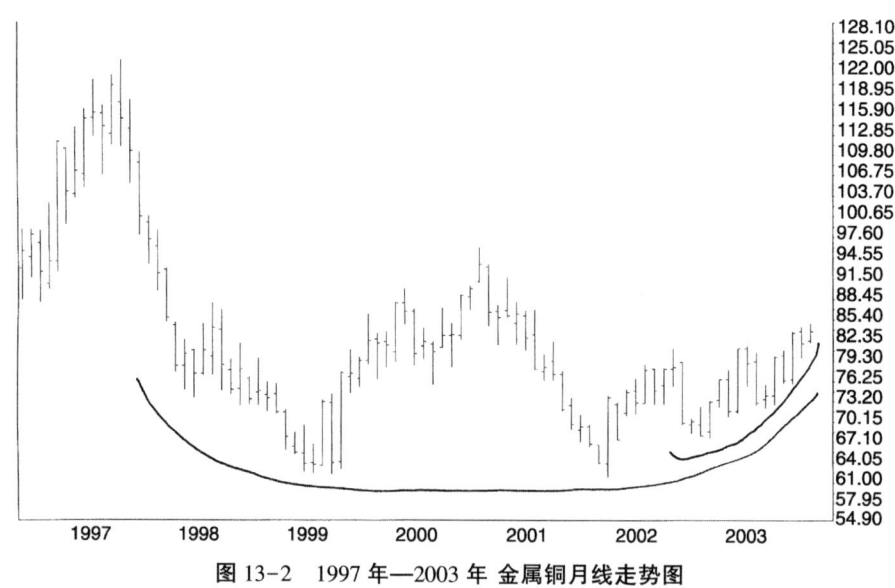

图 13-2　1997 年—2003 年 金属铜月线走势图

有时突破点上的行为可以是爆炸性的，所以你不得不知道当图表蕴含大量运动潜能时你该如何看图表。图表（此处从略）上紧随的柱状线在 82 分到 94 分之间，在一个月内的幅度和前两年整个的幅度一样！

同一时期内的铜周度图表显示这个市场如何在 2003 年开始向上的动能（图 13-3）。

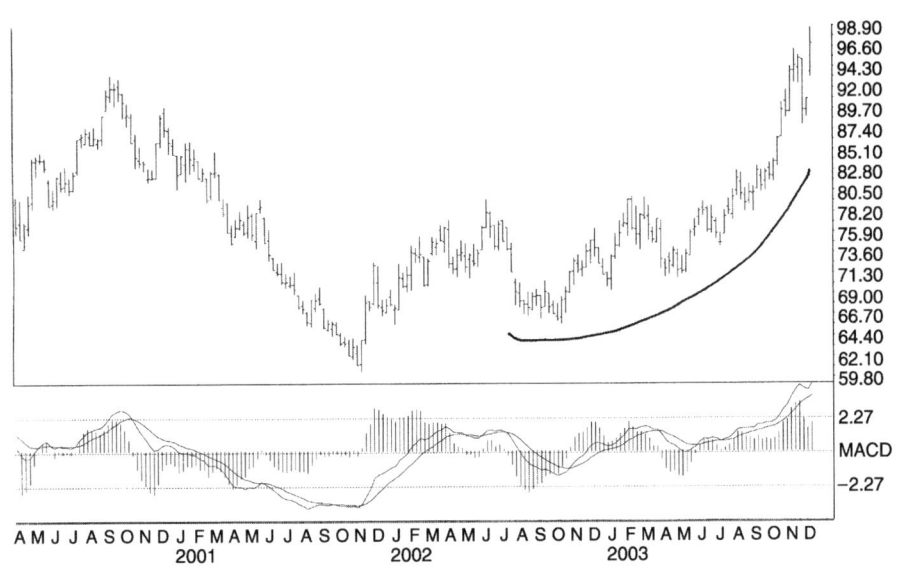

图 13-3　2001 年—2003 年 金属铜周线走势图（附 MACD 指标）

考虑到结束于 2001 年 11 月剧烈的衰减，周度图表形态本身不一定意味着有大量长期价格大于 4 美元的趋势。但是，月度图表强烈意味着被成功检验的双底部会有很多跟随。注意，MACD 在零基准线上有强烈的向上趋势。

近年来，小麦、银和其他商品的形态都比较相似。铜市场历史低价的图表形态显示了多余供给和转向短缺的慢性移动的循环过程。低价使生产量减少、股价下跌、需求大于供应。低价问题最终被低价的延长期解决，牛市得以来临。

短期圆弧底

圆弧底对日内图表也适用，有时甚至效果极佳。2007 年 7 月豆粕合约图表显示回调后又强力向上突破运行。(图 13-4)。

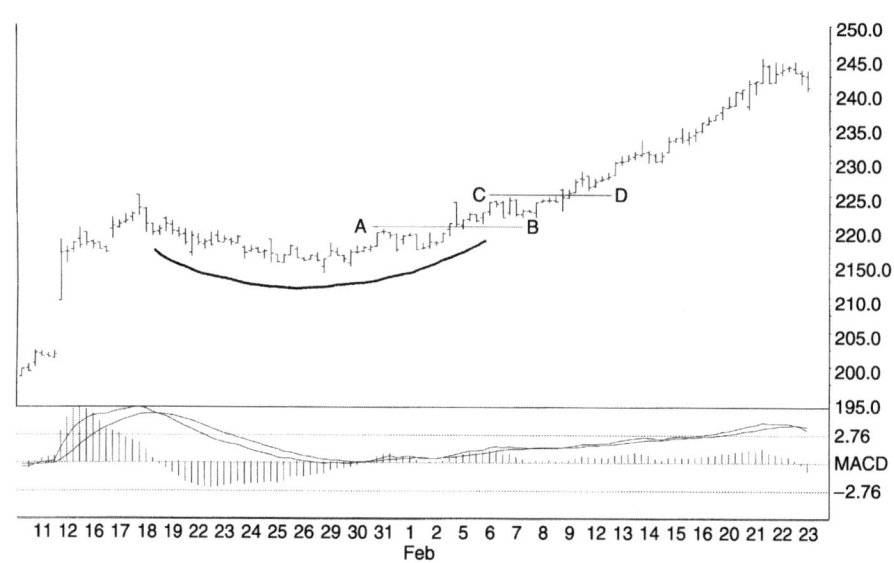

图 13-4　2007 年 7 月豆粕合约日线图（附 MACD）

当价格突破、然后超过线 AB 和 CD 代表的阻力时，有几个进场点可以交易。MACD 开始突破，然后稳步持续到价格开始波动。在这样持续且没有明显波动的运动中，快 MACD 和慢 MACD 互相依存。当平滑异同平均线凸起时，该运动才可疑，原因是当市场正在最后向高点冲刺时该行为是正确的。

短期和长期的差异

铜和大豆的主要区别对于你预计期货市场最佳图表形态的方式很基本。两个市场的形态很相似。但是，月度图表上铜的圆底是在价格已经走低很久了时才出现。相反，黄豆已经有了长期时间，而日后大量收益的前景找不到历史数据上的支持。在大豆月度图表上，以前曾有过显著高点为 238 美元，也有过日内到达 245.20 美元的运动，然后市场回落到 200 美元以下。大豆价格改变 25 美元是十分有意义的,但是从 170 美元开始则是极其漫长的一段时间。虽然理论上不存在市场价格的限制,但农产品市场幅度一般比其他市场上要小。

总之,当寻找并希望有一个大的市场运动时,你不得不研究周度和月度图表,而且还应该在宏观的大框架下,研读更短期的图表。

圆弧顶

圆弧顶是圆弧底的对应部分,虽然前者发生的频率要小很多。你真正需要知道的是,圆弧顶发生在历史高水平处,而且供需基本面会回归到更佳平衡状态。所以,这种形态是十分可信的。

可可的周度图表显示市场在十八个月内总试图到达 1700 点的高值,但是每次都铩羽而回(图 13-5)。

图 13-5　1997 年—1998 年可可周线连续图(附 MACD 指标)

最后，在 11 月，可可终于走向疲软，MACD 强烈下行，价格跌落到 1 月价格以下。长期分布顶正确显示了随后 5 月开始于 900 点以下的漫长熊市的开始。从那以后，可可变得更有波动性，直到 2000 点 11 月最后的 680 点的低价。

上升三角形

对于买方而言，上升三角形是十分可靠的形态，而且当其他的指示确认了交易后，尤其有效。

该形态的思想就是你可以看到一系列变高的低点，但是形态内的高点保持在同一水平位上。该形态的发生不是很频繁，很容易想象一个缺乏支持和填充的三角形。

理想化地，这些更高的低点应该尽可能的有规律，显示当买方可以仅仅在下降的波动下支付增加的更高的价格下建立头寸。同样是理想化地，应该在区间的上半部分有一个主要的封闭空间。这个三角的区域越紧，你期望的结果发生的概率越大。上升的三角区域最可能发生在主要的运行路线上的整固阶段。当运行开始和形成旁边的整固（下面将讨论）结束的尾部是也是会发生的。这个形态相对很少在运行的结束发生，这是它的可靠性的一个原因。最后，如果价格没有突破前期的话，就必须达到三角的顶端。在较高的低点时，卖家开始不太积极，而买家比较积极，每次价格考验低点后，一旦价格突破概率就更倾向于对具有攻击性的买方一个更高的增加。接着交易就应该飞涨并且马上得到一个很好的利润。

一些交易者说，有时当价格在达到峰值以前，价格的中点和它之间的距离来突破三角的这个形态可能在更高的可靠性下导致更多的利润。不过更重要的是在它形成之前柱状线的运行和三角区域的位置。理论上，要更加保守的去等待知道突破发生，并且接着你可能有80%的成功概率。虽然在突破可能到来的假设之前它可能是更加具有攻击性的，但是当然如果突破真的发生了就能希望更大的利润。最好就是在正常的情况下在三角区域建立开始的头寸，提供其他的正向指标，接着当它进行的时候再增加。当三角区域的行动变得不可决定时，那么确实等待突破是更好的。

　　三角区域的一个优点就是这个信息揭示价格可能最快达到的目标。市场将最大可能的在三角区域的基本垂直线的顶端和底端开始大浪向上。当价格目标达到的时候，一些交易者在这种情况下就简单地存一些或所有的钱到银行。平衡地，通常需要看到交易是如何发展的而不是仅仅是因为它到那里了，用预想去强制地把利润存起来。否则在一个有力突破发生时最大风险就是你只存下了很少的利润，而在一个真的是很好的交易中留下了很大的利润。如果你过早地离开，接着进入新的交易回到市场的挑战就是有管理风险。2006年6月的活牛期货显示了一个很小的上升三角形（点A、B和C），在一个毫无疑问很像地牛市趋势运动下（图13-6）。

　　水平线现在够清楚了，但是对角线看上去就像将目标向右推至价格突破点。更明显的是，在区域的上半部有十个连续柱状线，大部分离顶很近，尤其是在突破点之前的柱状线。

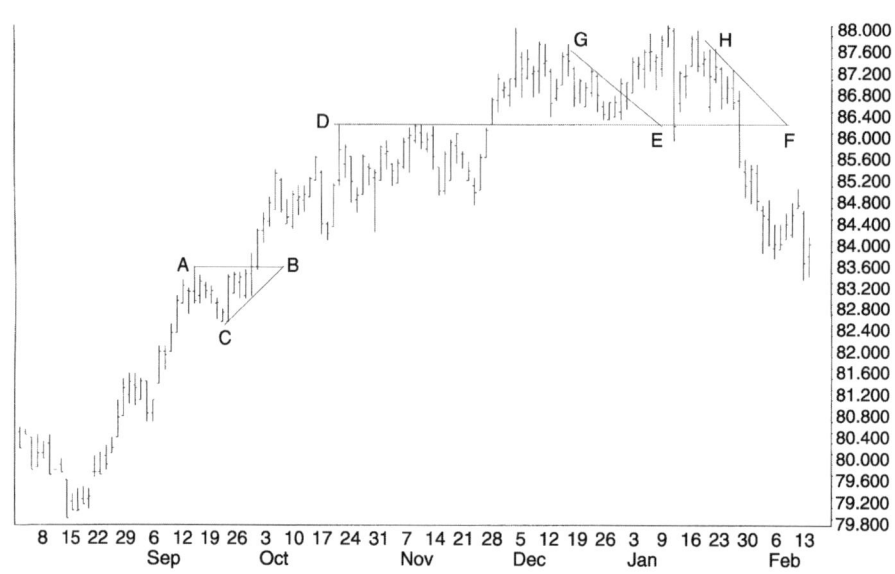

图 13-6 2006 年 6 月活牛合约日线图

下降三角形

和上升三角形相对的是下降三角形，这也是值得信赖的一种形态。2006 年 6 月生牛图表对下降三角形的显示比对上升三角形的显示更明显。这个图表很有趣，它显示了支撑位恰好就在突破水平的上端，即线 DEF。由三角边 GE 组成的第一个三角形之上边包含价格位；保持着支撑位，市场再次在顶部行动。当之后由线 HF 形成一个新的下降三角形，一旦三角形底边被穿透，则价格进入自由落体状态。在延伸后的高点位后，主要衰减从这个崩溃开始了。你可以看到在高于三角形底边的水平上有一个几天数据的中等程度的集成。几乎没有支持位而且很晚出现，这是进一步衰减的先兆。当立即跟进有限时，当然会有更多的低期望值出现。

长期向上突破

长期突破对证明各时期所有市场的风险管理原则都是最终的运动。该原则是在某调整统一中的市场交易越长，则最终运动在市场突破时既显著又可靠的可能性就越大。简单来说，这就是为什么和价格原理不同，一天的市场动作很少包含值得信任的信号，这也是为什么可靠性要求确认了的曲线图，而不仅仅是在线图表上的单独一个转折。你可能认为市场偏离正常轨道很烦而且不值得注意，但是想一下一只明显睡着了的狗会忽然醒过来立刻弹跳起来是多么地让人惊异。但是一般最好还是等长期走偏市场的突破真正发生后再决定最好了。

长期偏路矩形交易形态可能意味着大的上行潜力和较少的下行风险。这就是说，收益可能是交易所要求的保证金的好几倍。损失的风险总是存在的，但是两种情况下可以减少风险，而且加大收益的概率。

日经指数突破

日经指数的周度连续图显示了市场如何偏离了近两年，在从多年低点 7650 后整理了一定收益（图 13-7）。

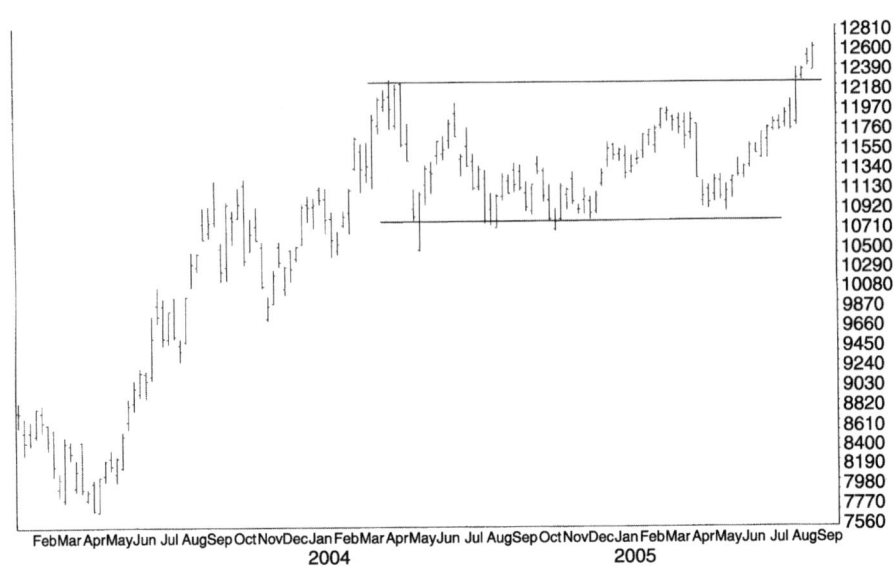

图 13-7 日经指数周线走势图

现在的问题是市场是否会继续走偏、反向回落或者其他。没过多久，市场在 2005 年 8 月上行突破前一年 4 月的高点。由于市场一路从区间底部到达顶部而未有停留，尽管大量的高、低上端反转时机造成了突破，但该突破是可疑的。表中所示最终的柱状线最后恰好在你可能考虑交易决定的时刻结束，收盘为 12580。市场曾有缺口，但在底部合拢。所示的最后一个柱状线是外部向上的，在封闭的基础上三个柱状线从实际的突破柱状线开放。

日经指数现在稳步上行到下个月可感到的修正前，到达了 16520 高点，这比想象中的入门级价格高了 31%。这里代表的收益是突破前偏值市场行为的全部幅度的大概 3 倍。

有时一些不幸的具有长期基本面影响的事情也会产生和日经指数突破点一样类似的突破行为——比如 2005 年飓风对石油和天然气期货的影响。

长期向下突破

矩形形态中，相应的长期交易范围内突破，很少在主要市场顶部的日度或者周度图表上出现。市场顶部一般比市场底部持续期短，而且构造不同，一般更激烈，且在重要熊市开始之前。尽管长期图表不太具有这种情况，该形态在长期图表上出现的频率还是比日度和日内图表上出现的频率大。如果说这对预测能力有什么帮助的话，那就是下降三角形中的模糊。

下降中的黄金

黄金的月度图表显示价格如何在三年中小幅度走偏，两度试图向上突破但都失败（图13-8）。

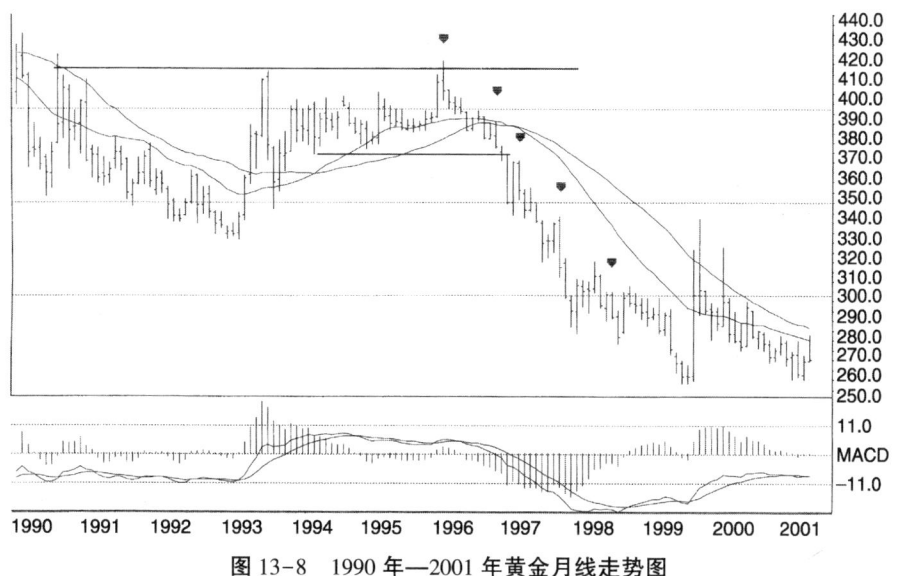

图13-8　1990年—2001年黄金月线走势图

1996年2月第二次失败后，伴随着美元的上升，黄金价格在第一个箭头处开始下滑。其他箭头显示了月度下行的反向柱状线。你可以看出在月度外围下降柱状线在第二个箭头处、处于衰减中的移动平均下结束后（本身是一种市场走低的典型行为），又很大可能性崩盘。但是，如所预期的，在成功的下冲后，会有一个可怕的上部反转柱状线回到崩盘数量水平。然后那个上行的柱状线本身被新的强大的下端反转柱状线消掉。

注意MACD是如何在衰减前就构建好的。然后注意看一下MACD如何在最后的谷值处开始变平，由于购买者着手寻找要开始的低点，伴随着这种变平的过程的是衰减最后变得十分波动。

该图表还显示了关于熊市的另一点。你可以不想在一个走弱的市场过分贪婪地指望收获很多收益，但是你必须为可能的反弹做好准备。有一种思想流派认为，当你卖空时，你可以简单地在某方向上获利。从某一概念上说，由于你可以轻易知道支撑位在哪里而且市场可能定位在哪里，所以卖空比卖入更容易到达新高。从外端下降柱状线收盘价373美元开始，最终止于谷底的253美元价位。但是，最后的80美元是经历了十分震荡的过程得到的。

头肩顶形态

几乎没有什么比头肩顶还重要的图表形态了。不是它总是对卖空或者甚至退出有效，但是，当它开始起作用时，它可以是很多行为的先行代表——那种多头有害、空头有利的行为。依据它怎样组成的以及是否顶部向外延伸很长或者最后的冲刺是否很浅，头肩顶的顶部可以像上下颠倒的圆弧顶。日元的月度图表十分好地展示了该形态及其对应的相反形态，头肩底形态的几个例子（图13-9）。

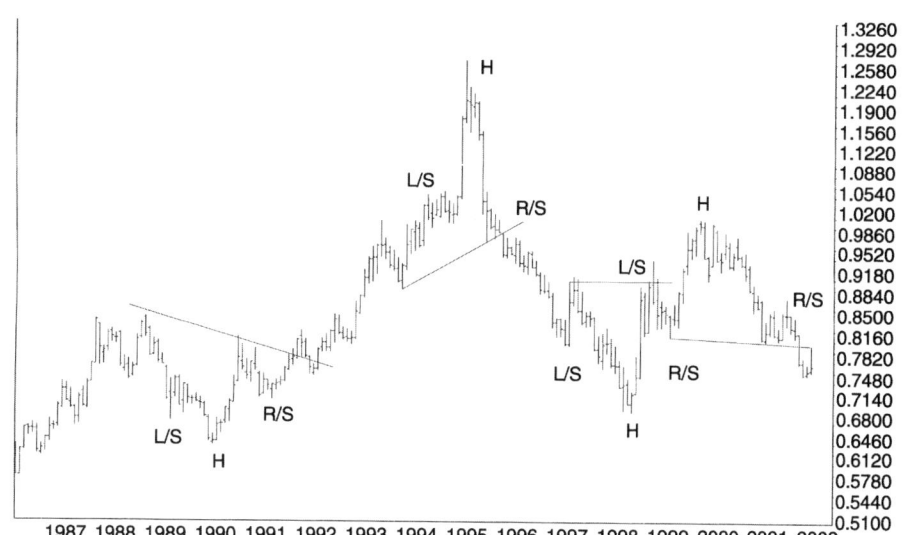

图13-9　1987年—2002年日元月线走势图

头肩顶形态后隐含的思想是，市场通常在牛市创造了新高，然后正常回调和整理。在这个点只有一个上升趋势的普通整理，然后市场到达新高，有时伴随着强烈情绪化的购买热度。1995年日元就发生了这种情况。另一方面，有时市场在衰退前会很勉强地上升，就像2000年的顶值一样。这次无论哪种方式，次高点都更低了，这就形成了右肩，理想情况下右肩和形成左肩的第一高点处于同一价位。一般来说，更低的右肩要比哪种略低于中间"头"的右肩更看跌。但是，2000年高点后的大部分最终衰减都是从顶部开始的。

当头肩即将结束时，看起来好像要很久考虑从顶部的新卖空，或者是多位的较晚售出。但是，漫长的牛市后，就是这个使得最可靠的趋势反转。一个容易被突破的市场可能只有短期的右肩，而且整合整理可能发生在低于左肩的水平上。这也是1995

年高点下降后日元的故事。

当价格突破所谓的颈线时,许多技术人员寻求对头肩组成的确认。的确,对任何明显支撑线的突破都可能很有意义,但是要知道在哪里画这样的线绝不是一件容易的事情。根据价格柱状线的行为,你可以经常认为头和肩的形成就在下个阶段,而且一旦它突破了,然后你就可以加入这个持仓。正常情况下,你可以发现一个好的进入点,且具有可控风险,因为具有向下延伸的潜力在变大。如果你错过了优先买入的入场机会,那么你可以当市场下跌时在突破点开始新的交易。

和上升三角形一样,一个经验方法就是市场可以下跌到从肩底到头顶的距离。考虑到牛市的强度来说,有些让人惊奇的是,这恰好就是日元以及其他市场上发生的故事。

日元图表上还有第二个头肩形态,头在1999年—2000年之间,这段时间形成的顶部来自疲惫的成分大于来自残余狂热的成分。在做这个的过程中形成了一个介于下降三角形和对称三角形之间的不规则三角形。当时值得争议的是,从低点开始的增长已经结束了熊市,而且全局图是不清楚的。在该事件中,就像进入大幅边界震荡市场的日元一样,价格将持续维持在1998年低点以上。

头肩反转

日元月度图表也展示了两个反转头肩形态,其头在侧位。当低点是从历史低点开始时,这个形态趋向于比头肩形态还可信。第一个低点(其头在1990年)实际上是日元最终在1995年到达顶点之路的先行标志。注意,右肩比左肩高。在图表上看来似乎右肩的形成所耗时间较短。实际上,其六个月的形成实际对于期望立即获利的期货交易员来说简直是永无止境。和这种反转头肩形态的形成不同，头在 1990 年的形态右肩看来所耗形成时间很长。这种不顺利的市场行为将导致到最终高点的表现不佳的延伸。

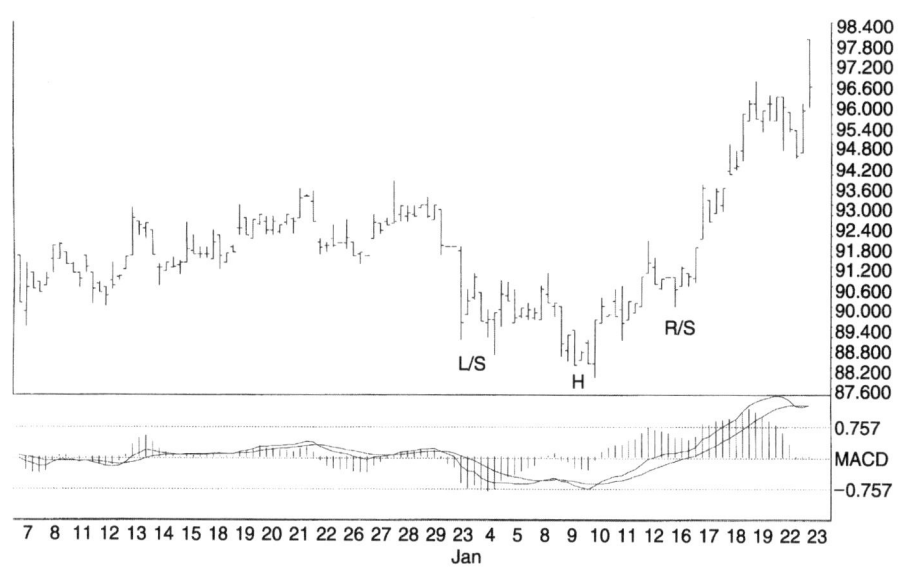

图 13-10　2007 年 2 月猪肚合约日线走势图

如 2007 年 2 月关于猪肚的图表（图 13-10）所示，头肩形态和反转头肩形态在短期图表中都极其有用。

注意低点处强大的外部向上柱状线。一个月前日度图表上当反转如所测价格发生且在显著低点持续的情况并没有显示。MACD 开始出现而且以典型方式上升。在市场出现明显的需要休整的迹象之前，从低点开始的 18 美分预付就在酝酿中了。

模糊图表形态

可靠图表形态的推论是模糊或不值得信任的形态。许多分析师展示了对称三角形或者钻石形,而且他们建议注意突破方向上的交易。这的确说到了点子上,但是你应该根据其他显示了方向和力度的指示对市场将怎样突破有一定的概念。当没有其他知识的帮助而观察对称三角形时的另一个问题是它们突破的次数太多了,突破出去然后再另一个方向。

有那么些相似的是,回调旗形——对着趋势方向的矩阵形态——几乎没有告诉你是否该进行交易,更不用说你认为这会儿已经很走得很远了。有时当价格突破旗形而且显示开始回升时,你可以合理地认为这会儿已经结束了。但是,回调旗形本身不是特别有用,至少直到价格到达一个可能的转折点,如趋势移动平均或者一个可确认的支撑位或者阻力位。

第14章 周期理论：基于时间的，周期性的以及季节性的力量

技术分析应符合时间表

一个显然的论述是市场是波动的。不过，在交易员从何种程度上预测时间和价格方面的波动并且具备一致性方面，可不是显然的。有规律的行为模式以及与其对应的非常易用的技术方法是存在的。其他则是一些更为神秘的和更难获取的技术方法。在上述任一情况下，其都趋向于不那么可靠的。对于那些从通过最大可管理风险而获得收益最大化视角观察周期性的交易员来说，关注于那些与过去最一致并且具有高于平均水平可靠性的周期的方面。

采用与基于时间的市场动力原理的相关的操作，是以下一个最重要的原则，即市场可能会在未来继续其在过去的行为。市场的参与者是人，而人的行为方式是重复的。一些市场几乎从市场的交易者身上发展其自身的特性。尽管如此，任何一个基于时间的理论，像来自前一市场行为的支撑和阻力这些因素在存在分歧时可能会占主导地位。如果在基于时间的理论预示一个理想低点的时刻之前，价格获得了一个大的支撑，市场也许会仅停留在那

个水平上并原地踏步。许多交易员对价格高与低的反应就像依据杂货店发布的每周的广告而购物的消费者一样。知道了什么是合理的价格，他们因此买入或者卖出。

所有基于时间动力的应用都应符合一个显而易见的矛盾。虽然，市场的行动以及周期的时机也许并不同时可靠的出现。尽管市场反应和周期时机可能不是通过在单独条件下使用的足够的可信度而同时出现。当时间表显示市场行动可以进行的时候，其可以推动市场走很远。因此，你或许会想何时能够寻找某些事情会发生，就像大豆一样（下面会讨论）。之后，你想要寻找进行或退出交易的技术信号。总而言之，非常强的信号发生于一个期待的季节性或周期性的时间框架内。但是，在没有正面技术行动确认的情况下进行交易是少有回报的。

繁荣和市场周期的打破

在非常大视角下，存在着不同商品的大的商业周期和大的价格周期。一些商品具有非常长的周期，一些则如大多数农产品，具有相对较短的周期。某些商品长期周期下的根本动力是生产者的收益。当价格低，而生产产生很少或没有利润时，一些生产者退出了他们的经营，而且存在很少或没有新的投资。一个经典的例子是1998年至2003年间铜采矿业所经历的。几乎不存在新的投资，地面上的存储迅速增长并且价格迅速上升。经过一段时间之后，需求——其中大部分来自中国和印度——追上了供给。库存量下降到接近于零，并且价格在2001年至2006年之间，蹿升到难以想象的高点，即从62美分上涨到4.15美元。对低价的最终治疗方法，是低价格。

当价格高并且每个人都赚钱的时候，很少有人能拒绝诱惑而

第14章 周期理论：基于时间的，周期性的以及季节性的力量

不去进行新的投资并提高生产。经过一段时间之后，高价格和非理性的需求导致了过多的供给，价格下跌直到过多的供给给每个人带来损失。如前所述，当价格低时，一些生产者退出经营。虽然在某些行业里会发生相反的情况，不过，即使那些能够历经困难时期的生产者也会减产。至少是对短期而言，有些时候增产以及只要价格高于边际成本便将产品倾销到一个接受能力不强的市场中去是要付出代价的。接下来，周期的下一轮转换便要开始了。这种现象影响着几乎每一个行业和某一时期的每一种商品，即使是对那些反应不敏感的材料，如钢铁，偶尔也是有巨大收益的。

没有一个商品市场中的领域在生产和价格上比肉类市场更容易受到影响。像钟表装置一样，治疗高价的方法是高价，治疗低价的方法是低价。最近，有证据显示根本的转移发生了，它阻碍了破产水平价格的到来。

日历时间理论

对于期货交易员立即使用，下列时间倾向于是重要的：

◇ 周五的收盘时间。处于周五价格区间极端的收盘价，有高于平均的概率在周一开盘时（如果有一个长周末的话，则是周二）将维持这个价位。由此延伸，在一周之初，收盘价上的缺口增加了重要性，同样，每月第一天上的缺口也是重要的。因此，当在周五收盘时有进场信号之时，此时进入一个交易是非常有利的。同时，这也是抛售表现不佳交易的一个典型例子。

近来，一个例外是石油市场的行为，以及在较小范围上的稀有金属市场。由于存在如此之多政治不确定性，许多交易员不愿

意在周末持有空头。因此，不论长期或是中期的方向，市场常常是在周五向上走的，某些时候是从当天上午或最后半小时显著开始的。除非这种趋势是很看涨的，这些市场之后会在一周的早些时候变弱。

◇ 月末以及每月前两天或前三天。此时，我们期待波动和市场剧烈的运动，向上或向下，继续走势或者终结走势。资金管理者倾向于在每一月开始时有新的资金。并且，期货交易员在月末某些时候因为市场会做出大的转移，不论是取得利润，其决定奖金的多少，还是承担亏损，或是为下月的市场行动确定头寸。因此，一个强的月收盘，不论是朝哪个方向，可能会为未来的一段时间确立一个大的方向。

◇ 国家节假日前一周。在国家节假日前的一周，股票市场有很大程度上扬，尤其是在假日或假日周末的前一天。那么，市场将会在假日后的第一天跟进。可能是假日令人们感觉良好，所以他们想要买股票，或者至少是，轧平头寸。在另一方面，如果市场在假日前一天下跌，那么，很有可能在再次开盘时下跌。

◇ 在新月和满月。很多年之前，伊恩·迈克艾维特（Ian McAvity）《市场情况报告》（*Deliberations*）的发布者，做了一项主要的研究，其结果显示股票价格在满月附近会有了临时的高点，而在新月附近会有个相应的低点。在近年来，这种走势比之前的研究让人相信的程度有所减弱。不过，对于交易员来说，在任一期货市场上，注意月亮的存在是有一定根据的。当一个走势似乎要开始之时，不论在往哪个方向，在满月或新月前后的一两天，有更大的可能是市场会坚持到底（follow through）。

第 14 章　周期理论：基于时间的，周期性的以及季节性的力量

◇ 在一年的季度市场，岁差和二至点，当历史上股票（stock taking）发生的时候，这在欧洲的农业租赁的岁差上十分显著。当然，冬至离元旦附近的股票（stock taking）广泛完成时很近。

周期预测理论

在最好的时候，对于实时市场交易的周期理论倾向于有些单调的。不过，存在周期理论的标准特征，其出现在测试的时间内，并且在大多数时间适合所有的市场。不管你花费多少时间在周期理论上，适应市场的周期波动，一旦开始，可能会在其失去动力之前，在时间和价格上走很长一段距离。理解以上事实是有益的。扩展来看，不管你对周期性的波峰或波谷的预测给予多大的信任，在进入或退出一个交易之前，你需要等待价格上和其他指标上的确认行动。其他指标，通过数的其他方法，如随机指标，用于确认发展中的周期行动。但是，之前通过数的方法，知道何时拐点会出现是重要的。知道以下事情是非常重要的，在关注一个你相信你会交易的市场之时，耐心的等待和信号的来临是会取得回报的。

周期理论的一个重要特点是你期待看到一个频繁发生的显著低的价格，而不是一个轻微的波动。一方面，对于许多更小的周期低点可能难以察觉这一点是正确的，正常情况下，在任何一个市场上经常的情况下，如果只有一个临时的周期的话，你可以在有价值下跌的基础上数，为了让一个显著的周期低点发生，价格从一个显著的高点有显著的下跌以致市场成功的洗掉了弱的多头并把其置入更强的投资者手中，这一点是必须的。当市场上升了足量的点之后，你需要关注在某一点上会出现震荡。当这个发生

时，市场会看其底部，仿佛唯一的方向是下跌到更低的价格水平。此时，相信市场会最终上涨是具有挑战性的。现实是下跌并未耗尽卖出者，之后价格上涨。虽然，各种支撑价格水平也许会显示市场可能会在何处平稳。直到在一个潜在周期低点的底部或其附近尝试买入，很少会取得回报。证据主要来自下列指标，比如随机指标，当然还有价格动向本身。

无论市场在周期性低点的走势变快或是变慢，直到技术上证明周期低点真正发生之时，赚钱的概率是非常低的。在证据到来之前，完成一个周期性低点的风险是市场在走到足够远，从而使你相信可能性之前，证据也许并不会出现：当越来越多的交易员在不管市场的情况下建仓的时候，下跌以自己为食，便产生了预期中的低点。这需要将它们洗刷掉。当价格达到一个显著的趋势线的时候，预先买进初始的位的概率是合理的。即使这样，也许还存在另一条腿在下面，如果仅足以在随机指标上建立负的分歧。以下这一点是永恒的挑战：即你不仅想看到市场停止下跌，而且想看到它开始走得更高。

应用周期理论

以下是周期理论的概要，其思想是间隔可能会以稳定的有效的可预测性发生：

◇ 对于一个期待的周期，在前一个显著的低点开始计数，理想的位置是在一个短期的趋势开始反转。

◇ 即使是最忠诚的周期热爱者也常常难以决定在从哪一个低点开始计数，以及不断地改变其想法，或者不断地重新计数。在一个有很强趋势的市场上，期望的周期低点几乎是感觉不到的或者会全部消失。尽管如此，他们会

第 14 章 周期理论：基于时间的，周期性的以及季节性的力量

过一段时间后重新出现。

◇ 周期低点有一个可依赖的公平之层次，但是周期的高点对几乎所有市场来说都是非常飘忽不定的。尽管如此，计算市场上升了多少天或多少周是有意义的，因为之后的周期行动很可能会重复发生过的。

◇ 大多数市场有一个难以确认的较短的周期，其大概有 4 周，或 20 个交易日，长的周期会有 4 周的倍数。完美的较短周期，有时候被称为交易周期，原因是因为其被用于建立和终止仓位，会让市场上升 10 个交易日并且下跌 10 个交易日。不过，当市场建立了一个 5 周周期的走势时，它可能会继续这个趋势。

◇ 较长的和更有能量的周期包括一些交易周期，其显著的低点经常发生于 8、16 和 24 周的区间。一个强的牛市可能会上涨 18 周并下跌 5 周。一个不断下跌的熊市可能会上升 3 周并且下降 21 周。

◇ 周期理论经常伴随着季节走势，其具有一个清晰的以及有规律的年周期，这在作物领域这尤其显著。有时候，会存在显著的长达 24 或 26 周的半年周期。

◇ 在任何一个可辨认的周期之内，一个早到的低点是多头的，一个晚到的高点也是多头的。在这点上，资金迫不及待地进入，因此，资金在早些运动并且持续来临，因此资金流入结束的很晚。使市场掉转方向，发生较晚的低点或者全部消失的低点是空头的，并且一个早到的高点也是空头的。

◇ 周期的高点在过去时间里徘徊并且是不可靠的。尽管如此，当你伺机退出一个多头头寸或进入一个新的空头交易的时候，观看周期高点的时机是有益的。在一个非常

长的时间里，一个关于显著不可预测的例外是发生在 4 月或 5 月的股票市场的高点。之后，下跌到一个理想发生在 10 月的周期低点是不必要的，但是，在夏季月份里向上很多是困难的（在第 16 章讨论）。

从非常长的时期来看，对显著不可依靠性的一个值得注意的例外是在 4 月或 5 月发生在股票市场的高点。之后，市场没必要下跌到周期的低点，最理想是发生在 10 月份，但是在夏季月份大幅上升是困难的（在第 16 章讨论）。

◇ 以下这种情况是可以发生的：市场的高点准时发生在当市场期待低点发生之时，而这种情况被称为周期反转。

◇ 有一个重复发生并且奇怪的现象，不是基于科学之上的，但是比概率所显示的要更可靠，这就是某些外生事件在周期或季节走势显示市场的拐点到来之时。那么，在趋势方向已展开的市场可能会漂亮的翻转。如果当许多交易员感到意外、手足无措时，通常的结果是市场会迅速反应。

咖啡市场准时的低点

图 14-1 显示 2007 年 5 月咖啡的日线图，其含有随机指标和 20 日的周期，这是从 2006 年 9 月发生显著低点的那一天添加的。

同时也显示了月亮的位相，10 月份的出现发生在新月当日。并且 4 月的出现仅发生在新月之前。4 月的低点发生在 141，或每 7 周的周期。虽然，这个图表的周期显然是非常不规则的，这个图事实上是周期的一个非常的代表。不平常的是，与显示买入低点或填平空仓在显示何处卖出的波峰上，它更有益处。

第14章 周期理论：基于时间的，周期性的以及季节性的力量

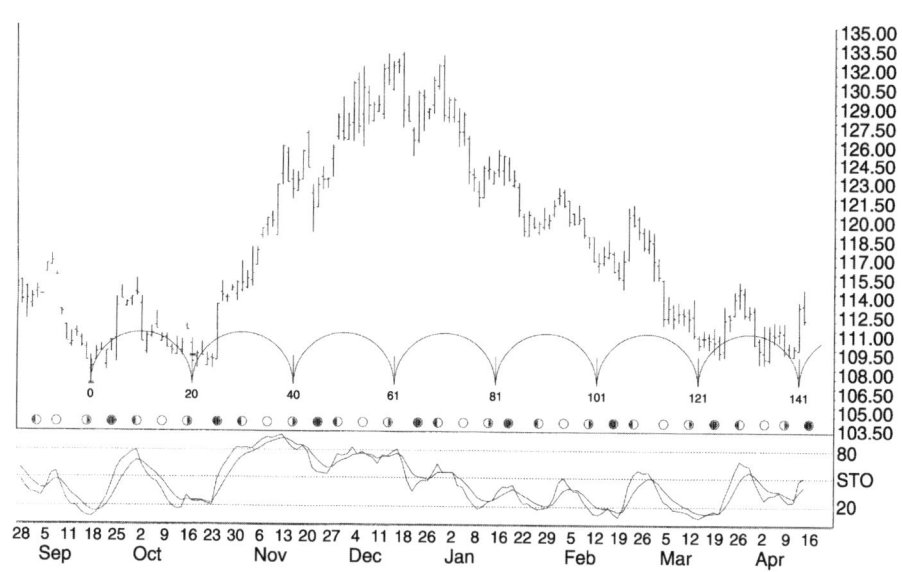

图14-1 2007年5月咖啡合约日线图（附随机指标和20日的周期）

值得注意的是，在大的上调过程中，大的回转是短期存在的，直到市场达到最高点。那么，上升是短期的，尽管在下降阶段，它们中的某些会非常陡峭的。在4月份，市场清晰的试图拥有一个双重底部，两个底部的间隔有四周，并且市场在9月份也会形成相同水平的双重底部。

正如在15章所讨论的，大型基金的经理们对市场的保证最终从净空头转移到4月低点的净空头。不论市场的方向如何，口头的一方存在着误差，基金在11月持有其最大的多头头寸，但是在1月份仍然拥有足量的多头。

10月到5月的股票市场交易

在10月的最后一周，存在一个惊人可靠的季节性交易来购买股票，而在4月的最后一日卖出。在我的股票市场书籍，《股

票市场的时机选择》①，我用长期的统计表格详细地讨论了一百多年来的这个现象。其明显的一个原因是共同基金的销售在夏季月份里有显著的下降，因此，没有资金推动价格上扬。是资金推动了下马前进。在10月有一个周期性的低点，其可以被纳税损失的卖出加速。那么之后，资金流开始大量的回流，并且市场上扬。

有些人建议把买入的日期提前到10月的第一天。但是，大多数剧烈的下跌已经在当月发生。因此，在指标并非完全正向的情况下，通过那个潜在危险的时期是要付出代价的。之后，11月和12月应该会显示带有有限的风险的稳定收益。

从5月到10月期间允许卖出空头，虽然市场的确有时会下降。市场也有时上涨。关键在于，存在绝对的统计上的证据证明股票市场倾向于进入倾向一边的市场动向，并且在这个区间，你需要看多股票指数或者将新的资金投入到任何一个单只股票的很好的理由。同样，你需要知道周期和在9月和10月剧烈下跌的季节性的潜在可能，对这来说，在卖方，有一个显著而短期存在交易的很大机会。传统上，秋季的下跌产生了一个周期的低点，而市场会从这个点猛烈上涨至新的一年里，并且会上涨许多个月。

大豆和较低的产量

由于乙醇和生物柴油剧烈地扩张，谷物和其他农作物总体的价格水平本可以升到更高的水平并处于那个位置，但是收获低点的周期性走势会继续。尽管，北半球和南半球的巨大的收成和创

---

① 科林·亚历山大，《股票市场的时机选择》第二版，（纽约：McGraw-Hill，2005）。

第14章 周期理论：基于时间的，周期性的以及季节性的力量

纪录的存储量，从2006年最后一个季节开始，豆类价格还是开始上涨。这个市场行为证明了这个原则，即当存在着事情可能会改变的观点时，市场关注得比较向前，而不是即刻的供给和需求的基本面。

在任何一种情况下，对于历史的反复和在未来继续的统计概率来说，用一个预测北美谷物的市场低点是困难的，这对11月的豆类是尤其困难的。在收获季节，供应大多数是充足的，并且在收成好的一年里，当需求保持相对稳定时，存储是最少立即可得的。一些种植者不得不马上卖掉，因为他们只拥有自己有限的存储空间，一些种植者卖掉是因为他们需要钱，而一些人卖掉是因为运出此地是会取得回报的。迄今，还不错，但是价格到底发生了什么？

大豆的月连续图显示了1991年至2006年每一年11月条状图下方的箭头，而这除了1997年—1998年和2000年—2001年这两年（图14-2）。

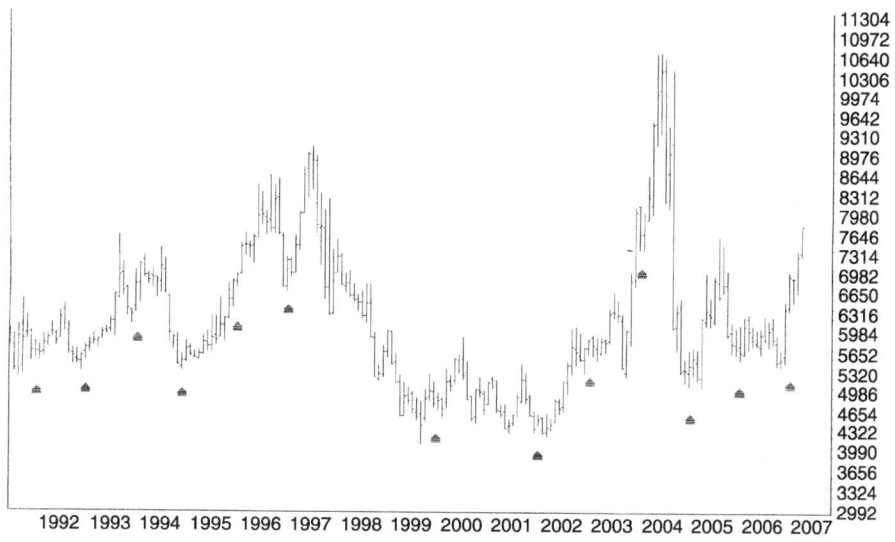

图14-2 1992年—2007年大豆月线走势图

当市场从 1997 年的前一个大的高点剧烈下降之时，不存在可辨认的低点，并且也不存在 2000 年的一个继续，尽管一个非常强的 Linddahl 价格准则显示买入。在这十六年的十三年里，在 11 月的最后一天或附近，存在一个可辨认的低点。在那些十三年中的某些年份里，比如在 1993 年—1994 年，价格的续涨是非常小并且是短期的，而在其他年份里，其实巨大的。在自 1971 年的较长的期间，在这三十六年的 11 月附近，存在二十四个清晰可辨的低点，或期间的三分之二。

观察豆类的图表，可以看出下列特点：

◇ 在 5 美元价格水平存在一个非常坚固的底部。

◇ 在大约 4 美元水平，存在一个破产水平的低点——其不可能重复发生，但是能够指示一个坚固的底部是如何发展的。

◇ 2007 年最新的突破是 2006 年 6.20 美元附近的高点，其或许是新的并且是持续的底部水平。

◇ 当价格在 11 月已经非常高时，这不意味着其不能走得更高，如 1996 年—1997 年，2003 年—2004 年，以及 2006 年—2007 年所显著发生的。

◇ 你不能盲目地在 11 月购买豆类，但是你可以在那个时间在买方一面寻找交易。

◇ 也许与你从周期理论所期待的相反，在这个图表所覆盖的有限时间段内，当低点来临时，不存在稳定的对谷物的更大期望。

◇ 没有固定的可依靠的准则来建立高点何时可能发生。但是，在春季和早夏存在反复发生的时间驱动的价格上涨的显著证据，7 月 4 日的周末经常作为高点或延展的

第 14 章　周期理论：基于时间的，周期性的以及季节性的力量

关键。

◇ 年幼的豆类从来没有发生过。不过，在 1973 年狂跌的时候，价格触到了 12.90 美元。

在 6 月至 8 月的一般时段里，存在小麦上的相似的重要季节性低点，7 月更受到偏好。近年来，玉米上的低点更加没有规则，也许发生在大豆前的一个月或两个月。除了玉米市场的占有优势的显著性之外，豆类倾向于成为市场的领导。一般的法则曾经是维持豆类的良好的牛市是大豆粉而非大豆油。伴随着用于制作生物柴油的油类需求的增加，这个可能已经发生改变。

伴随着不同程度的依靠性，存在影响不同市场的其他季节动力，并且他们中的某些会随时间而改变。他们中的很多表达了这样的一个准则：草帽的价格在冬天是低的，并且上升到位于假日季节峰值附近的峰值。之后，价格下跌。例如，加热油的市场在 11 月或 12 月达到峰值，而非在消费顶峰的一个月或两个月之后，这是因为那时是导致消费的整个管道最满的时候。另一方面，也存在与直观相悖的夏季里对车用机油的高的需求，而机油几乎是与加热油一样的。类似的，由于家庭建造在冬天之前减慢，木材的价格在夏末会下降。

其他的季节走势

这里有一些更多的季节性走势，其在过去时间里，当市场接近一个可能的拐点时，在观察这些市场发生什么方面上，具有足够的可靠性。比如，当存在一个 10 月的木材上的所期待的显著低点时，可能存在 8 月和 9 月的良好的卖空，而这正如在预期的低点附近可能存在买入的机会一样。

◇ 木材倾向于在 10 月有个重要的低点，在建造的低点附近。

由于，生产降低加上交易商准备下一年的建设季节，之后，价格涨势进入新的一年里。

◇ 存在适度的可信的证据，证明铜从夏末上涨进入冬末，之后则下跌，可能是在北半球，由于假日季节后来自厂商的较高的需求所致。

◇ 当猪肉的高消费时期与增加的供给同时下降时，生猪肉有时会在8月至10月里下跌，理想的低点位于10月中旬的一天。

◇ 当批发商充满冬季储存罐时，石油价格倾向于在10月和12月之间达到峰值。也存在夏季空调制冷对能源的高需求时期。与你可能期望的相反，在夏季也存在运输企业对柴油需求的扩张，而柴油是与加热油等同的。因此，在预期需求的基础之上，这些走势可能会在高运输期间之前的某段时间里，比如说在8月/9月以及2月/3月。

◇ 在第一季度之末，或第二季度之初，黄金和白银倾向于在牛市里形成一个高点，或者至少暂停，并上涨至年末，形成一个走势，其类似于股票市场。

统计交易需要谨慎

当接近一些分析师推荐的季节性交易时，你需要保持很大谨慎。看关于技术分析的旧的教科书，你会发现关于季节走势的论述，其也许一次有效，但是之后似乎不连续有效。同时，你常常会看见它说在某一个时间段内，在过去的十年里，市场已经上涨了或下降了九次，或伴有这样其他明显的统计可信度。尽管这个现实的证明也许是正确的，同时，它能警醒你一个可能的交易，你仍然需要证明冒险进行交易的技术指标。另外，应该存在一些起作用概念上的基本原因。当然，常常可能存在这样的一个原因，尽管你直到过后才预测。

在某一时间，假定可信的交易存在的一个问题是许多统计上的论断来自任意的运行法则，而非来自完全的统计方法论，或者是供求的基本面。统计概率理论确实需要 100 或更多次数的情况下，发生什么的记录，而这需要源于一个 30 的样本，带有合理程度的可信度。除非你也找到发生什么的根本原因，其他的更少的样本可能简单的来自随机的偏差。根据这些保留意见，在长期来看，存在具有很好可信度的，一些好的季节性的和周期性的交易。

第 15 章 交易员的承诺：谁交易了什么以及交易了多少

资金使市场运动

资金和买者或卖者相应的突出的进取性，推动了价格上的变化。自这个准则继续下去，知道多少资金正在驱动市场，并且它来自哪里是有用的。对于期货市场，足够的信息是可得的。

当新的资金进入市场，未平仓合约扩展。并且扩展的未平仓通常会增强价格的趋势（前一日的未平仓数量会通过市场新闻服务或在主要的报纸上，每日发表。他们也会包含在交易者承诺报告里，如下讨论）。当未平仓合约正在缩减时，这意味着交易员正在从桌子上取下资金，并从市场上取回资金。有时，精明的交易员在价格趋势改变之前，开始从市场上取回资金。他们包括那些在好的价位买入头寸的交易者，在收集到他们认为低垂的果实之后，并且满意于将利润存入银行。因此，当仓位萎缩的时候，你需要对价格的走势持怀疑态度，比起牛市，这更倾向于发生在熊市的末尾。在另一方面，当在市场多头存在有限的激情时，未平仓合约的峰值经常发生在市场的顶部，并且，精明的，资金充裕的账户会站在由感情而非经济上的判断所驱动而买入的另一方。

对未平仓交易量的理解永远是有些模糊，但是，对其关注是会取得回报的，以致能够对价格趋势总体的健康程度有个大致的看法。尽管在交易期货方面的用途是有限的，这个指标或多或少与平衡交易量的准则一样，其在交易股票方面是有用的。你需要关注何时存在平仓交易的新的记录，以及何时存在一个创纪录的、对任何一种类的交易员多或空的承诺，特别是，何时存在市场的一方或另一方存在一个创纪录百分比的承诺。市场是如何剧烈反转的典型是 2007 年的日元，它在空头巨大的膨胀之后，进入了一个有非商品交易员持有的创纪录的水平，以及由商品交易员持有的相应的创纪录的多头。

对于未交易仓位萎缩标准理解的一个例外，发生在第一次第一通知日之前，或者，对于用现金结算的合同，发生在合同到期之前。之后，未平仓合约也许会显著萎缩，但这对市场未来走向不意味着什么。一些长期的持有者在看清风向之后才从市场中退出。未平仓合约的建立之后会在接下来的十几周回复。

交易员承诺报告

每一个周五，商品期货交易委员会（CFTC）会公布交易员承诺（COT）分解，表明哪一组期货交易员持有多头和空头仓位。其在网站 www.cftc.gov 是可以得到的。COT 的报告包含以及不包含期权的仓位（图 15-1）。期权和期货的联合报告，包含更多的数据，更加的有效，并允许更少的异常统计误差。有四类，非商业的（大账户和主要是现在的基金）、商业的、指数交易员，以及非报告（更小的交易员）。目前，CFTC 为指数交易员发布子行业，而这仅限于十二个农业市场。对于剩余者，表单结合了对

第15章 交易员的承诺：谁交易了什么以及交易了多少

商业和指数交易员的数字。抛去伸展的表单不论，其包括拥有持有不同递交月份的，具有相同头寸的多头和空头的合同。在每一个分类之下，是买多或者卖空的合同的实际数量，同时，在表格的底部是被每一组交易员所持有的占总体的百分比。不同的市场之间具有显著的不同，同时，在某些市场上也具有显著的季节波动。除了这些挑战，当你从历史角度观看这些数字的时候，对COT的理解是更加的有用的。

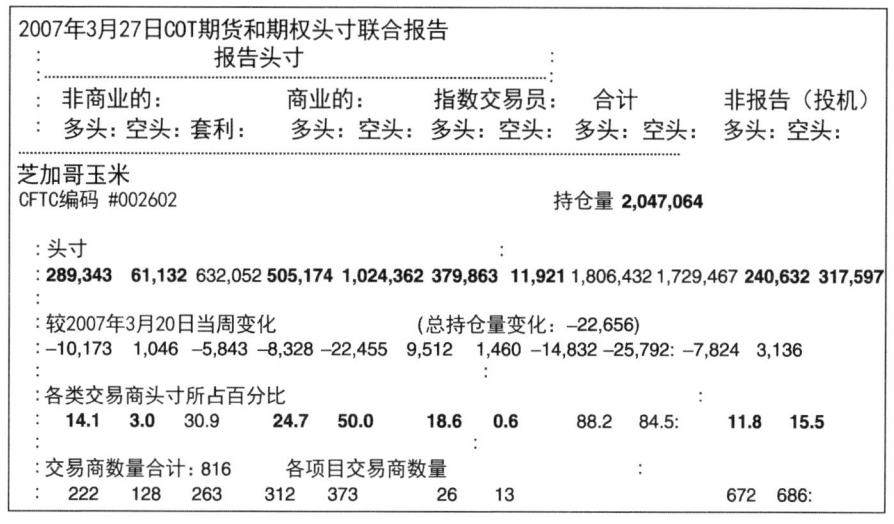

图 15-1　交易员承诺分解

当存在显著的变化时，实际数字是重要的，但是在大多数时间里，观看那一类的交易员持有多少百分比的净多头和净空头是足够的。之后，你会看到那些净头寸的趋势，以及何时在何种极值的水平上，那些净数字与过去的趋势反转相一致。观察从前一周及以来的变化。伴随着越来越多的资金流入期货市场，知道何种水平构成了一个极端，变得愈加的苦难。但是，明白过去发生什么的一般准则仍是有用的。有时候，反转又发生在相同的水平上，而反转在极端水平上有时是剧烈的。

图15-1显示玉米在2007年3月27日，CFTC如何在"辅助报告中"展示了COT数字，其联合了期货和期权头寸。

商业持仓

CFTC将那些能够运输的交易员定义为商品交易员，其他交易员可能只是在例外的情况下才可以接收货物。比如，任何投机者能够执行铜的合约并存储金属，但是这是不寻常的。商品交易员有三个分类。第一个是对冲团体，或者是交易，他们是生产者并且是基本期货合同的使用者。第二个是专业市场形成团体，包括地面交易员。第三类，对于CFTC没有与其他被称为非商业交易员区分开的十二个市场，包括大多数的指数交易员，如下面所讨论的。

理论上，尽管事实上并不完全这样，对冲者应该在市场基本面正确的一方，他们雇佣分析师，来研究预计供给和需求的数量，并且尝试着使用这种工作来预测价格，有时候是未来很久的价格。一些对冲者是长期的交易员。一个煤矿企业，比如说，可能想进入一个大的长期的空头仓位，以期锁定期待的未来产出价格。保证的定价允许在费用和利润之间差额的预算。卖出的对冲也许会成为为煤矿贷款的一个条件。类似的，建造者可能会买入木材期货，以此来锁入建造成本的组成部分。

对冲者也可以是短期的交易员，其目的是从市场的短期震荡中获利。当这些生产者认为价格高时，他们增加卖出的对冲，并且他们可能在价格下沉时，覆盖仓位。在另一方面，当使用者认为价格低时，他们增加多头，并且他们可能通过高抛而获利。市场报告经常这样评论，即投机性的买入被交易卖出所超过，或是

第15章 交易员的承诺：谁交易了什么以及交易了多少

在下跌买入时相反。然而，除了似乎是对冲者的智慧之外，他们对市场判读严重错误是经常会发生的。

专业的市场确立者团体中的许多人，是非常短期的交易员，而10分钟可能是一个长期的交易。他们通过站立在上升市场或下跌市场的另一侧赚钱。由于一些重要信息的公布，在开盘时有一个大的运动是经常发生的。这些交易员可能在停止的另一侧和那些期待，经常是错误的，市场会让缺口消失并且会保持前进而进入市场的另一方。当市场从最初的上升转为下跌之时，这些交易员套现获利。对于多头的市场，他们很少会严重错误。当他们持有过夜的头寸，对于市场将向其偏好的方向发展，他们是高度充满信心的。因此，当他们抑制获利之时，他们显著地推动了一个方向或另一方向的较强的收盘价格，更不用说，站在即刻上升而收盘的另一方。

市场中的第三类商品交易员，即其数量没有单独计算的指数交易员，几乎包含了长期和不管市场的浮动，持有多头的所有账户。他们的想法，是在长期来看，商品价格是永远上涨的。因此，他们是长期投资者，而且他们中的大多数想买入一揽子商品。对于所有实际的目的，指数交易员几乎不持有空头合同。某种程度上，指数交易员和其他商品交易员在上升的市场上互相抵消。在下跌的市场上，指数交易员可能不是大量的卖者，不过，他们也可能不会支持市场。

理论上，期货交易员，而非指数交易员，比其他人更多的知道市场，并且他们不会有意的亏损。当在一个上升的市场卖出时，他们也许准备扩大卖出，但是在一个强势的市场上，他们要确保其行动会取得回报。在主要的高点和低点，商品交易员倾向于压倒似的在市场正确的一方，尽管他们中的对冲者也许已经在同时蒙受巨大的亏损。不过，对他们来说，这些亏损被他们从事基本商品的交易时以更好的价格抵消的。

当商品交易员在一方或另一方，持有一个显著的大数量的合同时，存在价格上显著反转的条件，尽管，COT对其何时发生方面很少有帮助。一些市场倾向于在大多数时候在买的一方有更多的商品，而一些市场在卖的一方有更多。在金属市场上，商品交易员倾向于或多或少的被衡量为大量的空头，但是比重在其他市场上是更均匀分布的。商品交易员，例如，几乎永远是大量卖白金和钯金，但是这不意味着那些市场永远是倾向于下跌的。为了对商品交易员从事什么有个概观，观看历史记录和把指数交易员从事什么作为因素计入是极为重要的。

非商业持仓（基金）

非商品交易员主要包括大的对冲基金。他们中的一些持有长期的头寸，而有一些是短期的交易员。关键的因素在于他们的灵活性和进入多头或空头的准备。持有长期观点的基金主要是趋势跟踪者，并且他们倾向于使市场运动。正如他们现在所从事的，拥有相对于商品交易商几乎无限制的资金，不论市场供给的基本面证明这些运动是否合理，他们可以在中期推动市场。但是，基本面迟早总会起绝对力量的。非商品交易员对任何已确立市场的趋势可能与价格走势相吻合，至少是直到市场达到了一个极值，尤其是当趋势是向上的时候。但是，当趋势下行的时候，他们平仓也许是缓慢的，并且他们净多头的一个相当大比重的一部分可能与船一起下降。因此，市场的底部也许在他们大量净空头之前不会来临。

基金倾向于建立巨量头寸，并且存在一个在3天的时间段内，其从事商业的一个可依靠走势。因此，当你能够在大的基金建立仓位的第一天进入市场的时，你有时候能够在接下来的两天里顺势操作。

买或卖的紧迫性及头寸大小，在轮换的主要市场上彻底失误。然而，他们推动市场到最高点的能力是如此之大，当他们投资如此之多，COT 数量很少，表明他们已经耗尽了火力。

虽然，现金几乎是无限制的，但是他们却无法无限制的容忍损失，一旦市场开始严重回转以反对他们，就会全面攻击其他方面，如市场运行其停止损失或抛售头寸而不论价格如何。当市场转向其他方面，一些个人的对冲基金会多达数十亿美元。

非报告（投机）

无报告价值的角色或小的交易者，大致上是没有价值的，并且市场与市场之间也是各不相同。平衡起见，他们倾向于赚钱，而不管你期望的是什么。小的交易者做了许多的功课，他们中的一些也一直在赚钱。

加元一周连续的曲线图表明在最高点处一些非商业性机构的权重（图15-2）。

当非商业性机构的比重稍微出现净负值时，市场通常会走得更高。当他们已经是实质性的上涨，特别是从 2005 年 6 月到 2007 年 2 月的底点。20 净多头以上，常会发生在极高读数，在市场最高读数上再加上 34 点。

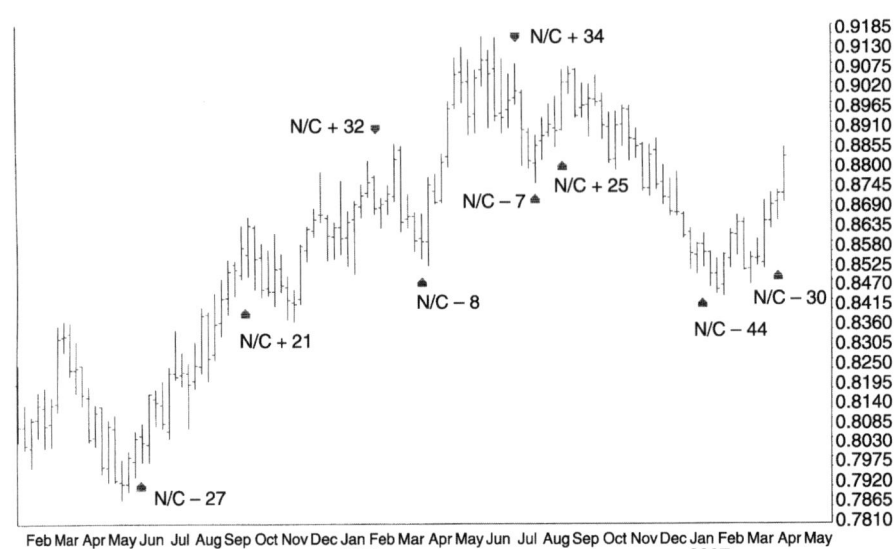

图 15-2　2006 年—2007 年加元周线走势图

COT 和铜市场

从（图 15-3）铜的曲线图上，你就能明白商业阵地的显然分配是如何被曲解的。2005 年 2 月商业占据了总契约的净空头的 34%。非商业性（基金）净多头占 30%，小交易者净多头占 9%。在商业机构净空头中是持有多头的指数交易者，除了持有净空头的矿业公司，根据市场时事评论员 Donald Coxe 所说，许多矿业公司对以 3 美元以下定价的大量净空对冲期货产品。当价格直冲 4 美元时，那些公司来说，仅仅为其对冲账本的损失提供资金支持，而非为其空头增加合约方面是足够的，而后者是其理想情况下本应该做的。来自日本的便宜货币的投机资金和采矿企业的手结合在一起的时候，一个整个时期的大牛市，以及相应的空突的挤压就确立了。在 2006 年 5 月的市场顶部，当结合有竞争力的利率，商品交易员事实上是占市场总合约数 6% 的净多头。只有非商业的大交易员中一些勇敢的和机敏的基金经理持有8%左右的净空头寸，而小的交易员持有总数2%净多头寸。

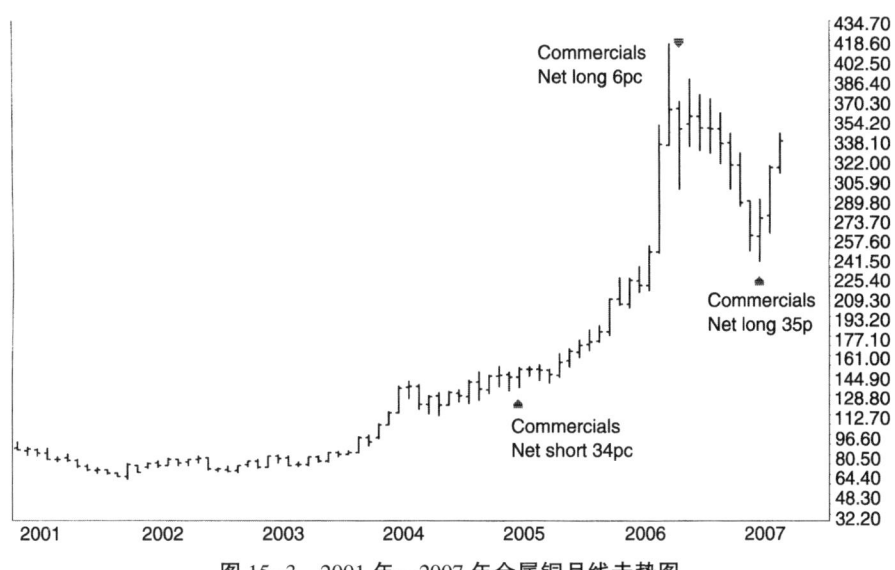

图15-3　2001年—2007年金属铜月线走势图

例外的是，在115000个合同中，当价格在的2.07美元附近，铜的未平仓合约实际是在2005年11月达到峰值。而在下一年最终的峰值，即4.15美元，到来之前还有很长时间。自那之后，未平仓合约降低到大约85000个合同。教训是，在不得已的时候，很少的交易员想成为空头，就像采矿企业认为他们不得不这么做一样。未平仓合约的降低会早些来临，因为采矿公司显然在平仓。在确认的价格下降上，未平仓合约会继续下跌，基于坚固的基本面，仓位本应该在全面的熊市增加的，也就是说，一个生产上持续的增长和需求上的持续下降。

在2007年2月，铜市场的底部，在指数交易员参与之前，数量与你所本应期待的更加接近。非商业交易员（基金）有30%的净空头；小的交易员大多数是平的，有2%的净空头；商品交易员在多头的一方大量持有大于 35% 的头寸。随着商品交易员以及指数交易员大量持有多头，价格从 2.38 美元的地点上涨到 3 美元之上的阶段被确立了。当他们中的一些进入新的多头头寸时候，非报告头寸中大量空头的覆盖，将会产生这个巨大的前进。对于判断铜的大的上升的幅度，你没有必要知道，但是你应该清楚其发生的条件。

对于铜潜能总体观点的一部分，你应该寻找供给基本面上的信息。之后，你应知道伦敦金属交易所铜库存正在发生什么。他们在 2005 年 1 月达到接近零的低点，并稳步上升到 2007 年 2 月之初，并且之后，价格上的上升坚决地打破了其自己的上升线——就像价格将要再次上升一样。为了看到基础金属库存和价格正在发生什么，你可以去一个非常好的网站：www.kitcometals.com。

活牛期货和补充报告

在 2000 年，活牛期货的总持仓量（交易未平仓合约）一直在 100000 张水平。到 2007 年 3 月 13 日，其上升到 331580 张合约。指数交易员买入 109044 张合约，占总持仓量的 33%，并卖出 1355 张合约。仅仅在 6 年之前，他们对多头头寸的持有基本上等于总持仓量。在 2007 年 6 月，对 2007 年 6 月活牛期货日图表粗略的观察，可以发现跟随节奏前进（图 15-4）。

下一日，即 CFTC 收集数字，市场开始下跌，并且在下个 5 日里，从高点到低点，市场下降了几乎 6 美分，或每个合同 2200 美元。在可交易的上转之前，到最终低点的下跌将仅超过，尽管仅仅是个假上涨。显著地，市场在 99.82 美分达到顶点，和 100 美分即 1 美元的整数关口相差无几，确认了近似数作为一个潜在的巨大的阻力水平以及作为一个实现利润的目标水平的重要性。

第 15 章 交易员的承诺：谁交易了什么以及交易了多少

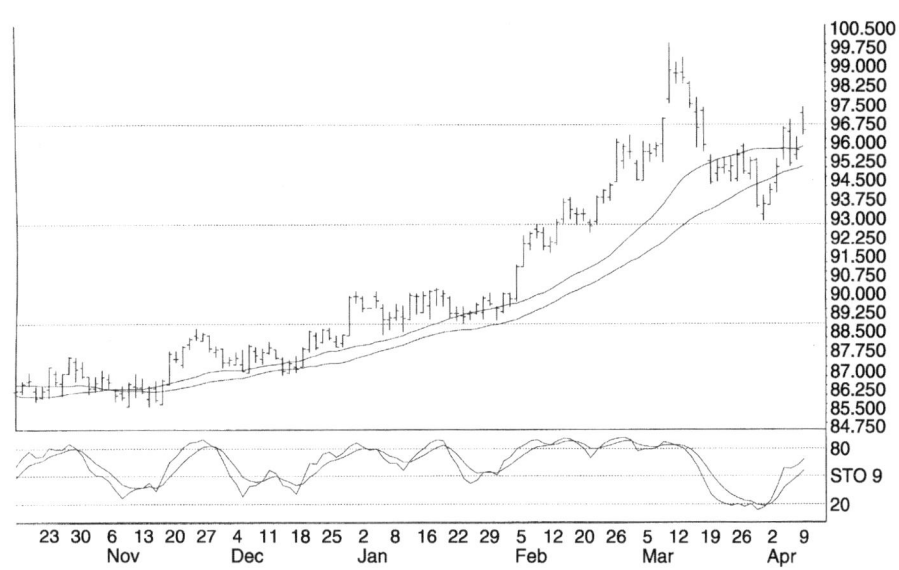

图 15-4　2007 年 6 月活牛合约日线图（附随机指标以及 25 日和 40 日移动平均线）

玉米和补充报告

类似的，在《种植者意愿报告》在 2007 年 3 月 27 日开盘之前，指数交易者持有买入玉米的 379863 个合约，或总数的 19%。在公布之后，玉米将下降两个连续的 20 最大限度，标记为下降的箭头（图 15-5）。

当市场上升一个最大的限度时，其由一个向上的箭头标记，存在一个对 1 月收成生产报告平等的和对立的反应，在宣传之前，建立一个预期的力，伴随着一个岛样的底部。在 3 月，种植者表示了比大多数人估计的种植更多谷物的意愿，因此表现出市场的剧烈反应。移动平均汇聚/分离（MACD）以及移动平均已经清晰地指示市场的方向。

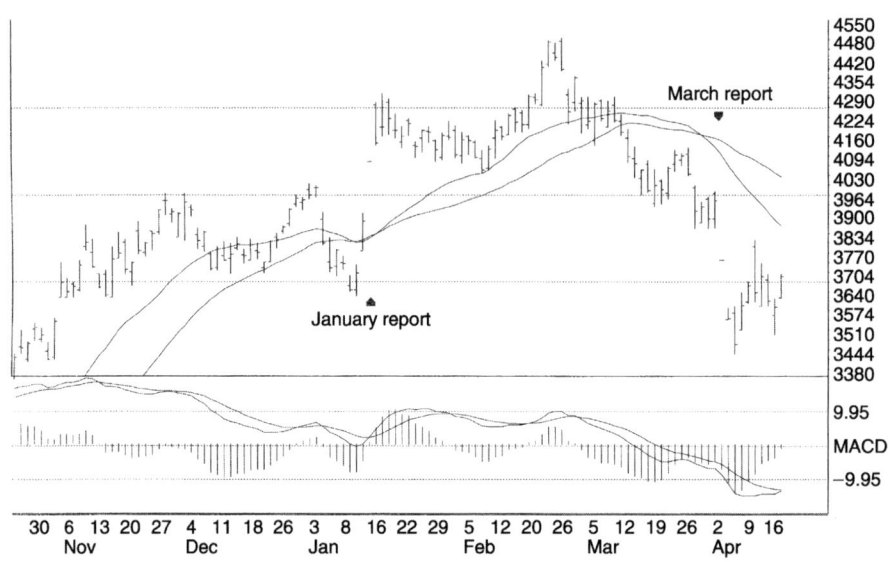

图 15-5　2007 年 5 月玉米合约日线图（附随机指标以及 25 日和 40 日移动平均线）

假设指数交易员在周五，携带了同样数量的买入合同，当数目与前一个周四的收盘价相吻合时，如他们已经持有的，这些交易者仅因这些新闻，便独自蒙受近 1 亿美元的损失。在另一方面，真正的商品交易者，持有一个净的占总数 51% 的空头头寸，在他们的空头头寸上，集结了超过 10 亿美元的获利。

在报告之后，非报告持仓减少了 67000 个合同的多头头寸，并且增加了 7000 个空头头寸。商业交易员减少了他们的空头头寸有 46000 个合约，从而获利，并增加了 50000 多头，转移了将近总共 100000 个合约。可怕的指数交易员签立了仅仅 18000 个合同，并且增加了 3000 个空头，并且小的交易员的净空位几乎没有变化，其在报告上显示为一个小的净空头寸，并且其维持了基本的同样小的净空头寸。正如所预测的，玉米市场在两个连续的跌停之后形成了一个低点，并且之后显著上涨，尽管并没有达到报告之前的水平。总体上，商品交易者用两种方法赚钱。小的

第 15 章 交易员的承诺：谁交易了什么以及交易了多少

交易员也用两种办法赚钱，尽管并不是很多。基金和指数交易员在两种方法上损失了大量资金。

总之，COT 可作为相反观点的一个合理的提示，暗示着存在跟进赚钱的机会，并且，最重要的是，当套利资金在一方或另一方被过分考虑的时候，而不是过分疯狂地在市场的同侧。COT 绝非是一个时间的指标，其只用来确立转移的潜力。但是，其他技术指标可能在剧烈的移动之前，指出路线，正如在《生产意图报告》之前，他们对玉米所做的。

第 16 章　股票指数：
短线交易者和长线交易者的主要工具

长期趋势上升

除了股票指数可以一直单边行情运行或同其他市场一样偶尔表现怪异之外，对期货投资者来说，无论是从长期、短期或中期视角来看，股票指数大多时间还是一个最好的交易工具。许多期货交易者仅仅关注各种股票指数，即使是那些从未考虑过投资期货的投资者了解了这一驱动股票的力量，也会从中受益。股票的总体趋势是上行的，因此长期默认的交易不得不上升。当然，摆动会是巨大的，大多时候与所有市场一样，牛市会通常比熊市持续更长的时间。然而，如果你不在乎风险，空头头寸能够使你更快地赚到更多的钱。

对短线交易者来说，关于股指重要的是：频繁的波动有许多振幅，在入场信号和离场信号之间分一杯羹。有些交易者在单日里交易数次，有些做得也很好。然而，理想情况下，遵循让利润运行原则，即使是一个短线交易者也应该准备持有有利可图的交易过夜或持有到离场信号出现。对持有中间观点的交易者来说，股指期货以明显的规律来回应周期，这对四周周期及四周的倍数周期都是十分有用的。你必须找到一个突出的低位，建立最适合的周期工具。和其他期货市场一样，20市场日默认设置如准则一样在股指中依然受用，尽管或不稳定，或跳空远离，你或许仍可以期望市场回到该20日周期。对于长期的长线投资者，根据长期明显坚实的实证基础，股指具有季节性和周期性，且其可持续数月或更长时间。

股指期货的挑战

尽管股票指数期货的交易有明显的吸引力，仍有一个期货交易者必须得考虑的严重的消极因素，但不足以阻止他们交易。根据定义，每个平均数由若干或许多成分组成。在大多数情况下，任何股票指数包括好的、坏的和中性的。有些股票可能会不断上升而其他的下降，因此其平均可能不会做到你期望的那样。例如，三十只道琼斯工业平均股票中的二十七只在一天中继续上涨或下跌的情况通常很少发生，在任何一方向上的比例更通常的是接近2：1。因此，每一个股票指数在一定程度几乎总是蹒跚的。当没能引起指数上涨走向另一个方向，说明冲力已经达到或接近极点。在某种程度上，你可能可以用个人股票来交易期货来避免这种情况，尽管在这种情况下，单单直接的交易份额可能对你更有利，事实上，除了在机构投资者和散户力量的不断转换情况外，当股指看涨，这可能是一个很好的时机购买那些表现特别好的股票，以期待他们能够真正趋势运行并超越指数。

股指期货交易在牛市和熊市里经常出现的另一个挑战是，在是中期或短期趋势临近折回的极点处经常出现明显的改变。你可能认为一个更大的波动已经开始，唯一要做的就是发现市场回调，并在主趋势方向上进入。实际影响趋势的是那些交易为了长期赚钱而不是通过重大的回调赚钱。短线交易者和那些具有短期观点的交易者在市场两边也都有大量的机会。但是，股票指数期货交易有时是极度复杂的，并服从相应交易者的拉锯，目的是为了赶上中期波段。

常规股票周期

当你踏上了周期的节奏，即使是短线交易者，赢利的概率也将会大幅提升。如果你知道你正处于周期的哪个位置，那么当市场的长周期方向是上行时，你就在市场中寻找技术指标来进行多头交易，当长周期方向是中立的或下行时，你就选择空头交易。总的来说，需要牢记引发趋势方向和周期方向的重大事件。

由于农产品价格的季节性和周期性波动，股市的周期性特点较为明显。这些原因可能并不总是在市场行为中盛行，但这并不能否定存在影响这一事实。此外，明显存在着一个非常长期的交易、股票市场及建立在大约持续五十至六十年人口统计上的投资周期。假定工业发展的无限性和可使用的统计数据只有很少量，那就很难达成任何统计学可信的结论。然而，在过去似乎有"婴儿"的繁荣期和"婴儿"的萧条期，以及1999年股市顶部与1929年的很相像。统计学上来看，有可能进入下行周期，且会比2002年秋天结束的衰退和熊市更严重。例如，随着老龄化的逐渐到来，可能之前的各种消费包括从房地产到旅游都会有所耗尽，而是将储蓄存款用来维持放慢的生活节奏。与此同时，从2002年10月的止跌回升，在一定程度上与在1932年开始上涨并在1937年达到峰值的情况相似。

四年总统周期

影响股票市场明显的低点和不规律的高点出现的所有条件中，首当其冲的是四年总统竞选周期。在一个理想周期中，你可以在每四十八个月为一个周期循环里恰好做二十六个月或一半时间的做多，并在余下的时间里寻机做空或空仓。依据经验来看，最佳的买入时间是在总统大选前两年十月份的最后一周。

在总统选举年期间，股票市场通常会保持上涨。因为任职者们如果选择再参选他们就想赢得大选或希望他们自己党内的继任者赢得大选，这种政治驱动力，使得在四年期总统任职期间的第一年或两年里可能多的批准发布不受欢迎的措施和尽可能多利于挺进大选的新闻。在写这本书时，可能不会有太多的好材料供布什总统发布，但这种情况不会否定可以追溯到一个多世纪以来的经验和这个原则的应用。并非所有周期都有效，周期力量只是做交易时必须得考虑的一个因素。

表16-1显示，总统周期的市场行为，在一个多世纪的时期里，只有一次真正的失效，即在1930年时买入。

在其他方面，它也是发现市场交易时机最有价值的指标之一，且具有较强的可靠性。该表显示，利用总统周期买入持有与买入卖出策略的结果在一个多世纪的时间里都非常相似。对于期货交易者来说关键的是密切关注在有利的时期里做多，而在不利的时期卖空或空仓。

第16章 股票指数：短线交易者和长线交易者的主要工具

表16-1 总统竞选周期：何时买入和卖出

参数：
在下一届总统大选前两年十月最后一周买入道琼斯平均工业指数。
在总统大选后一月的第一周卖出。
表格表明道琼斯工业平均指数与买入/卖出结果的比值，假定1898年为100。

买入时间	买入价格	卖出时间	卖出价格	（损失）	基数1898为100 道琼斯指数	买入卖出比值
1898	55	1901	70	27	127	127
1902	60	1905	65	8	118	137
1906	95	1909	85	(11)	154	122
1910	83	1913	83	-0-	151	122
1914	53	1917	96	81	174	221
1918	86	1921	74	(16)	135	185
1922	96	1925	121	26	220	233
1926	158	1929	304	94	552	452
1930	190	1933	59	(69)	107	140
1934	93	1937	182	97	330	276
1938	151	1941	133	(12)	242	242
1942	107	1945	154	44	280	349
1946	171	1949	175	2	318	355
1950	225	1953	292	29	536	459
1954	363	1957	499	37	907	629
1958	539	1961	622	15	1130	723
1962	570	1965	869	52	1580	1099
1966	809	1969	925	14	1681	1252
1970	754	1973	1,031	37	1875	1716
1974	633	1977	978	54	1778	2642
1978	792	1981	980	24	1781	3276
1982	995	1985	1,189	19	2162	3898
1986	1,851	1989	2,131	15	3874	4483
1990	2,346	1993	3,268	39	5,941	5942
1994	3,850	1997	6,567	71	11,943	10,655
1998	8,592	2001	10,662	24	19,390	13,212
2002	8,397	2005	10,608	26	19,291	16,647
2006	12,116	2007	13,465*	11	24,486	18,478

* To June 6, 2007—Technical exit signal day for sell-in-May watchers

奇怪的是，自1994年以后，周期并不如早先那样有效，尽管在2002年的熊市中，总统周期理论相当成功地避免了大多数下降带来的损失，并在底部几乎相当准确地捕捉到了低点。2005年1月开始的下跌整整持续了一年，当时道琼斯指数下降约10%，然后再反弹至在1月开始的水平。只要总统周期未达到，那就是7月的市场行为发出基于2006年10月开始的上涨信号。此时，你可以已经开始在市场中寻找低位。关键点仍然是有效的，总统周期在将来很可能继续有效，特别是当与其他技术指标结合使用时。你必须牢记风险管理的重要箴言，没有比除了避免重大损失更重要的了。在一个多世纪里，总统周期已被证明是无可估价的。

5月卖出并离市，然后在秋天买入

独立的总统周期，有相当的有效性，"5月卖出离市"。5月的卖出时间表要求在5月1日卖出，然后在10月的最后一周买入。然而，正如总统周期，实时使用的实用性意味着你在一般的时限中为了行动而寻找进场和离场的信号。让利润超越时间运行，直到出现一个离场信号。当出现一个完整的买入信号时，在时限内买入，无论早晚。季节性持有股票的较高风险和较低的收益预期将会贯穿整个夏季，直到进入10月。尽管也有很多夏季反弹，但这种反弹的出现在统计上并不可靠，特别当考虑到在9月和10月大幅下降的高概率。产生的低价股票有可能永远的下行，但这些几乎总是在第一时间内被买入，而不出售。有些最大的跌幅产生的显著低点都发生在10月，包括1929年和1987年。1990年、1998年、2002年的10月也是显著的低点，且都同时发生在总统周期的买入点，这些都是罕见的成功应用。

然而，当市场已大幅度下降，在10月底进场要比月初安全得多。你可能会在月初比较好的价格进入，但在月底回到低点或新低点后进场的风险要较小。在总统四年周期中单独的一年里，时机并不是那么精确，你应该准备着在1月的第一周卖出，除非市场持续上行。至少，要设置一个止损点，以防万一疲软冲击市场。

股票市场中，从10月开始贯穿整个冬季力量的是市场投入

第 16 章　股票指数：短线交易者和长线交易者的主要工具

了更多的资金。大多数企业的红利是在 11 月到 3 月之间发放的，其中相当大一部分被留存，同时也有相当数量的资金投资到股票或股票型基金。另一方面，10 月似乎是大多亏损的股份被卖出的时期，此时对股票的主要影响虽然已经下降，但还是会压制所有股票的上涨，因为投资者也抵消了利润。在一年里，股市普遍的下降时间有可能就是在 9 月和 10 月，因为这时会有显著的抛售，当净卖出让位于净买入，随后便是大幅反弹。

从 1950 年 10 月末开始，假设 1 万美元只在冬季到春季有利的六个月里投资买入道琼斯指数，到 2006 年 5 月就会涨到 620256 美元。另一方面，从 1950 年 4 月的最后一天开始，将 1 万美元只投资在不利的六个月中卖出道琼斯指数，到 2006 年 10 月底将只会涨到 12047 美元。"这是个你不会得到所有收益的时代"，根据《股市交易年鉴》编辑杰弗里施所说，"但是你会为此避免了 90% 的亏损。"[①] 按照他的经验，使用 MACD 作为进场或出场的信号（在第 6 章中用不同的指标已介绍过很多），仅在有利的月份中进行投资买入，利润要增加三倍。

从 1897 年到 1950 年，"5 月卖出"周期的结果表明在有利时期和不利时期里几乎有相同的表现。然而，在有利的时期里有相当大的收获，在不利时期里，即使有收获也要小得多。

在有利的六个月时期里大多数大的收获是归功于 1929 年到 1932 年间熊市里的两个有利时期，而这一事实却曲解了上面的比较。对于 1897 年和 1928 年之间的时期，不包括大熊市，利用 1 万美元仅在有利的冬季和春季月份里，通过投资买入头寸，增加至 106900 美元，同样 1 万美元仅在不利的六个月中投资卖出头寸，仅仅只增加到 23000 美元。

---

① 巴伦周刊（Barron's），2005 年 4 月 25 日

正如人们所期望的，从 5 月到 10 月最有利的或最不利的持有股票的时间也是那些总统周期最有利的或最不利的年份。当总统周期处于最不利时，依靠图表信号，在一年的早期卖出可能是比较好的，就像在 2005 年那样，特别是持有代表市场指数的股票。

值得注意的是，如果你在 1929 年 10 月末依照季节性周期（而忽视了总统周期的厄运），买了道琼斯，你可能是在崩盘低位的前若干天里已经买入了，在来年的 4 月末卖出也许能够赚取少量利润，因为市场再次开始下滑。除了例外情况，最糟糕的是 1930 年 10 月底在 191 的位置买入，季节周期可能会让你在 5 月初始在 151 位置不得不卖出。21% 损失的结果是痛心的但也并不是最惨烈的。在 1931 年 10 月的买入甚至导致了 45% 的损失——如果记录有效，这便是有史以来最大的损失。

高科技周期

大部分时间内，纳斯达克 100 股票指数对期货投资者来说是主要工具。它有自己季节性倾向的趋势，这或多或少与其他季节性周期重复。虽然在最近标准普尔中型股股票指数和罗素 2000 股票指数一直是最强的，但随着时间的推移纳斯达克 100 将具有更大的活力，并在双向交易中具有最大的潜力。因此，对这个市场一直付出特别的关注可能是值得的。

纳斯达克 100 指数季节性模型在 9 月末已经开始，并运行到 1 月底，尽管它可以启动早些。最佳进入期是在总的时间框架中一段时间内发生疲软并且随机指数从极低点处上行时。另外，当总的市场表现强劲时，你也可以尽你所能买入。只要投资者对重要的圣诞节节前买入持乐观的态度，那么这个交易似乎基本上是合理的。交易之后在拉斯维加斯电子消费展和第四季度的业绩报告出台前结束交易。然后提高利率新闻的时期会直到秋季才逐渐结束，这决定电子指数如何发展，在不利的时期，也会有机会卖空斯达克100指数。

影响股市的因素

当对市场普遍的感到乐观，即使是错误的原因，市场也将会上升。像与其他技术指标一样，你不必知道为什么人们对买入并持有其股票感觉良好，只要知道他们做了什么就足够了。同样，当人们普遍悲观，股市将下跌。乐观情绪和悲观情绪往往会持续很长一段时间，直到他们达到极点。当在上升的市场里已经开始下了赌注或在下跌的市场中愤怒的开始扔毛巾时，极点就出现了。

出自几个市场情绪追随者的通用读物，每周都会印在巴伦周刊"市场实验室——经济指标"这一章节里。大多的一般投资者在没有进行单调乏味的操作之前，花费时间和耐心来详细计划一个情绪指数非常值得。投资情报服务目前正在免费提供。最新的图表在这个网站上可以获得。

www.market-harmonics.com/free-charts/sentiment/investors_intelligence.htm

其他有价值的情报服务只有靠订阅才能获得。对于投资情报，总的来说看涨信心指数（看涨比例）40%到60%之间是具有参考价值的（数据源来自市场顾问建议。这些市场顾问在较大的顶部和底部处基本是错的。总的来说，在主要的顶部和底部是完全错误的）。指数在60%以上就过于多头了。指数在世界范围内45%以下是十分的悲观，指数低于40%开始达到极点，指数在

30%一线或低于30%也太过头了，你应该清楚地认识到大多数重仓卖出已经完成。和多数指标一样，包括价格，趋势和狂热的绝对水平一样重要。除了在极点，上升情绪意味着资金涌入股票市场，反之亦然。

共同基金作为一个反向指标

共同基金通过告诉他们的投资者拒绝任何形式的市场时机作为部分投资策略的方式，几乎创造了一个信仰。虽然有个别基金经理为了消遣苦思冥想过股票，但巴菲特的投资方式却正好相反。然而，共同基金本身对市场时机是有影响的。在5月和10月间他们的现金流入在低位上稳定运行，同时在7月初和10月末是可靠的死区。股票市场往往在共同基金流入最高位的月份里上涨，并在流入最低位的月份里趋向于偏离或下跌。因此，有一种很大的可能性，共同基金促成了"5月卖出"时间表的运行，并且他们打算在一年中差的时间里买入或卖出。

和其他控制市场情绪措施相比，共同基金在做什么？当流动性处于一个极端，无论高或低，在达到一定极限前，参考其他的指标，把握方向很重要。有持续的现金流流入的市场就是一个牛市市场，相反，如果有持续的现金流流出，那么即为熊市市场。手上的资金越多，共同基金对将要购买的股票的影响力就越大。幸运的是，它可以协调、平衡。相当一段时间，共同基金现金结余增长资产的10%以上时，被认为是牛市。1990年，共同基金的现金结余达到13%，恰恰意味着牛市即将到来。共同基金持有少于8%的现金资产被认为市场处于熊市，但是近期的市场行为导致对这一数字的要求在降低，因为太多的弹药已经投进股市里了。

在历史上共同基金持有少于4%的现金资产只有3次：1972年，2000年，2005年中期。在1972年低现金持有率之后，道琼斯指数据其当时的记录高点下降了45个百分点。在2000年，道琼斯指数据其当时的记录高点下降了38百分点。

债券，外汇和股票

尽管通常不建议长期被动投资，但值得注意的是，债券和利率期货有时和股市逆向而行。从2000年初到2002年秋天的熊市期间，有些时候看涨的利率期货比看跌的股指运行的更有规则，并且前者的风险投资回报至多与后者持平。然而，矛盾的是，股票往往在利率下降的时候上升——另外，债券的价格也会上涨。

股市也倾向于在债券价格下降时上升，因为利率上升通常意味着商业环境比较良好。在利率大幅上升或经济衰退时股票市场的买卖才会被完全遏制。在1999年曾出现过如此高的利率，最终它影响了股市，正如其他的事物一样，高利率最终也屈服于自身过度高涨的压力。与你所期望的相反的是，股市在美元下降时趋于上升，但唯一的前提是同期利率水平并不高，且上升速度也不快。这正是1987年彻底击垮股市的原因所在。美元贬值能提振股市有两个基本的原因：第一，对于外国人来说股票变得越来越便宜；第二是货币贬值自然使得美国的商品和服务对海外买家来讲变得更便宜，这会自动增加海外子公司的利润。

标准普尔中型股指数走势明朗

近年来，有一个市场而非全部市场一直处于很规则的运动过程中。在标准普尔400中型股指数和罗素2000小型股指数走势明朗的情况下，市场指数无规律地不断走高。

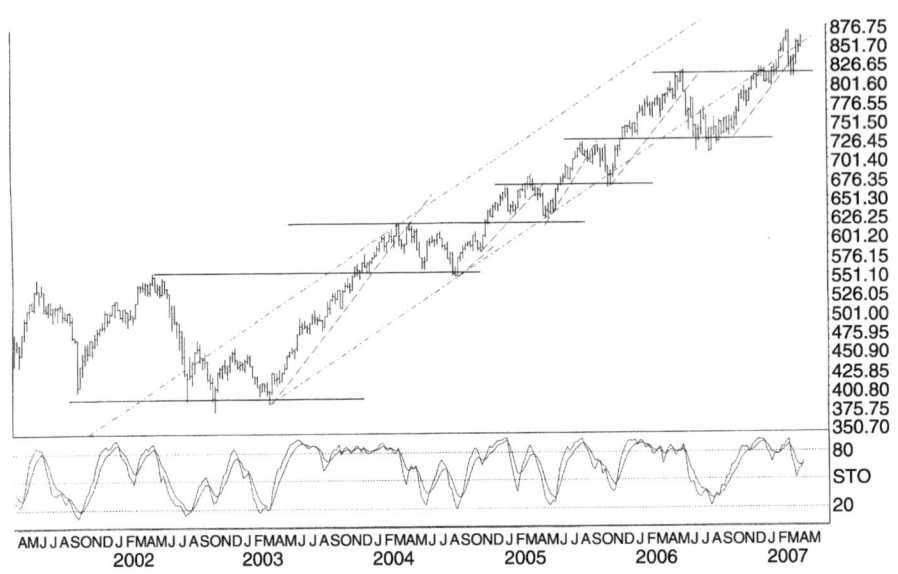

图 16-1　标准普尔中型指数周线图（附随机指数指标）

令人颇为失望的是，在这些主要的指数中，许多领头羊企业的股票正在逐步衰弱，落后的名单包括了例如强生、通用电气，高科技企业戴尔等大公司。通过观察其股票走势图，你永远不会知道自 2002 年低点以来，市场一直处于牛市之中。在股票的体系中，有一个住房建筑商的专有泡沫，然后对应地被打碎，但总体来看，股指无规律地不断走高。

另一个争论就是，与长线持有者或短线交易者相比，中线持有者的交易已出现间歇性地急剧下降。然后，就像你可能以为聚会已经结束，一个突如其来的下降趋势被确定，该指数已经找到支撑并再次走高。总之，某种强大的模式和周期性力量或多或少的起着作用，市场从来不会缺乏短线交易的机会。

然而，股指交易环境一直充满挑战，而且可能会持续下去。

标准普尔中型股指数从 2002 年至 2007 年的周线图上显示出许多挑战和机会。市场的总体趋势是强劲上升的。然而，沿着市场方向的波动导致陡峭的趋势线经常被突破，在 2006 年，从 2003 年低点开始向上上升的主要趋势线被果断地突破。随机指标已经在低点提供一些警示作用，但它们在建议市场何时会出现大幅抛售方面基本没有用，更不能指出市场可能会走多远。

同样，周期理论可能比你通常预期的作用小，主要低点出现在 2003 年 3 月，另一个较好的上涨行情始于 2005 年 4 月，"在 5 月卖出"的理论正好让你离开了市场。有一种趋势是低点会在 10 月初出现，但这并没有否定在 10 月买入的可能性，你仅错过了行情的一部分。有一种非常不稳定的 8 周循环，或 40 个交易日循环，所有突出的低点都会在这个期间内出现，包括 2007 年 1 月和 2007 年 3 月的低点。

一个被证明确实可靠的迹象就是横向支撑理论的实际运用，它在 2003 年第四个低点时发挥了良好的作用。之后，以前的高点在下降时都成了较好的支撑点，这些构建了一个完美的梯形上升趋势。

第17章 进场指标列表

指标列表的重要性

进场指标列表（表17-1）是将本书中提到的一系列指数收集后，以表格的形式整合在一张纸上。通过这张核对表，当你在看月报和周报的时候，你可以得到一个战略性的综合概况，来帮你评估某市场是否值得交易。每日和日间的两列能够帮助你做出实际技术层面的评估，比如什么时候该出手交易。

乍看之下似乎进场指标列表上有二十四个要点，可能太多了。但真正的挑战在于，对于市场行为可能有影响的因素组合太多了，以至于减少要点的数量就会牺牲很多可能重要的数据。毫无疑问的是，当适时进场的时候，需要通过勤奋来找到最好的交易，同样的，需要列表来避免受损的交易。值得强调的一点是，哪怕一笔单一的交易，都会让你得到或损失一大笔钱。就好像你不会不经过一番彻底的估量就去买房买车一样，仅凭一时兴起就去买股票或者做出一笔期货交易也是完全没道理的。就算是航空公司经验丰富的飞行员，开一架小飞机自娱自乐，也会在起飞前做一下评估。

表 17-1 进场指标列表

市场 _____ 买/卖 _____ 价格 _____ 日期 _____				
标注：✓　✗	月线	周线	日线	60分钟
1. 价格规则信号				
2. 周线及月线价格折线				
3. 25单位移动平均线方向				
4. 40单位移动平均线方向				
5. 移动平均线和趋势线的反转				
6. 趋势线有效突破				
7. 缺口和岛型形态				
8. 缺口				
9. 反转组合				
10. 林达尔反转				
11. 价格柱状线表现				
12. 柱状线突破				
13. 周线反向				
14. 平滑异同移动平均线（MACD）指标反向				
15. 平滑异同移动平均线（MACD）指标交叉				
16. 平滑异同移动平均线（MACD）柱形统计图				
17. 平滑异同移动平均线（MACD）指标基线				
18. K% 反向				
19. K% 在80或20 位置交叉				
20. K%指标达到80或20后转向				
21. K%指标背离				
22. 通道线反向				
23. 支撑和阻力				
24. 布林通道指标				
全部对号合计				
全部错号合计				
净对号合计				

其他核查指标：现货溢价_____ 美元指数_____ 基本面的消息_____

天气_____ 交割通知_____ 周五收盘_____ 月末_____ 止损_____

回撤支撑/阻力位_____

当决定开始一笔交易的时候通常都会有一些含糊不清的因素存在。不过很确定的一个原则是，那些最好的、最可靠的交易通常都会伴有很强烈的确定信号。一个不可避免的推论是，当风险看起来越可控的时候,交易就越难获利。

但是当市场有强烈信号的时候,需要一定的胆量来建立合适的仓位。一旦你陷入了一桩麻烦的交易,不可避免的,它将会占用你情感和金融两方面的资本。更糟糕的是,当市场后来出现一个绝佳的机会的时候,持有一桩表现不佳的交易会让你很为难,甚至不可能去抓住这个机会。要花费很久才能摆脱一桩微小的交易而等待一个从未出现的市场机遇。重新做一遍指标列表,会给你一些什么时候该怎么做的暗示。

如何使用列表

进场指标列表的目的就在于让你能对于每栏里单独的参数,按月度、每周、每日、每小时进行评估,打上勾、叉,或者pass。月度表单除了表示长期历史高点和低点以外,可能不是那么有用,因为市场,尤其是农产品市场,周期较短。对于其他市场而言,能够在月度表单上看到总体的概况也是极有价值的。从交易角度来看的话,通常每周表单决定了主要的方向,虽然偶尔每日表单也能给出进行交易的理由。

当你明白了每个参数的作用之后,把勾和叉的数目加起来得到一个净分数。有长期和潜在良好走势的交易,通常都能在每周和每日表单上得到10分或更高,有时候甚至达到15分。当得分很低的时候,市场很可能发生突然和潜在的波动。那些看起来信号很明确的交易也很有可能事与愿违。尽管如此,总体来说,几乎每一个否定的参数都会让一桩有前途的交易产生质疑,并要求非常具体的评估。

以下是列表上每一个具体项目的说明:

◇ 价格规则信号 价格规则建议根据其他肯定的参数,向市场已经准备好或者马上将要沿着参数所表示的方向移动。如果你没有一个价格规则，你显然应该等待一个出现，哪怕是在每小时表单上。

◇ 周线及月线价格折线。别忘了看走势图。折线确定了走向，也能展示螺旋动作或者市场运行的动力。当出现一个 M 或一个 W 时算一个，当出现一条已经建立的有三到四个变向的折线时，算两个。如果在你想要交易的方向没有一个折线，你想要做的事情会有很大风险。这种情况下，将参数记为否定的。注意在显著的回调后出现的单一变向中进行交易。

◇ 25 单位移动平均线方向。肯定或者否定取决于 25 单位移动平均线的方向。价格是否在移动均线的上下并不重要。

◇ 40 单位移动平均线方向。同上述 25 单位移动平均线。

◇ 移动平均线和趋势线的反转。正如我们在第 7 章和第 11 章所看到的，一个确定的趋势在回撤点位发生反转的可能性较高，有经验的交易员在这种情况下进场比较谨慎。注意这个词：反转，你需要确认市场停止向原有趋势运行并发生反转，而不是市场仅仅进入了高位或者低位盘整区。

◇ 趋势线有效突破。当然，这里所指的突破是沿原趋势相反方向突破，这可是朝向相反方向建立头寸的信号。突破趋势线是趋势结束较为可靠的信号，很可能出现在反转的过程中。

至少，这说明市场沿原趋势运行的动能已经耗尽。趋势线突破通常需要确认，确认的参考参数通常为时间和斜率，这也是止损和建立反向头寸的参考指标。有时市场只是对于趋势线的回撤，确认其支撑而不是要突破，因此，趋势线突破的确认至关重要。

◇ 缺口和岛型形态。除了市场运行至尾声而产生的衰竭缺口以外，跳空缺口一般是一种比较明显的趋势信号。跳空缺口的出现是对原趋势的巩固和加强，另外，在超买或超卖状态下，随机指标的解读往往是市场可能要开始反转。

岛型缺口，特别是在一定时间内都未被回补的缺口，预示着更强烈的衰竭和反转信号，其形态可能由多根K线组成。

有时候，价格上方和下方都存在缺口，所有的不利缺口构成预警信号，你可能需要判断是否不利的缺口是否会成为衰竭缺口或者成为难以逾越的阻力。在评估市场是否留隔夜单时，需要关注日线级别可能具有重要意义的缺口。

◇ 缺口：三日收市原则。这是市场运行的主要指标，强烈表明了价格将保持该方向继续前进。但是，你需要判断并解释它。通常，最有利的情况是在潜在牛市中的超卖状态购买，反之亦然当卖。理论上说，第一个缺口形成后应该有一个巩固的过程，往往是在缺口形成后的第三或第四天，而不是行情直接启动。这种技术上的交易策略在价格突破移动平均线之后实施就更有可能获得成功。需要强调的是这种尚未反弹的价格下挫经得住时间的考验，所以尽管该指标更适用于日均线，然而它对于周线和小时线也同样适用。

◇ 反转组合。反转组合包括图表软件中确定为关键反转组合的形态，你可以相应地用不同的颜色对它做标记。如果不以不同颜色做标记，反转配对同样包括常规的收盘价反转和最高/低价反转。震荡区间中总是有多个反转信号，而每一个反转信号成功的概率是以指数形式增加的。因此，我们为每一个新的反转信号计数一次。

◇ **林达尔反转**。本指标为指标1的价格规则和指标9赋予更高的重要性。价格法则5和6成功率特别高，因为它们假定某个行情的酝酿过程已经完成。

◇ **价格柱状线表现**。这是列表中最主观的术语。你也许想研究一下近期这些柱线的整体形态。例如，如果存在许多连续的柱线，它们正在逼近区间的上半部分，市场看起来还有上升空间，价格上升的延续能得到概率上的支撑；反之亦然，概率也为价格下降的延续提供了支撑。另一方面，有可能收盘价连续逼近区间的顶端，但是价格的正增长又似乎耗尽了买方力量。价格柱线行动是市场崩盘的前兆。

趋势反转总是始于一两根破坏性的柱线，它们与主要趋势相反，这是激进的套利行为、止损行为，或者是想以明显更合理的价格建立新头寸的激进资金所为。另一方面，你可以看出市场在无规律地回撤和非意愿地下降，一旦市场回复上升趋势，市场行为是有序的，而且经常伴随着趋势性MACD指标。然而，即使市场已经接近顶部，也许一些低风险的进场机会依然存在。

◇ **柱状线突破**。柱线突破加重了价格前行的可能性，或许其本身就是对强烈变化的市场方向进行交易的信号。

◇ **周线反向**。当价格已经超过了前一周的高点或低点，并通过周线来进行交易，那么无论目前的价格相对当前走势范围如何都在周线图上确认其点位。另外，也可以评估日线图表或盘中图表来确认点位。

◇ MACD 指标反向。
◇ 无论是支持还是反对该交易，只要 MACD 方向上出现改变就计数一次。对于月线和周线另外计数。
◇ MACD 指标交叉。当在预期选择的方向上，快速 MACD 指标穿越慢速 MACD 指标时，计数一次，如果方向相反，记负数一次。
◇ MACD 柱形统计图。这是一个要求判断的指标，但它仍是一个有用的工具。例如，当你想要建立多头头寸，柱形统计图应当下降并刚好出现指向底部的信号。柱形统计图在一定程度上显示了超买或者超卖的信号，并表明在反转前的过去时间里市场是如何运行的。
◇ MACD 指标基线。MACD 指标在基线上方表示你看到的这一段时间内的图表为强势市场，低于基线表明为弱势市场。然而，如果 MACD 指标强烈倾斜并走向基线，或者距离基线很远，那么这种解释可能会在不断变化的过程中。
◇ K 反向：任何由随机指数的交易方向快速转线是一个确认信号。不这样做，是一种强烈的否定指标。K 是对市场近期势头标识的最有价值指标，而且几乎是强制性的，至少，在 60 分钟图表中是这样的。特别是在 K 已远超 80 或低于 20 时，产生 M 或者 W 其随机性指标更为有效，绘制一个随机指标和 MACD 指标趋势线是非常有用的。
◇ K 在 80 或 20 位置交叉。尽管交叉信号往往反应较慢，滞后于市场，但 K 与 D 交叉是确认信号。
◇ K 指标达到 80 或 20 后转向。当市场主要趋势为上涨且出现超卖，那么当 K 低于 20 并在 20 上方出现交叉时，其为买入信号。同样地，当市场主要趋势为下跌且出现超买，那么当 K 高于 80 并在 80 下方转向时，其为卖出信号。尤其是在 K 中的 W 在较低水平，这是强烈的买入信号，而 K 中的 M 在较高水平为强烈的卖出信号。

◇ K 指标背离。这是和前面介绍的相反的情况，在多头市场中，当 K 达到 80 以上时，将这个位置标注为点位 1，当 K 达到 90 以上时，将这个位置标注为点位 2。同样地，在空头市场中相应的指标是 20 和 10。在指标达到 90 或者 10 时，除非是失控的市场，否则至少调整是迫在眉睫的。

◇ 通道线反向。强烈的市场，也有一种很大的可能性：当价格到达通道线时，进一步前行的潜力是有限的，回撤可能会随时出现。当价格在通道线上或者接近通道线时，确认回撤的价格。(部分交易商可能会在价格到达通道线时在相反的方向建立头寸，虽然这可能是逆趋势而为)

◇ 支撑和阻力。用来确认你所预期的反弹点位。也用来在期望突破的交易时确认参考点位，在这种情况下，你必须衡量坚持到底的可能性以及失败的可能性。支撑和阻力是设置止损位很重要的参考价格。

◇ 布林通道指标。计数正向、负向还是中性。这个指标在价格回撤后，在通道内走平时比较有用。但是，这个指标只是能说明市场将要走出的趋势强弱。一个强势的市场将会在布林线外面按趋势方向运行，除非布林通道上轨或者下轨明显失去动能，价格迂回，否则出现急速反转的可能性比较小。

其他方面

现货溢价

通常,期货市场的价格会高于现货价格或远期价格高于近期价格,期货价格表现一定的升水。但有时现货价格或近月价格也会高于期货价格或远期价格,这预示着供给和需求关系在未来将得到改善。很多强势市场和牛市市场往往发生于近月合约价格较高的时候,当然需要考虑其他市场环境和情况。并且通常发生在农产品市场中,如有临时或者季节性的影响。

美元

每一个对美国商品期货市场看多的人,都是看空美元的,因为商品正是以美元来标价的。同样的,对商品期货市场的看空也是对美元的看多。当对国际间贸易商品包括外国货币进行交易时,考虑美元相对的购买力非常重要。

交易员的诚信

核查交易员的数据,详见第15章。

基本面的新闻

这是一个评估你对供求关系基本面假设的总览。核实任何潜在的可能影响市场走向的新闻,包括任何信息,如从农产品报告到月度失业数字。你应该避免在重大消息公布前进行交易,以防万一市场反应与交易员的预期相反。当新闻的宣告没有产生交易员所预期的效果时,市场可能会有对现有趋势的巨大反抗。就算新闻产生的效果如交易员预期的那样，太多人在结果上进行交易，使得获利的念头淹没了你预期想要发生的结果，记住这句格言，一句经常被用来表明市场行为先行于市场新闻的格言：听到传闻时买入，看到新闻时卖出。

气候

当在对农产品市场进行交易时，特别是田间作物，要特别留意气候潜在的巨大影响。通常的法则是，天气的模式，一旦确立，就会沿趋势继续下去。高压地区，在夏天通常表现出晴空万里和高温，冬季则表现出低温，总体来说相当平稳。低压地区则表现相反，根据季节和纬度的不同，云量、降水和降雪都有所不同。无论如何，都要注意气候的突变。

第一通知日

你需要知道多头头寸的持有者会在什么时间接到交割通知，其中的投机者什么时候必须平仓出局或滚动交易。有时候在通知日前十天或一周内需要买入交割月份合约。有些经纪人会在通知日三天前要求退出或滚动交易，这样做是为了防止你进入交割程序的风险。你可以持有交割月份合约，可是这样做花时间，花钱，并没有任何收益。当价格运行足够高并可以进行获利时，或市场已经进入了一个向下的趋势时，投机者对不断买进来维持现有位置已不再有兴趣，那么在第一通知日附近可能会有一次显著的下降。

在第一通知日期间你可以看空，然后大多数经纪人会在合同到期三天前帮你脱身。

周五收盘

当其他参数给出交易的肯定信号，周五强劲收盘在很大概率上会致使周一有一个强劲的开盘。不过某种程度上，当稀有金属和石油合同周五强劲收盘的时候，却很有可能是个例外。很多交易员都有一个正当的理由：讨厌在周末看空。以免发生巨大的政治事件，使得价格飙升，而他们却无法改变自己的仓位。在周五收盘的时候平出亏损的，低于预期的，或者模棱两可的交易通常会付出一定的代价。如果周五收盘的时候市场没有气势，那周一开盘时，市场会有气势的可能性也相当的小了。如果你在周五平仓出局，那么下周你就可以重新开始，而不用整个周末都为交易而担心了。

月末

月末通常都会有剧烈的市场波动，也可能会突然产生与市场先前完全相反的走向。许多大型保守基金经理甚至在月末都停止交易，等待新的机会，以期他们所看好的领域下个月能有所发展。

止损

对于每一笔交易而言，如果这笔交易没有按照预期那样表现，并且损失了超过你愿意接受的数额时，你都应该止损。对于评估应该交易多少合约而言，这是一个基本的步骤。

回撤支撑/阻力位

你需要确定你已经清楚计算出了支撑和阻力位在哪里。这笔交易能有什么样的潜在利润，以及当市场与你所期相反时，你能够承受怎样的回调。由此得出，最重要的是，在哪里收手。

第18章 止损：理论与实践

止损单的原理

止损单是作为防止灾难性损失的保险而存在的。同时也是当价格移动到当前市场价格附近时，当交易开始按你预期的走向发展时，来保障资本的。卖出止损单，举例来说就是当市场价走低，达到预定值的时候，开始卖出指令。假设你在3.95美元买入了小麦，预计价格会上升，预期将超过4.00美元。你可能根据交易所预计的决定收益的前景总体的图表形式显示如果市场没有像预期一样走高的话，可能会有6分的损失风险。因此在3.89美元你设置一个卖出止损，一种初始保障止损。任何高于3.89美元价格的1/4回调仍让你停留在交易中，但当价格达到3.89美元或者突破这个价格，卖出自动激活，然后经纪人会以市场内能得到的最好的价格替你卖出所有的仓位。如果市场跳空，并低于期权价格开盘，比方说在3.87美元，期权依然会被激活，你仍然会得到现有的最好价格，就算你认为这样的价格对你来说显然已经风险过大。

相似的，买入止损单是一种当市场走高到一定水平，达到了设置的价格，能让你以现有的最好价格买入的权利。买入止损存在的理由是，如果一个市场已经走得如此之高，那它将很可能继续走高，或者说至少不会走低。买入止损单能在你看空时保障你的权益，以防市场走高超出你的容忍度，而不是像你进入市场时所预期的那样走低。

止损指令也可以进行新的交易，在市场开始突破时如上升或者下降三角形突破位置，你可能会想要用到它。你需要十分确定你想要做一笔新的交易，但你又不想等待更好的点位进场，因为不会再有更好的价格。

止损理论

记住，在每一笔交易中总有人获利。虽然止损单的激活可能是你的损失，或让你减少了获利，但对另一些人来说就给了他们机会。每一个被激活的卖出止损都把仓位交到了那些希望在低价位买入的人的手里。每一个被激活的买入止损都将仓位交到了那些希望高价卖出的人的手里，他们可能是正确的。因此，如果你只是邀请其他交易员以他们的价格和你交易的话，当你设置止损单的时候，你需要好好考虑一下。使用止损单让市场涌动和把新的资金注入市场并不完全是一回事。新的资金让市场有动力继续运行。当然，甚至很多不稳定的波动也能持续很久，使得放置止损单变得很有挑战。实际上可能会有大量预定的止损单等待激活，这些激活的止损单可以自给自足并将新的资金注入市场波动中。这就是为什么收盘价能比每日波动（甚至是重要的信息）提供更多的关于市场潜在能量信息的重要原因之一。某种程度而言，设置止损单的困难和相应风险，要比你设法进入一个刚刚完成修正的市场要小得多。

大多数时候，从交易员对主要趋势的信心和较长期走势的视野来说，止损的整个交易过程应该是具有科学性的。在强烈进场信号确定以后，那么盘后工作应该上交一笔不会威胁到止损的交易。当然，交易需要不断的监测和跟踪，应该不受当初建仓理由的限制，不要一直等待止损点位的到来，要学会主动而不是被动止损。例如，有一笔交易从一开始表现就差，那么在止损位到来前你就有充足的时间来完成止损，而不是一直被动的等待，在第19章中我们将深入讨论平仓出场信号列表。还有一种看待交易的方式，即根据近期市场的表现，判断当初进场的理由是否仍然存在且继续支持当前仓位的持有。

  从长远的眼光看，为了在新交易的干扰下生存，而不是在反复承受较小的亏损后还要考虑何时或者是否再回到市场交易中去，在意识到交易表现较差时要快速离场是值得的。例如，当你在做一笔长线交易时，在市场将走得更高之前，可能会出现在次低点卖出的信号。你怎样处理一个当时看起来很好的交易信号至关重要，市场总是在启动前去回撤支撑或者阻力。你可能止损在最低或者最高点，之后市场却按照你之前预期的方向前行，这时如果选择进场，持仓的价位比你止损的位置要差。你在整个交易流程中可能并没有做错什么，但此刻你的心里会受到极大挑战：决定是否回到市场中进场交易。

  尽管有一些真正的短线高手，但大多数交易员都是在长线中获得较大收益的，所谓长线是金，短线是银。在你判断正确的情况下，长线操作会获利丰厚，同样，在你判断错误的时候也是会亏损较多。尽管这样，从对风险平衡的角度来说，你如果能发掘市场中潜在的长线交易机会，长线操作仍然是交易的较好选择。

澳元和止损止盈的挑战

图 18-1 为 2007 年 6 月澳元外汇市场 24 小时不间断交易的 120 分钟图，其显示了设置有效止损位的挑战。

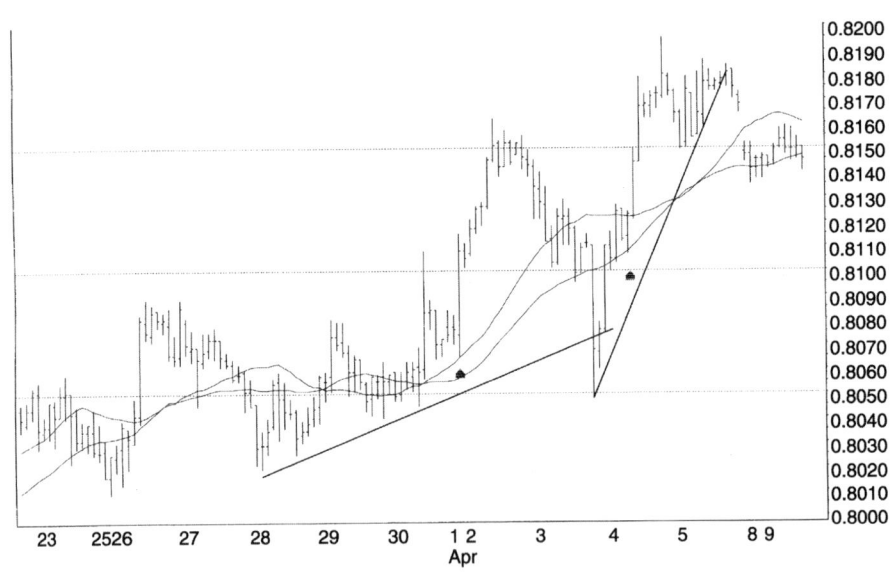

图 18-1　2007 年 6 月澳元 120 分钟图

在本图的基础上，下面的箭头位置代表两个潜在的切入点。这两个切入点建立在每周和每日图完全支持市场长期趋势的假设之上。

在第一个切入点的数天之后，市场从新高的位置下跌了 130 点。跌至过去的切入点之下，并接近底部，它打破了比较合理的趋势线。诚然，市场已接近底部可能会得到支撑，但将当天的图孤立来看，继续保持头寸需要承担较大风险。

然后，在同一天市场就出现了反弹，并留下了较长的下影线。就在几天后，市场在周日晚上开盘就有一个向下跳空的缺口，价格在随后的 24 小时内没有大涨。接下来市场像火箭发射一般再次启动，而且一去不返。在这个位置，交易员们可以讨论有关获利回吐和各种设置止损的策略以作消遣。不过，澳元日线图和同期的 120 分钟图表明，如果你做好功课并识别你认为是很有根据的交易，那么你就会判断出它合理的波动空间并继续持有（图 18-2）。

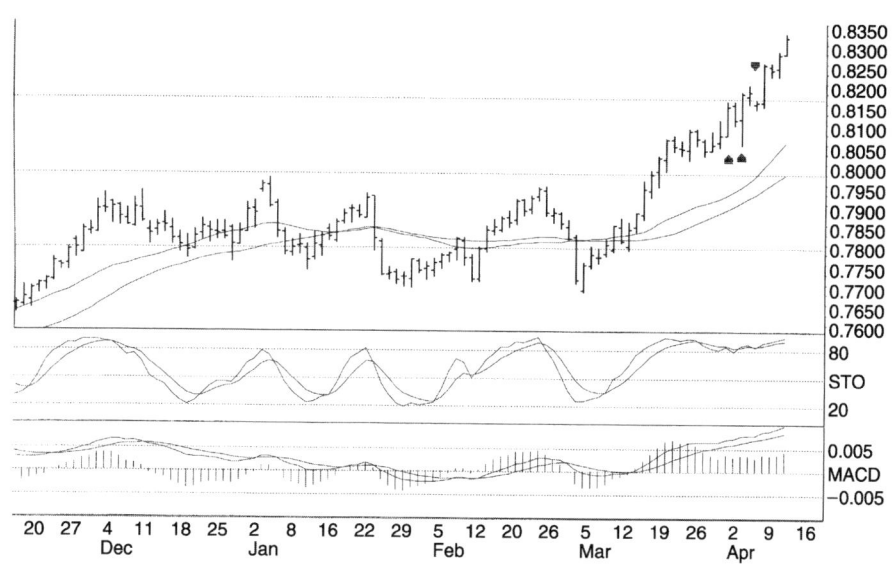

图 18-2　2007 年 6 月澳元日线图

（附 25 日和 40 日移动平均线、随机指数和 MACD 指标）

　　两个假设的切入点标有向上的箭头，向下的箭头显示了市场跳空向下的当日，就在那天市场没能回补缺口。请注意，在 3 月中旬的突破以前，澳元持续了四个月的单边行情。这个持续的时间基础有力地提高了市场在一次重大调整来临前还将有一波不错行情的可能性，更不用说趋势逆转了。

有一经验法则，任何亏损的交易都是因为你在某个地方出了差错，无论是长期的或短期的。一些交易员，特别是有短期交易倾向的人，以从不遭受损失为原则。毫无疑问，清理亏损的交易对他们有许多好处。

它为判断下一个交易清除了杂念，它可能处于一个完全不同的市场，也有可能是在你刚遭受损失的反向市场。遵守在一天交易快结束的时候清空亏损的头寸这一纪律会将大部分损失控制在比较低的水平。另一方面，仅仅因为亏损就清空所持头寸也存在很大的缺点。你很可能得到了一个不错的进场机会，那些与你预期价格走势相反的小挫折可能并不足以违反技术面的操作规则。澳元的走势说明了在回撤位置上加仓的优点，而不是平仓出局。

只在收盘时止损

波动是市场的内在特征，有时波动相当剧烈但又不足以建立一个新的方向，所以以一天的收盘价为基础设置止损经常会付出代价，这就是"只在收盘时止损"（SCO）。更具体地说，使用 SCO 而非一个普通止损点背后的想法是你愿意容忍市场表现极其不利一整天，而且就仅仅一天。然而，所有出局都需要自律，SCO 需要更多是因为你决定出局时存在着许多随机因素。

有效使用 SCO 的前提是要事先准确地建立到底什么样的支持位或价格水平是你不希望被超出的。看到一个价格水平被打破是件比较容易的事情，但毕竟还有下一个你期待能控制的价格水平。因此，本规则假设，如果一个阻碍被打破，下一个阻碍被打破的可能性也很大。

"单坏天"的做法也能在第 19 章出场位置列表中应用，以便在下一天开盘前就出局。在实践中，大多数交易所不再接受

SCO，但这并非否定了平仓和开仓的最好时机是在每天收盘阶段的这一概念。SCO 认为你应该清楚支撑位或阻力位在哪里，并期望它能真正发挥作用。如果价格在交易日快结束时超出你的容忍度，你就马上或者尽快在晚间交易时段或在第二天的开盘时段出局。

你不希望发生的事情是市场因为反弹而导致价格超出你的止损点，并将你甩在后面。假设如随机指标和 MACD 指标显示出积极信号，概率通常支持这些信号的影响胜过价格的暂时偏差。大部分的时间，按照上文对澳元交易疑问的介绍，在保护资本和在交易陷入困境前平仓出局之间，SCO 提供了平衡两者冲突的最佳折中方法。值得一提的是，SCO 往往在具有良好的信号预示市场将走向另一个方向的时候被激活，对于短期交易者来说，在进入市场的第一天更是如此。因此，考虑在与你预期相反的情况下该如何做在任何时候都是有价值的。

初始保护性止损

一个替代 SCO 的办法就是找到一个能在任意时候都能激活的止损位置。你期望市场向你预期的那样保持高位或低位。继而从这个假设，考虑到复杂图表形态的存在，止损点的选择可能会有好几个。两个最基本、最容易识别的止损点是：

◇ 决定进场交易与否的分水岭价格。
◇ 多头市场中前一个向上突破的关键位置和空头市场中前一个向下突破的关键位置。

止盈点

SCO 是有用的，但是当交易处于赢利时，在随机指数处于较高水平用它来保护多头或者在随机指数处于低位时用它来保护空头就是自找麻烦。在没有事先预兆的情况下，真正重大的不利走势在任何地方都不会发生，它们往往来自可识别的支撑位或阻力位。然而，它可以很容易发生在你忽略或低估警告信号的时候。只看市场的价格是极其不明智的，如银波动 1 美元或铜波动 10 或 20 美分。在试图权衡获利了结或继续持仓的必要性时需要不断地观察，直到市场表现告诉你出局的时机已经到来。当你看到一个强大的趋势逆转柱状图，认为是突破或者是反转时，大部分情况下，在最近一次大行情启动的极端处了结是非常有效的。有时候，你可以看到价格和趋势线相交，那里就可以作为一个止盈点。

何时使用紧贴止损

一般的规则是继续持有赢利的交易，尽快停止亏损的交易。当你以不错的价格进入一个有利可图的交易，并且这个市场的趋势保持强势，那么你就需要给出合理的波动空间，以至于不会过早出局。同样，一般原则是，你应该在回撤时寻找一个有利可图的点加仓，而不是将它们获利了结。作为提醒，你几乎肯定希望在 10 日、25 日和 40 日移动平均线或 60 分钟图表稳定波动的范围内做交易。同样的道理也适用于包含价格波动的趋势线，除非市场将要突破如轨道线之类的明显的阻力位。

但是，确实有一些时候，你不想给相反交易方向的波动留下空间——特别是在亏损的时候。这时，你需要一个小范围的止损。当你在次日开盘前回顾交易的时候，可能有足够多的模糊两可的因素让你继续留在交易中，但唯一的前提是这些因素对你明天的交易总体上是有利的。对于单一的图表来说，K线图在判断一个模棱两可的市场时特别有用。

模糊两可的表现包括：

◇ MACD指标的不良趋势，通常在日线图，同时也要看60分钟图。

◇ 在出现明显失败后坚守一波大行情。我们总是很难分清正常的反弹和趋势浪的差异，随后价格将继续朝指示的方向移动，一个彻底的回转使市场开始朝着相反的方向剧烈运动。因此，你可能没有选择，只能进入小范围的止损，然后让市场告诉你是否保留交易。

◇ 剧烈波动后的交易日。

◇ 任何不利的缺口，甚至一天。

◇ 你获得了很好的利润，市场似乎还能够保持下去，但是你怀疑随时会有一个急剧的逆转。随机指数可以在一个极端，而价格则紧贴着潜在的重要的支撑位或阻力位运行。

设置止损

一个紧贴止损的定位应该几乎总是稍稍超出整数。几乎总会有一些在市场价以下的整数位买进和在市场价以上的整数位卖出的交易意愿存在。因此，你可以确信市场有足够的保证按这一更远的价格成交。设置小范围止损时可以考虑的止损包括：

◇ 能够识别的60分钟图的头部。

◇ 前一天的高点或低点。
◇ 最近可识别的支撑或阻力。
◇ 前一周收盘价。

不要在亏损的位置加仓

虽然有一个青铜铸造般的规则，就是不应该、不能、永远不要在亏损的点位加仓，但这样做也有一些好处。假设一个在既定的趋势回撤提供了加仓的机会，而不是淘汰出局是具有一定逻辑的命题。然而，实时交易的迫切性决定了在压倒一切的情况下很多实际考虑都是具有一定逻辑的。第一，将时间弄错了一次，那么第二次也会倾向于弄错——每一次亏损交易的时间就都是错误的。第二，增加损失头寸可能会导致你最终需要承担的损失额增加。第三，这也许是最重要的，在亏损时加仓是一种性格倔强和与无限强大的市场抗争的表现。无论你对驱动市场的潜在的、理性的力量的认识是对是错，你都不能将市场经常长期处于非理性状态作为你亏损的理由。

失控的心理学

有些人让止损来做决策，这或多或少是一种可行的办法。这种方法不能替代用出场位置清单来判断你是否有必要继续交易。一份不尽人意的交易事实上完全有可能建立在另外的方向上，这样的事情常有发生。它值得不断地重复：记住当你判断正确时你可以挣到多少钱。这好比是心理镇静剂的存在，能让你从一个亏损的交易中脱身，或帮助你获得大额利润中剩余的少量利润——这当然比巨额利润变为亏损好得多，任何亏损都是不值得的，更何况是大额的亏损。

在承担损失的时候，你会发现对心态方面很有帮助。如果你判断正确，但交易却出现差错，那么你必须为自己庆贺，而不是哀叹自己的损失。你会遭受损失是绝对的肯定的事实。我们的目标不是要完全避免损失，这也是不可能做到的，但是我们需要将其保持在可控范围内。可以将日常生活中支付各种最基本和无法避免的费用当成练习，支付灾险费也是如此。

第 19 章　止损止赢：平仓策略

良好的平仓纪律

平仓远比建仓更具挑战性，所有出场的规则都是非常不完善的，大部分时间会有严重冲突。例如：市场似乎逐渐失去前行动能，事实上它可能在巩固前期的趋势且为下一个波段的运行做准备。这是很容易出错的两种方式：要么你出场太快，只抓到了一个不起眼的波段，后期市场持续趋势运行；要么你留给交易足够波动的空间，在回撤的过程中以最糟糕的价格平仓出局。很多时候平仓策略或任何其他的退出机制将你从市场的正常运行轨迹中带出去，而你本应该把握到更多，而不是以一个较差的价格将筹码轻易丢掉。

尽管存在诸多挑战，本章阐述的平仓标准和条件有着较好的平衡。首先，它提供了客观的标准，以抵御情绪为交易带来的波动。即使你对于未来行情的走势判断是正确的，但可能你认为已获利较多，可以平仓出局。其次，假设非常容易忽视市场的不良行为，乍看起来可能没有什么与常规的市场行动不同，但背离的迹象会慢慢发展后悄悄出现，因此，为了以防万一，需要时刻谨慎地对待市场。长期的成功需要永久的警惕，你需要不断地问：

"会出什么问题",所谓"战战兢兢,如履薄冰"就是经验丰富的交易者在交易实战中最真实的感受。作为一项铁的纪律,你需要评估每天的每一笔交易,包括止损止赢的位置。然后,你才能够驾驭交易,适时出局,无论这笔交易是赢利还是亏损。

大多数人都觉得平仓出局太容易了,所以我们往往对此并不重视,以致我们在较好机会面前从未充分把握过大波段,未能分享较大的行情。当行情出现时,需要严格的纪律才能将其把握于手中,最终,当你看到信号转势时,不要受情绪的影响,要相信你所看到的图表。大行情总是非常诱人的,例如,大豆在过去的一个星期里已经上涨了1美元,即使他们再回撤30或40美分,从概率上来说,市场可能会继续上涨,即使不继续上涨两三美元,也至少会上涨1美元。因此,30或40美分的回撤,可能对大豆的一个大牛市没有多大的影响意义。

平仓出局所面临的不可避免的挑战之一是各个市场之间差异很大。例如:金融市场、原油市场和金属市场上的主要趋势可以运行数年之久,而在农产品市场中,主要趋势可能只会持续数周或数月。技术分析的原则对所有市场均有效,但你必须适应市场较短或较长的周期,也要适应市场会向自己不利的方向波动运行。此外,当然,使用越长周期的图表来选择进场和出场时机,交易的次数就越少。其既可能带来较大的利润,也可能会带来较大的损失。而使用越短周期的图表则会交易次数越多,结果是既可能获得较小的利润,也可能是得到较小的损失。不管你选择的时间范围长短,短期和长期图表相协调来做出判断都是必要的。

预先平仓策略

即使看起来有更大的波段,为了避免后市的风险和获利回吐,可选择预先平仓。正如在第8章中讨论的,在日线级别的图形上，对于看涨买入的头寸，当随机指标 K 高于 80 时，预示着风险的增加，在其达到 90 或者更高的时候风险就更大。对于看跌卖出的头寸，相应的数字是 20 或者 10。超买和超卖的参考位置为在相对强弱指数（RSI）达到 70 和 30，此时需要开始关注指标。除非市场趋势持续的时间非常长，否则即使在强烈的市场趋势里，也很可能没有任何理由而突然出现明显的转折信号。

如果市场趋势继续运行的动能不足，为避免突然的回撤，补救和保护资金免受损失的措施包括设置止损和运用日内交易技术来平仓离场，这些我们将在第 22 章和 23 章中讨论。

麻烦的是一旦问题出现，市场可能早已离你而去。因此，在逻辑上表明支持当前头寸，而市场行为却不十分清楚支持保留当前头寸时，如何处理和把握交易是件非常难的事。

预先平仓的要素条件是在日内图表走势中，出现了与自己当前头寸相反方向的进场信号。这并不意味着另一个方向的开仓进场行为是合理的，我们交易的原则是：惊喜往往来自与主要趋势方向相同的交易头寸。然而，这确实意味着眼前出现不利局面的概率较大。有时相反方向的交易信号是容易识别的，但你必须非常灵活掌控。

在各个市场中，有一点是需要牢记的，在任何时刻都需问自己："场内交易商在做什么？"他们就是在等待交易对手过度的自信和自傲，他们的赢利机会也正来自于此。进场交易总是有充分的理由，但是过度兴奋却会将理由放大多倍。场内交易商的观点和机会可能是非常短暂的，但这不是问题的关键。市场中总有买方和卖方，而你的选择却不能总是正确。

容忍亏损交易

当你在亏损的时候，你可能会觉得不是你的判断错误，而是受到了时间的制约。期货市场往往不具备逻辑性和理性。正如谚语所谓：市场能够保持非理性远远超过你可以保持有债务偿还能力。这是不在损失头寸上面加仓的重要原因。很明显，对于保证金交易来说，由于你判断错了一次，造成了损失，相对于本金来说，你再错的概率是增加而不是减少了。因此，在亏损头寸上面加仓会为你不能接受亏损交易而付出代价，在合适的位置适时止损是非常必要的。

令人惊奇的是往往会有这样的交易：它永远不会向你选择的方向进行或者一直没完没了地向着和你头寸相反的方向运行，你从一开始就是错误的。还有种情况也值得注意：你进场的理由总是不断遭到否定，直到你最终止损。对于以上种种情况的交易损失，你的安慰就是：无论损失多少，你总会想着如果你判断的是对的，你会获利多少多少空间。

每个交易者都会犯错误，有时，刚进场建仓，不久就又平仓出场。这可能不是因为亏损，而是你在市场中陷入了僵局。更多的时候，即使实际上并未亏损，由于心理上和资金面没有充分的理由，交易也不再随着时间的推移而延续。交易者很少以一定数量的否定指标来衡量交易，因此，你可能将这笔交易放弃，之后再去寻找一个又一个。

让赢利运行

对亏损交易不能容忍的必然结果是避免获利回吐，虽然后市可能会有更多的利润。市场总是像匹野马，有时会猛然冲出去、逃跑、转弯。你只需稍微看下这张市场长期走向图表，你就能得知如果当时平仓，我们将能获得多少利润。然而，更仔细地观察同时也告诉我们，在期货交易中被击败是多么的简单，而重返市场又是多么的艰难。

在一次例行相对长期的交易中，2007年6月日元从8749下降至

8100达三个多月之久，一共波动约650个点。在这波下跌行情过程中有两次约150点幅度的回抽，但其并没对趋势有任何影响。

让利润运行当然不意味着和交易结婚。即使是最成功的交易也有其开始、中间过程和结束。您不能永远留在任何一笔交易之中，尽管你可能，至少在理论上可能，可以几年长期持有股票指数合约，甚至整个90年代都一直持有。统计学上的一种怪现象就是只要在某个商品的期货市场上存在一些每年都会发生的获得巨额利润的交易机会，尽管交易者采取能维持获利的交易策略，多数的期货交易仍会亏损。

持仓的主要原则

当你的头寸刚好处于一个大波段当中时，获利自然是很必然的事情，关键是你需要些标准和指导原则来决定是否继续持有头寸，而不会因为临时的波动和回撤甚至是较大的回吐将你震仓出局。当然，有时候这些原则也会让你亏损，但是总体来说，它们会产生更多的赢利。原则的扩展就是利润应该放大，损失应该可控。

第一条原则，实际上不是原则，而是一个提醒，即你真的需要从长期连续图表出发去思考行情，如周线图以及月线图，你此时所感受到市场可能正处于更长周期的运行之中。即使是一个重大的牛市或熊市，你也应该去想回撤可能有多大。你应该准备锁定利润或在区间、通道运行反向突破后输入止损，因为你无力承受原油10美元或黄金50美元的回撤力度。之后，你也许能够有更好的建仓机会来把握这波大行情。

持仓的原因

原则上，在趋势仍有效运行时你会继续持仓，通常持有头寸的标准包括以下三条：
- ◇ 经过三点确认的趋势线未被突破。
- ◇ 日线图上的缺口未被填补。
- ◇ MACD没有走弱或转势。

指标预警

以下指标预警应用于各种时间级别的图表：
- ◇ 买入头寸后，随机指数在90K或更高；卖出头寸后，其在10或更低。
- ◇ 市场紧贴着轨道运行或突破它，并随机指数延长。
- ◇ 第二个不利的转势：MACD指标快线（M或W）——根据整体市场情况，有可能是向相反方向交易的入场时机。
- ◇ 在谷物期货中，在生长季节要密切关注天气变化。预测可能会转变即使是最根深蒂固的市场趋势。转折可能不一定确立一个新的方向，但天气因素会即时明显改变技术指标，而你不想处在一个急剧逆转的过程中。

止损止盈

保持交易获利必不可少的原则即是**止损止盈**。（或接近止损止盈位置，因为你不能放弃所有的判断）有时，你甚至有理由在相反方向建立头寸。当止损止盈信号出现时，目标是完成一笔好的交易，或者在反转来临前及时止损止盈以便利润最大化或者损失最小化。
- ◇ 岛形反转。
- ◇ 黄昏之星或早晨之星。
- ◇ 突破趋势线。但这种情况往往需要判断趋势线的陡峭性。

然而，即使趋势线陡峭，当它被突破时，往往也是重大转折的前兆。趋势线被突破表明，市场正在失去沿原趋势运行的动能。

◇ 第二个重大关键反转形成上涨趋势，未能创新高而形成次高点；或者在下跌趋势中，未能创新低，而形成次低点。

◇ 日线图出现"之"字图形。

◇ 出现"之"字图形且反转迹象在K指标中有所体现，尤其是市场趋势运行了很长时间，并出现了超买或超卖迹象。

◇ 到达长期的图表目标位：如2006年黄金白银突破多年历史高点。

◇ 在巨大的价格波动后出现MACD的不利趋势指标，特别在月线和周线级别。

离场指标的运用

大部分时间，当无论持仓或是平仓都不明显的时候，表19-1中的各项指标值得借鉴。许多标准都是基于市场趋势运行的动能建立的，因此不可避免有着缺陷。例如这些指标可能恰好在完成回撤结束后给出平仓信号。尽管这样，你还是可以在指标适合时再重回市场。

注意提示：对号标志表示平仓离场，X标志表示继续持仓。当然，只要你前后一致，你可以相反标记。

将平仓离场时机完全建立在这个列表的指标中是不切实际的。在最终的分析中有太多的变量和判断规则。当然，判断的一部分是考虑在相反方向交易的情况。在行情运行的顶部和底部，这种考虑可能有很多优势。

表 19-1　离场指标列表

市场 _____ 日期 _____		
标注：✓ ✗	日线	小时图
1. %K水平：80/20-90/10		
2. %K反向		
3. %K交叉		
4. %K指标达到80/20-90/10后转向		
5. 支撑和阻力的目标位		
6. 25单位移动平均线方向		
7. 40单位移动平均线方向		
8. 缺口		
9. 缺口：两天收市原则		
10. 关键逆转		
11. 穿头破脚		
12. 双逆转		
13. 林达尔指标		
14. 价格呈Z型曲线折前进		
15. 柱状线价格行为		
16. 通道的逆转		
17. 布林通道		
18. 周线逆转		
19. MACD指标转向		
20. MACD指标交叉		
21. MACD指标基线		
22. 移动平均线/趋势线		
23. 支撑和阻力		
离场指标合计		
继续持仓指标合计		
净离场（持仓）指标合计		

其他核查指标：现货溢价_____　美元指数_____　基本面的消息_____　天气_____
交割通知_____　周五收盘_____　月末_____　止损_____
回撤支撑/阻力位_____

这是很有用的方法，你不能期望得到比市场运行的空间更多，有时得到的只是很小的部分，甚至是损失。无论哪种方式，指导原则是要记住你成功把握一个好时机并以一个好位置建仓，你能从那几个真正的大赢家那里赚多少钱。

◇ K 水平：80/20-90/10。随机指标是最佳的技术信号之一。与其他指标相比，它比较客观，因此，它们有助于执行有序的交易。多头头寸是在 K 处于较高位置时容易有一个回调，空头头寸在 K 处于较低位置时容易有一个回抽。

◇ K 在 80 还是 20 水平取决于你的头寸是多头还是空头，另外一个参考位置为 90/10 的水平。除非在极特别的情况下，90/10 水平几乎总是迹象表明市场超速发展，回撤可能在任何时刻发生，并且孕育着潜在的强大动能。

◇ K 反向。这是参考指标，在任何交易中，转势的确立首先是将可能发生的回撤预警。单一的指标一般不会引起转势的发生，除非其他的指标和迹象也纷纷有显示。

◇ K 交叉。

◇ K 到达 80/20-90/10 位置后转向。当 K 一直高于 80 或低于 20，然后从该位置转向运行时，为反对交易计数一次。极端的走势受到了强大的压力，但市场本身常常自我缓解压力，标志着开始回撤。如果第二次发生，再计数一次。如果在过去十天内，K 从超过 90 或低于 10 的位置转向就再计数一次。

◇ 支撑和阻力的目标位。价格总是会到达明显的目标位，无论是水平支撑还是阻力线、通道线或重要的前高前低点，尽管不是每次都是这样，但大多数时候是的。根据不同的目标水平以及市场行为，有时平仓出局，观望潜在逆转的发展，或者至少设置止损是必要的。在一个强烈的趋势的市场中，在价格突破进入新的运行状态之前通常有些犹豫。

◇ 25日均线的方向。如果该方向和交易的方向相反，有可能你和市场已经反向了。

◇ 40日均线的方向。同上述25日均线方向解析。

◇ 缺口。当市场走入尾声的时候，缺口往往是致命的，单一的一个不利缺口可能成为出场的信号。通常，缺口的是指开盘价和收盘价之间的关系，并不是指两个K线之间完全分离。

◇ 缺口——两天收市原则。不像进场信号，为三天收市原则，平仓策略通常根据两天内缺口是否回补来做判断。

◇ 关键逆转。请注意，在第3章关键逆转的定义。单一的强烈反转可能不是预示着此趋势结束，而正是显示了市场太强势。

◇ 穿头破脚。穿头破脚的走势绝不是代表回撤的开始，但至少说明了市场有着很大的压力要求回撤。

◇ 双逆转。双重不利的逆转，无论是收盘价反转或是最高/低价逆转。值得注意的是，这种逆转复制了多少次，第二次发生时计数一次。当在一个多头市场未创新高和在一个空头市场未创新低，这通常是平仓的信号。

◇ 林达尔指标。这基本上是重复第五条，为平仓策略再增加一条。

◇ 价格呈Z型曲折前进。不要忘记花时间去看K线图，看它正在如何形成。你真的需要至少完成月线或者周线的周期，以此作为计数平仓的指标。当图形清晰可见时，也就是离强制操作很近了。当有三重底或三重顶完成时，多计数一次。

第 19 章 止损止赢：平仓策略

◇ 柱状线价格行为。这可能需要一个相当主观的解释。观察关键的反转类型的市场行为，所谓关键反转类型是指预示着市场尾声临近并相应开始朝向相反的方向运行。

◇ 通道的逆转。这基本上是重复第五条描述。你需要一个非常强大的市场来预示价格会冲出通道，但也有许多不那么清楚的小迹象。有些最剧烈的回撤发生在价格将要到达通道线但未到达。相反，不利的指标，包括价格行为，在价格走到那么远之前就开始转向。

◇ 布林通道。在这里，你需要判断。强势的市场将沿着布林通道上轨运行。观察何时开始价格失去速度和动能，改变趋势的方向。布林通道在趋势不是特别强的时候特别有用的。

◇ 周线逆转。就其本身而言，一次周线级别的反转可能不会是主要趋势运行结束的信号，但是，这当然是对市场的一个预警，说明原运行趋势前行正承受着较大的压力。第二个不利的逆转，双逆转，或不利的林达尔价格规则表示着出局的信号。

◇ MACD 指标转向。MACD 指标很可能滞后于指标 K 因为它反应较慢，对市场反映不够灵敏。即使是一个单一的转向都可能表明趋势的势头在发生改变。不利的周线或月线级别的 MACD 指标很可能出现向相反方向交易的信号。

◇ MACD 指标交叉。MACD 指标交叉印证回调将开始的可能性，

◇ MACD 指标基线。这是一个重要的指标，其预示着主要趋势无论是上涨或下跌。MACD 指标在基线上方表示为强势市场，低于基线表明为弱势市场。但是，你必须参考历史图形和走势来解析指标。当你与主要趋势的方向同行

时，继续持有而不是平仓出局。

◇ 移动平均线/趋势线。这是最重要的关键技术指标，为了方便及时出局，应使用一个陡峭的趋势线，而不是等待价格回撤至较缓的趋势线。一旦突破陡峭的趋势线后这是非常可能发生。当价格是贴着趋势线运行，你预期会继续保持，可以持有，那么计数为负。然而，趋势线突破可能会要求立即出局。移动平均线则需要更多的判断，但在正常的趋势反弹预示着这是一个加仓位置，而不是平仓。最好的交易都不会大大超过了 40 日均线，原有趋势被突破可能预示着即使有反弹也不会太强势。

◇ 支撑和阻力。支撑和阻力位成功测试可能较好的预示着你可以继续持仓而不是过早地结束交易。但是，突破了经确认的支撑或阻力位很可能意味着要强制性出局。假定支撑或阻力有效性的意识来自衰竭缺口的概念。当然，在行情接近尾声的时候注意出现这些缺口。

其他方面

美元

每一个对美国商品期货市场的看多的人，都是看空美元的，因为商品正是以美元来标价的。同样的，对商品期货市场的看空也是对美元的看多。当对国际间贸易商品包括外国货币进行交易时，考虑美元相对的购买力非常重要。

交易员的委托事项

详见第 15 章。

第19章 止损止赢：平仓策略

基本面的新闻

这是一个评估你对供求关系基本面假设的总览。核实任何潜在的可能影响市场走向的新闻，包括任何信息如从农产品报告到月度失业数字。你应该避免在重大消息公布前进行交易，以防万一市场反应与交易员的预期相反。当新闻的宣告没有产生交易员所预期的效果时，市场可能会有对现有趋势的巨大反抗。就算新闻产生的效果如交易员预期的那样，太多人在结果上进行交易，使得获利的念头淹没了你预期想要发生的结果，记住这句格言，一句经常被用来表明市场行为先行于市场新闻的格言：听到传闻时买入，看到新闻时卖出。

气候

当在对农产品市场进行交易时，特别是田间作物，要特别留意气候潜在的巨大影响。通常的法则是，天气的模式，一旦确立，就会沿趋势继续下去。高压地区，在夏天通常表现出晴空万里和高温，冬季则表现出低温，总体来说相当平稳。低压地区则表现的相反。根据季节和纬度的不同，云量，降水和降雪都有所不同。无论如何，都要注意气候的突变。

第一通知日

你需要知道多头头寸的持有者会在什么时间接到交割通知，其中的投机者什么时候必须平仓出局或滚动交易。在投机者持有异常大量的持仓头寸时，越接近交割月其较高的价格会越发变得脆弱。

周五收盘

当其他参数给出交易的肯定信号，周五强劲收盘在很大概率上会致使周一有一个强劲的开盘。不过某种程度上，当稀有金属和石油合同周五强劲收盘的时候，却很有可能是个例外。很多交易员都有一个正当的理由：讨厌在周末看空。以免发生巨大的政治事件，使得价格飙升，而他们却无法改变自己的仓位。在周五收盘的时候平出亏损的，低于预期的，或者模棱两可的交易通常会付出一定的代价。如果周五收盘的时候市场没有气势，那周一开盘时，市场会有气势的可能性也相当的小了。如果你在周五平仓出局，那么下周你就可以重新开始，而不用整个周末都为交易而担心了。

月末

月末通常都会有剧烈的市场波动，也可能会突然产生与市场先前完全相反的走向。许多大型保守基金经理甚至在月末都停止交易，等待新的机会，以期他们所看好的领域下个月能有所发展。

止损

对于每一笔交易而言，如果这笔交易没有按照预期那样表现，并且损失了超过你愿意接受的数额时，你都应该止损。对于评估应该交易多少合约而言，这是一个基本的步骤。

回撤位和支撑位

你需要确定你已经清楚的计算出了支撑和阻力位在哪里。这笔交易能有什么样的潜在利润，和当市场与你所期相反时，你能够承受怎样的回调。由此得出，最重要的是，在哪里收手。

第20章　案例分析：买入合约

买入2007年4月RBOB合约

由教科书中得知汽油作为一种复合物，其能够产生良好的贸易机制，为了把握入市时机，需要把一些数据结合起来观察。你必须做好充分的准备工作，以便于在确切的时间内能够抓住时机，从而取得可观的收入回报和控制风险。

在2007年的第一个星期里，由于汽油仍在市场上占主要份额，所以石油价格处于相对的低位。据美国石油组织公布的数据显示，石油库存数量同比已经开始减少，供需基本面关系开始出现缺口。从技术面上分析，我们在月线图上可以明显看到又重新出现了上升趋势，并形成了一个W底的形态（图20-1）。

另一方面，在周线图上显示为熊市（图20-2）。

在日线图上走势难以辨明，但正在形成一个潜在的、新的上升趋势（图20-3）。

在最后一张图表里，60分钟图发展形成一个向上三角形，当其他的指标都确认时，这是最强有力图表形态之一（图20-4）。

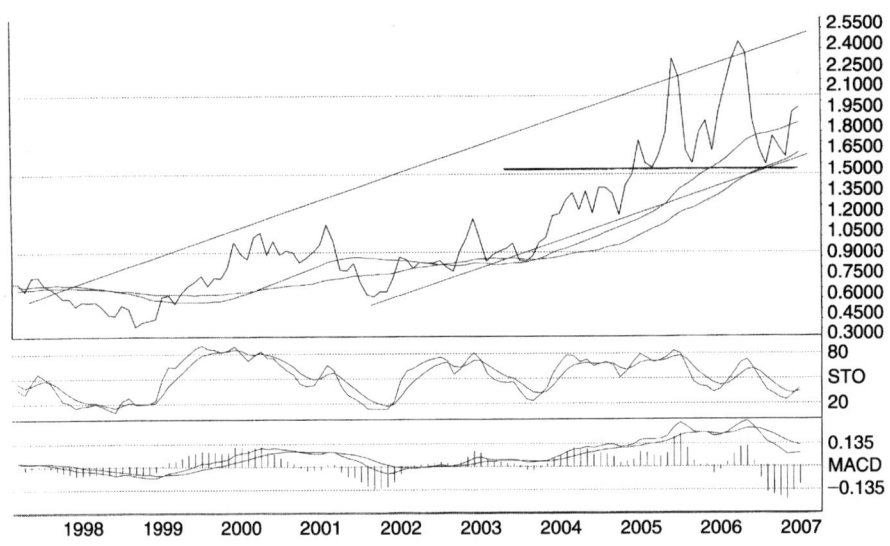

图 20-1　库存混合油月度线状图（附随机指数、MACD 和 25 及 40 单位移动平均线）

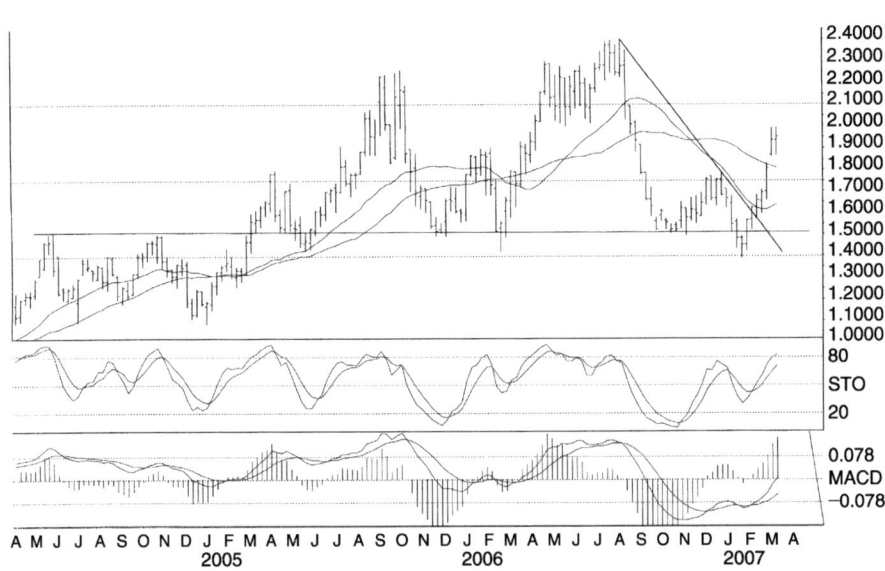

图 20-2　库存混合油周线图（附随机指数、MACD 和 25 及 40 单位移动平均线）

第20章 案例分析：买入合约

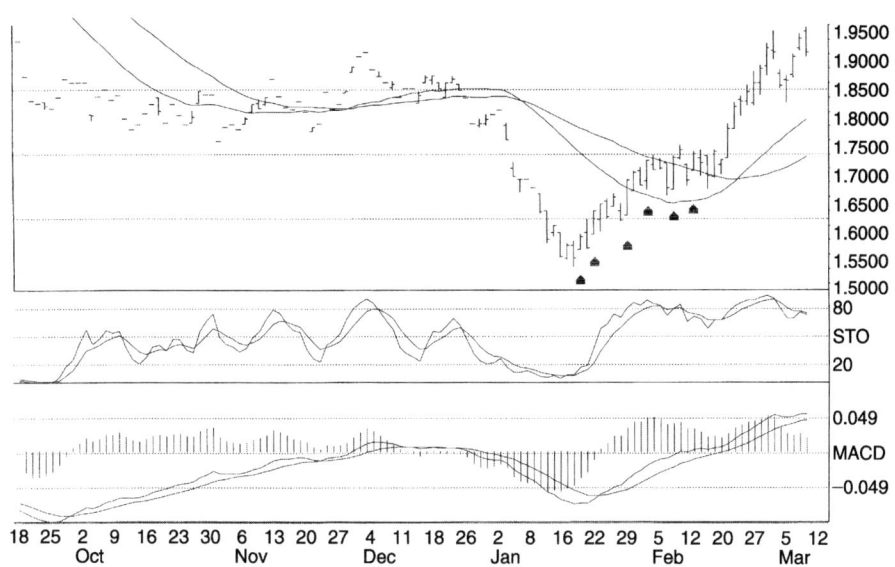

图20-3 库存混合油日线图（附随机指数、MACD和25及40单位移动平均线）

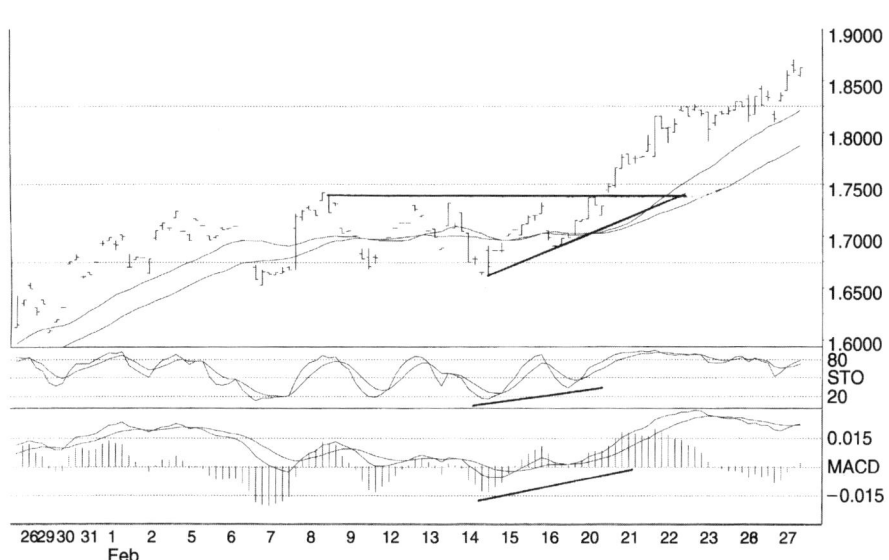

图20-4 库存混合油小时图（附随机指数、MACD和25及40单位移动平均线）

在月线图上可以看到，汽油价格在1.50美元处形成了强有力的支撑，此时得克萨斯州的轻质原油价格为50美元。起初，仅仅因为价格成功测试了支撑位水平，似乎还没有必要急于买入，但随着一个 W 底的形态在月线图上形成，开始引起了市场的关注。鉴于巨大和持久的回撤显得非比寻常，25 月和 40 月移动均线仍稳稳的位于一侧，而此时跟随这些移动平均线及长期向上趋势线的变化，市场亦开始转向。理论上，在月线图上随机指标与 MACD 一同出现，但在支撑位出现一个主要趋势的反转时，可以通过更长的时间周期，来合理地调整期货交易。无论如何，价格会随着上升趋势线上涨，但其亦从通道的顶部回撤过两次[1]（见表 20-1）。

月线图上的买入信号

◇ 价格规则信号未确认，但也许会发生改变。
◇ 价格锯齿形态确认。
◇ 20 单位移动平均线方向确认。
◇ 40 单位移动平均线方向确认。
◇ 移动平均线、趋势线反转确认。
◇ 趋势线突破不适用。
◇ 跳空、岛型不适用。
◇ 缺口：三日收市原则不适用。
◇ 反转组合不适用。
◇ 林达尔、双重反转不适用。
◇ 穿头破脚形态不适用。
◇ 价格走势确认。
◇ 周线价格反转不适用。
◇ MACD 指标无背离。
◇ MACD 指标无交叉。

---

[1] 周线和月线图表显示的结果是将旧的港口无铅汽油合约合并于库存混合油期货合约中，并取代前者。

第20章 案例分析：买入合约

◇ MACD 指标柱形统计图确认。

◇ MACD 指标基线确认。

◇ KD 指标背离确认。

◇ K 与 D 无相交。

表 20-1 进场指标列表

市场 2007年4月XRB合约　　买/卖 买入　　价格 17660　　日期 07年2月21日				
标注：✓ ✗	月线	周线	日线	60分钟
1. 价格规则信号	✗	✓	✓	✓
2. 周线及月线价格折线	✓	✓	✓	✓
3. 25单位移动平均线方向	✓	✗	✓	✓
4. 40单位移动平均线方向	✓	✗	✗	✓
5. 移动平均线和趋势线的反转	✓	✓	✓	✓
6. 趋势线有效突破	—	✓	✓	—
7. 缺口和岛型形态	—	—	—	✓
8. 缺口				
9. 反转组合				
10. 林达尔反转	—	—	✓	—
11. 价格柱状线表现	—	—	—	—
12. 柱状线突破	✓	✓	✓	✓
13. 周线反向	—			
14. MACD指标反向	✗	✓2	✓	✓2
15. MACD指标交叉	✗	✓	✓	✓
16. MACD柱形统计图	✓	✓	✓	✓
17. MACD指标基线	✓	✗	✓	✓
18. %K反向	✓	✓2	✓2	✓2
19. %K在80或20 位置交叉	✗	✓	✓	✓
20. %K指标达到80或20后转向	—	—	—	—
21. %K指标背离				
22. 通道线反向	—	—	—	—
23. 支撑和阻力	✓	—	—	—
24. 布林通道指标	✓	✓	—	✓
全部对号合计	8	13	15	16
全部错号合计	4	2	1	0
净对号合计	4	11	14	16

其他核查指标：现货溢价 ✓　　美元指数 ✓　　基本面的消息 ✓　　天气 ✓
交割通知 ✓　　周五收盘 ✓　　月末 ✓　　止损 *169.50*
回撤支撑/阻力位　　　　*171.00　　166.25*

◇ KD 指标取值范围 80/20—90/10 不适用。

◇ KD 指标从 80/20 改变不适用。

◇ 反向通道线不适用。

◇ 支撑、阻力位确认，且支撑牢固。

◇ 布林通道确认。

周线图上的买入信号

◇ 价格规则信号确认。

◇ 价格锯齿形态由具体四月份的合约确认。

◇ 20 日移动平均线方向未确认。

◇ 40 日移动平均线方向未确认。

◇ 移动平均线、趋势线反转确认。

◇ 价格突破了中间阶段的下降趋势线。

◇ 跳空、岛型不适用。

◇ 三种跳空类型不适用。

◇ 反转组合不适用。

◇ 林达尔、双重反转不适用。

◇ 外部柱状线不适用。

◇ 价格走势确认。

◇ 周线价格反转不适用。由于市场波动剧烈，以至于无法从周价格的低点下方持续走高。

◇ MACD 指标形成底背离。

◇ MACD 指标交叉确认。

◇ MACD 指标柱形统计图确认。

◇ MACD 指标基线未确认，尽管有迹象表明呈现牛市。

◇ KD 指标顶、底背离确认。

◇ K 与 D 相交确认。

◇ KD 指标取值范围 80/20—90/10 不适用。

◇ KD 指标从 80/20 改变不适用。

◇ 反向通道线不适用。

◇ 支撑、阻力位不适用。这里是价格突破的一个关键位置。

◇ 布林通道不适用。

日线图上的买入信号

◇ 价格规则信号确认。

◇ 价格锯齿形态确认。

◇ 20 日移动平均线方向确认。

◇ 40 日移动平均线方向正处于形成阶段，有待确认。

◇ 移动平均线、趋势线反转确认。随着一条紧密的、新的上升趋势线的形成，而出现了一个新的上升三角形。

◇ 从周线图上可以看到，下降趋势线已经被突破了。

◇ 跳空、岛型不适用。

◇ 三种跳空类型不适用。

◇ 反转组合确认，然而有点不明显。

◇ 林达尔、双重反转确认，然而有点不明显。

◇ 外部柱状线不适用。

◇ 价格走势强烈确认，但是只有当确定突破并保持其状态时。

◇ 周线价格反转不适用。

◇ MACD 指标形成背离。

◇ MACD 指标交叉确认。

◇ MACD 指标柱形统计图确认。

◇ MACD 指标基线确认。

◇ KD 指标背离，两点确认。

◇ K 与 D 相交确认。

◇ KD 指标取值范围 80/20—90/10 不适用。

◇ KD 指标从 80/20 改变不适用。

◇ 反向通道线不适用。

◇ 支撑、阻力位不适用。假定在上升三角形中存在一个较好的突破点。

◇ 布林通道不适用。

六十分钟图形上的买入信号

◇ 价格规则信号确认。

◇ 价格锯齿形态确认。

◇ 20 日移动平均线方向确认。

◇ 40 日移动平均线方向确认。

◇ 移动平均线、趋势线反转确认。反弹起的新的趋势线形成了斜对称上升三角形。

◇ 趋势线突破不适用。

◇ 跳空、岛型确认，尽管由于低流动性而显得有点不明显。

◇ 三种跳空类型不适用。

◇ 反转组合不适用。

◇ 林达尔、双重反转不适用。

◇ 外部柱状线不适用。

◇ 价格走势确认明显。

◇ 周线价格反转不适用。

◇ MACD 指标背离、两点确认明显。

- ◇ MACD 指标交叉确认。
- ◇ MACD 指标柱形统计图确认。
- ◇ MACD 指标基线确认，正处于相交状态。
- ◇ KD 指标背离、两点确认明显。
- ◇ K 与 D 相交确认。
- ◇ KD 指标取值范围 80/20—90/10 不适用。
- ◇ KD 指标从 80/20 改变不适用。
- ◇ 反向通道线不适用。
- ◇ 支撑、阻力位不适用。
- ◇ 布林通道确认。下轨带正好把价格包含在内，形成一条圆弧。

其他需要确认的几点

- ◇ 现货溢价。不适用于普通的持仓交易市场。
- ◇ 美元货币。当持有美元货币时，鉴于会出现贬值的情况，于是就会产生投资偏好。
- ◇ COT。交易商持仓报告显示了非可报告持仓净值为 9，然后会加到头寸上，它们可以增加得更多，然而对于商业空头头寸仓单数量-9 来说，有些难以消化。
- ◇ 消息。在石油市场上所有的消息都对多方有力。
- ◇ 汽油库存年复一年的减少使得现货资源出现短缺。
- ◇ 天气不作为一个因素。
- ◇ 第一通知日（FND）。FND 不能延期到下个月，如在 3 月还只剩下几天的情况下，不能用 4 月的合约进行交割。
- ◇ 周五收盘价不适用。
- ◇ 月末不适用。

◇ 止损位：169.5，价格离得较但足以避免灾难性损失。

◇ 支撑位：171、166.25。

评论

在考虑如何进行交易时，总存在一些问题需要处理解决。然而，需要尝试着把技术分析和供需基本面结合起来进行假定，这样才能在交易种取得良好的收益。当从高位回撤太巨大，以至于失去大部分盈余时不要失去信心。这也说明了市场已经完成了调整，将重新步入正轨。

回顾总结

汽油市场的走势相对清晰可见，独立于上升三角形之外价格进行飙升。在进入五月的合同后，价格涨跌互现，但总体仍保持相对稳定的上涨势头，从 10 日移动平均线可见，那个反转收盘价除外。由 1.766 买入，价格在四月的第一个星期的最后一个交易日达到了 2.140，此时赢利超过 15000 美元。在此过程中，价格也发生过一些巨大的波动，如从 1.940 美元跌至 1.815 美元，损失了 5250 美元，但整体影响不大。在交易过程中，选择好的入市点是非常重要的，可以帮助你在市场发生巨大的波动时，经得住打击。对于许多与这种情形相似的期货市场来说，试图逆市进行交易是非常困难的。

第 21 章　案例分析：卖出合约

卖出 2007 年 3 月铜合约

铜在市场每次出现牛市时，都取得了傲人的成绩。从 1999 年 60.90 美分的低位，到 2006 年 5 月 4.16 美元的顶峰。似乎市场忽略了供需基本面的关系，而使得价格非常不合理的站上 4 美元的位置，但是在一路飙升至 2 美元，3 美元，最终达到 4 美元的过程中，你不会去尝试着在这个强烈的单边市场中做空，直到趋势被明显的打破为止，此时则会变为另一个趋势的起点。牛市艰难的宣告终结。然而，直到 2006 年末市场才出现明显的下跌趋势。此外，亦触发了从现货溢价到持仓交易市场转变。这就是说，近期的期货交易不再需要进行升水，这作为强牛市时期的特征而贯穿整个牛市。清单上列举了做空时的情况（表 21-1）。

月线图上的卖出信号

从铜的月线图可以看到，7 月至 11 月，价格柱状图的低点依次上升，此外，出现一个小幅的下跌走势，价格柱状图的低点也依次下降（图 21-1）。

表 21-1 进场指标列表

ENTRY CHECKLIST

市场 三月金属铜合约　　买/卖 卖出　　价格 309.45　　日期 2006年12月12日				
标注：✓ X	月线	周线	日线	60分钟
1. 价格规则信号	✓	✓	✓	✓
2. 周线及月线价格折线	✓	✓	✓	✓
3. 25单位移动平均线方向	X	✓	✓	✓
4. 40单位移动平均线方向	X	X	✓	✓
5. 移动平均线和趋势线的反转	—	✓	✓	✓
6. 趋势线有效突破	✓	—	—	✓
7. 缺口和岛型形态	—	—	—	—
8. 缺口	—	—	✓	—
9. 反转组合	—	—	✓	—
10. 林达尔反转	✓	✓	✓	—
11. 价格柱状线表现	—	✓	✓	—
12. 柱状线突破	—	✓	✓	—
13. 周线反向	—	✓	—	—
14. MACD指标反向	✓	✓	✓	✓
15. MACD指标交叉	X	✓	✓	✓
16. MACD柱形统计图	✓	—	✓	✓
17. MACD指标基线	X	X	✓	—
18. %K反向	2	✓2	2	✓
19. %K在80或20 位置交叉	✓	✓	✓	✓
20. %K指标达到80或20后转向	2	—	—	—
21. %K指标背离	✓	—	—	—
22. 通道线反向	—	—	—	—
23. 支撑和阻力	—	X	—	✓
24. 布林通道指标	—	—	—	✓
全部对号合计	11	14	18	14
全部错号合计	4	3	0	0
净对号合计	7	11	18	14

其他核查指标：现货溢价 ✓　　美元指数 ✓　　基本面的消息 ✓　　天气 ✓
交割通知 ✓　　周五收盘 ✓　　月末 ✓　　止损 316.50
回撤支撑/阻力位 _____

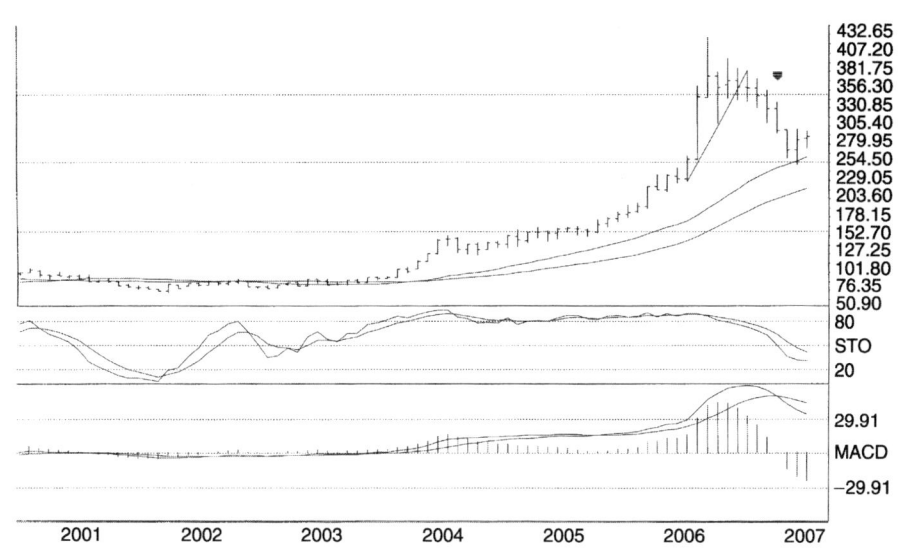

图 21-1 金属铜连续合约月线图（附 25 月和 40 月移动平均线和随机指数、MACD 指标）

◇ 价格规则信号确认。

◇ 价格锯齿形态确认。

◇ 20 日移动平均线方向未确认。

◇ 40 日移动平均线方向未确认。

◇ 移动平均线、趋势线反转不适用。

◇ 趋势线突破确认。

◇ 跳空、岛型不适用。

◇ 三种跳空类型不适用。

◇ 反转组合不适用。

◇ 林达尔、双重反转确认。

◇ 外部柱状线不适用。

◇ 由于某些地方不明显，价格走势变化不适用。

◇ 周线价格反转确认。

◇ MACD 指标背离确认。

◇ MACD 指标交叉确认。

◇ MACD 指标柱形统计图确认。

◇ MACD 指标基线未确认。
◇ KD 指标背离，两点确认。
◇ K 与 D 相交确认。
◇ KD 指标取值范围 80/20—90/10，两点确认。
◇ KD 指标从 80/20 改变确认。
◇ 反向通道线不适用。
◇ 支撑、阻力位不适用。
◇ 布林通道不适用。

周线图上的卖出信号

从周线图上，我们能够得到更多的信息。价格走势会有所起伏，但趋势仍很明显，在下降趋势产生的过程中，MACD 亦加速向下（图 21-2）。

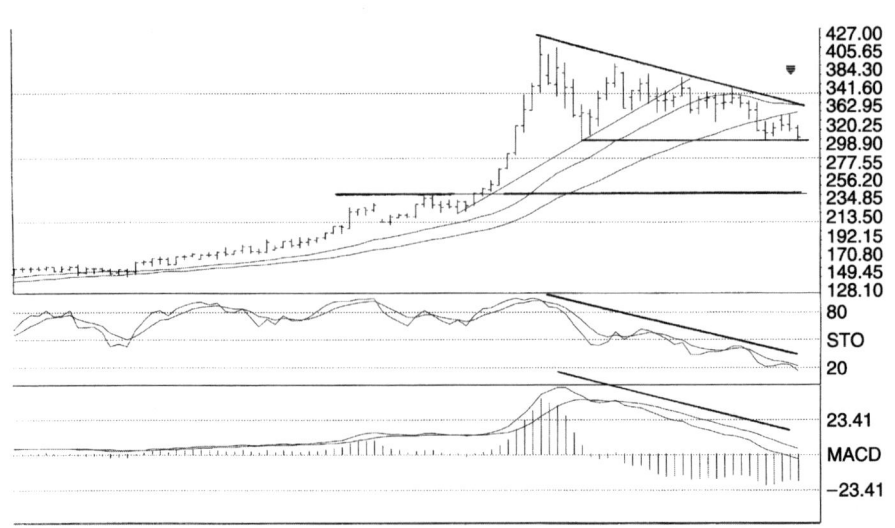

图 21-2　金属铜连续合约周线图
（附 25 月和 40 月移动平均线和随机指数、MACD 指标）

第21章 案例分析：卖出合约

◇ 价格规则信号确认。

◇ 价格锯齿形态确认。

◇ 可以判断25日移动平均线方向但还不够明显。在周线图上已调头向下，但几乎与3月保持同样平稳。价格处于这条平均移动线的下方且维持原位，说明了交易者们力不从心。

◇ 40日移动平均线方向还不明显。

◇ 移动平均线、趋势线反转。暂不讨论。

◇ 趋势线突破。价格偏离了上升趋势线。

◇ 三种跳空类型不适用。

◇ 跳空、岛型不适用。

◇ 反转组合不适用。

◇ 林达尔价格规则形成。

◇ 外部柱状线已于上周五完成。

◇ 价格走势。你无法想象能够出现比这更好的情况。

◇ 周线价格反转已于上周五完成。

◇ MACD指标形成背离，出现一个点，很可能会出现两个。

◇ MACD指标无交叉。

◇ MACD指标柱形统计图。看似配合良好，但单独来看有超卖迹象。

◇ MACD指标基线未确认。MACD可以直接通过零基线。

◇ KD指标重新调头向下并形成了一个清晰的向下锯齿形态，两点确认。

◇ K与D相交确认。

◇ 随机指标取值范围80/20—90/10不适用。KD指标目前已接近超卖区域，尽管24还不处于超卖区域内。

◇ KD指标从80/20改变不适用。

◇ 反向通道线不适用。

◇ 支撑、阻力位。有些次级支撑位能够使得价格反弹。

◇ 布林通道不适用。

日线图上的卖出信号

日线图用来确认月线图和周线图上的信号,以便能够把握最佳的做空机会,此刻不要犹豫,跟紧前进的步伐(图21-3)。

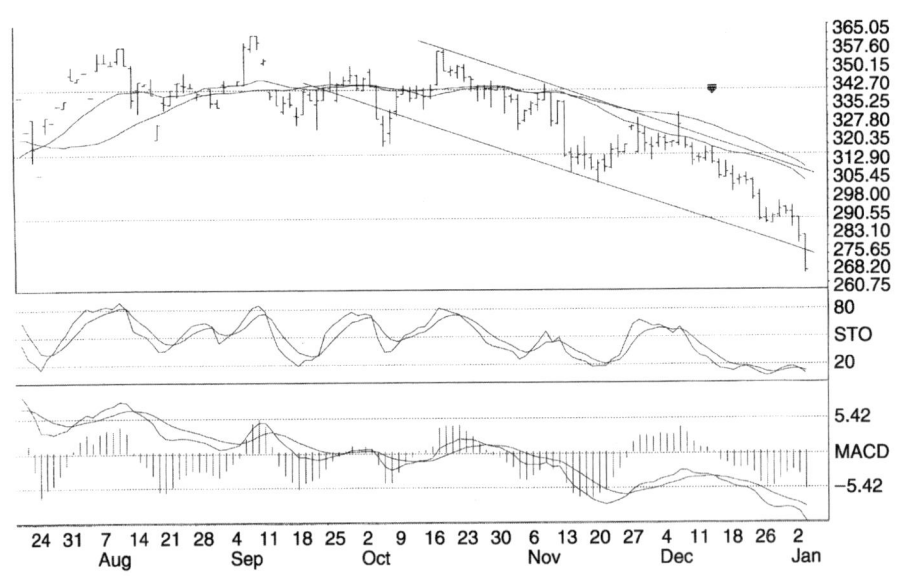

图 21-3 2007 年 3 月铜合约日线图（附 25 日和 40 日移动平均线和随机指数、MACD 指标）

◇ 价格规则信号确认。

◇ 价格锯齿形态确认。

◇ 20 日移动平均线方向确认。

◇ 40 日移动平均线方向确认。

◇ 移动平均线、趋势线反转全部确认。自从 11 月 11 日大跌

22美分以来，市场整个月都处于横向盘整阶段，随着12月5日最后一次上冲无果后，价格便沿着下降趋势线和15日移动平均线而下跌。

◇ 趋势线突破不适用。
◇ 跳空、岛型不适用。
◇ 三种跳空类型确认。
◇ 反转组合确认。
◇ 林达尔、双重反转确认。
◇ 外部柱状线不适用。
◇ 价格走势确认。你几乎找不到比这更具说服力的情况了。
◇ 周线价格反转已于上周五完成。
◇ MACD指标形成背离。
◇ MACD指标交叉确认。
◇ MACD指标柱形统计图形成稳定的下降趋势。
◇ MACD指标基线确认。
◇ KD指标背离、两点确认。
◇ K与D相交确认。
◇ KD指标取值范围80/20—90/10不适用。
◇ KD指标从80/20改变不适用。
◇ 反向通道线不适用。
◇ 支撑、阻力位不适用。尽管从周线图上可以看到支撑位正处于目前位置，但可能会发生一些变化。
◇ 布林通道不适用。

六十分钟图形上的卖出信号

60分钟图形用来确认具体的行动时间。在这张图表上显示的最后一个交易日为2006年12月12日（图21-5）。

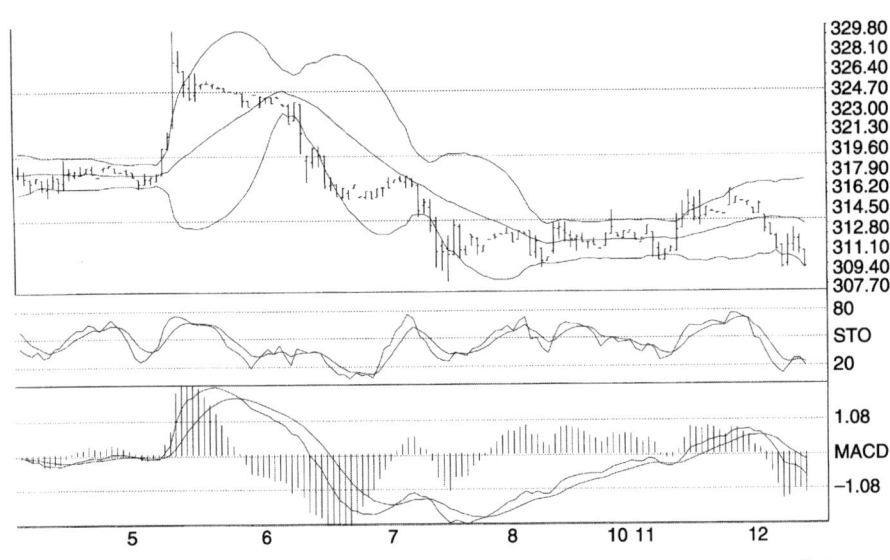

图21-5　2007年3月铜合约60分钟图（附布林通道、随机指数和MACD指标）

　　◇ 价格规则信号确认。

　　◇ 价格锯齿形态确认。

　　◇ 20日移动平均线方向确认。

　　◇ 40日移动平均线方向确认。

　　◇ 移动平均线、趋势线反转不适用。

　　◇ 趋势线突破不适用。

　　◇ 跳空、岛型不适用。

　　◇ 三种跳空类型不适用。

　　◇ 反转组合不适用。

　　◇ 林达尔、双重反转不适用。

　　◇ 外部柱状线不适用。

　　◇ 价格走势确认。

　　◇ 周线价格反转确认。

第 21 章 案例分析：卖出合约

- ◇ MACD 指标形成背离。
- ◇ MACD 指标交叉确认。
- ◇ MACD 指标柱形统计图确认。
- ◇ MACD 指标基线确认。
- ◇ KD 指标形成背离。
- ◇ K 与 D 相交确认。
- ◇ KD 指标取值范围 80/20—90/10 不适用。
- ◇ KD 指标从 80/20 改变不适用。
- ◇ 反向通道线不适用。
- ◇ 支撑、阻力位暂且确认，尽管之前几个星期存在一个次级的支撑位。现在收盘价已经重新处于新的上升趋势线的下方。
- ◇ 布林通道确认。目前看来，价格会向上测试上轨带，但是失败，然后朝下转向。现在的问题是，在之前的几个星期内，价格会不会下降到低轨带内。

其他需要确认的几点

- ◇ 现货溢价。经过一段长时间的市场格局变化，现在终于供应短缺的问题得到缓解。
- ◇ 美元货币。持有美元货币呈中性。
- ◇ COT。交易商持仓报告显示了非可报告持仓净仓单数量为 −24，商业头寸净多单数量为 30。这些数字说明了基金可以购入更多的空单和商业多单，但是并不表明看空市场，建议谨慎持有。
- ◇ 消息。股票在伦敦金属交易所内交易，无迹象表明交易冷清。

- ◇ 天气不作为一个因素。
- ◇ 第一通知日（FND）已经过期。
- ◇ 周五收盘价不适用。
- ◇ 月末不适用。
- ◇ 止损位：315.00
- ◇ 支撑位：315.75，仅仅位于两个交易日的高点上方，也包括今天的高点。

评论

从日线图上可以看到，当市场经过几次大幅下跌后到达2.60美元位置的下降过程。然而，如果你只盯着60分钟图形看，你将会看到十分戏剧性的波动。在12月13日，价格从309.45点下跌到302.60点，然后第二天回升至309.70点。一个容易紧张的人也许会退出市场，期望所有的指标都有强烈的迹象表明已出现下降趋势。

事实上，最后一次大跌几近衰竭，尽管价格艰难的到达2.38美元的低点。然而市场勉强的下跌到更低的位置，而MACD指标却早点有所显示。如果你返回去看周线图，你可以看到在2.34美元位置处存在一个明显的支撑，然后一路走高直到2006年2月，而铜价格实质上几乎到达2.90美元。

你也可以看9月、10月、11月这三个月的价格，铜在这段时间内，价格在3.01美元至3.61美元区间内呈震荡走势。用斐波那契数组推算，在1.618的水平价格为2.63美元，在2.00的水平价格为2.40美元。它揭示出了支撑阻力位处于2.40—2.70美元之间。

然而，用数学方法来推算目标价格必须依据起始点与几何假设。如果你假定 3.83 美元处于 7 月价格运行高位，而不是 9 月的话，那你将会得到一个不同的计算结果。诸如用斐波那契数组或艾略特波浪来进行推算时，正向推算远比反向推算的风险来得低。

回顾总结

铜三月合约持续下跌直到 1 月 8 日，而当中几乎没有遇到大的阻力，其先到达了 2.47 美元的低位，然后反弹上升至 2.70 美元。此时市场价格开始横向盘整，之后便跌至新的低点 238.5 美元。就在你认为熊市牢不可破时，价格出现剧烈的回升反弹。从日线图上可以看到出现了一个新的上升趋势，使得价格在 4 月重回 3.40 美元水平，远远超过了买入时的价格。在做空的判断上并没有错，但是要清楚地知道每次交易都包括开始、过程与结束，而当它结束时，你也许并不知道它已经结束了，此时需要关注其强烈的退出信号。铜的再次崛起显得非比寻常，但是从整段时间、整个市场上来看，还是可以预测到的。基金及投机商对于大量的多头头寸进行了结，使得铜价格先抑后扬。然后在价格仍低于 3 美元的时，许多矿业公司进行空头回补。当然此时市场将会吸引更多的投机商和对冲基金进行空头回补，从而使得价格开始上扬。有趣的是，当市场上铜的价格处于低位时，在伦敦金属交易所内铜的库存数量却达到了高位。

第 22 章　短期交易策略 I

优点与缺点

日内交易作为常规交易方法,有其显著优点及缺点,对于日内交易有强烈支持的也有强烈反对的。不论你的时间跨度多长,日内交易策略对于选择好的时机入市交易并预期在市场可能回调时离场而言是有宝贵价值的。假设条件是一个新的交易应该可以迅速地获得利润,如果没有,你应该准备把亏损锁定在一个很小的可以掌控的范围,而不是冒更大的险。一旦交易获利,基于利润维持的原则,你可以延长时间跨度。如果你根据每天收盘状况做交易决定,平衡证据似乎变得越来越有利。另一方面,市场在得到这一证据的过程中可能已经经过相当长的一段路,以至于好事情不会太过完美。市场可能不会继续。

一个成功的短期交易商需要非常具体和微调的策略,但不论你自己的看法如何,你仍然必须衡量长期图形的状况。否则,如果你正处于市场的错误面,主要趋势方向上的市场反转或意外,会变得不可思议。因此,很明显,你必须知道市场的方向。不需要说明,做多或做空的最初机会首先出现在主要趋势方向。其次,敏捷的日内交易商可能在市场显著超买或超卖时的周期性转折点发现巨大的双向交易机会。

在任何市场的日线图上出现最优入市机会的概率相对较低,基于周线图的概率就更低了。然而,根据日内图可以发现很多入市机会,有时候这是进入一个强趋势市场的唯一实用方法。否则,当市场出现变化时,你可能会感觉如坐针毡,要进行风险合理的新交易似乎更难控制。日内交易策略会让你立刻赚钱,否则你就会很快离场。一旦交易开始获利,是锁定利润还是为了更多的利润坚持,要处理这一问题相当简单。本质上来说,这一决定取决于在你的平仓标准发出离场信号前一直持仓。

长期交易案例

日内交易与短期交易的理由存在根本矛盾。当天入市,由于犯错或者市场与预期不一样时在同一天离场。然而,仅仅因为交易日结束而离场不是件好事,实际效果可能是将一个营利性交易截断。另外,在前一交易日收盘与下一交易日开盘之间经常出现有很强关联的巨大波动。在一个强趋势市场上,对于低价入市的长期交易者是很宽容的。对于短期交易者,入市时机选择不当很可能意味着要承担亏损。从逻辑上来说,在一个强趋势市场,你应该利用预期价格仅仅会回撤一点点并且很短暂的回调,作为增仓机会,而不是平仓了结。如果你希望在回调过程中以比离市更好的价格再次进入市场,这个概率很低。

应该较长时间的持仓,而不是在一天内进出市场一次或一次以上,这有更深层的原因,手续费和差价会让你承受不起,尽管手续费很低,由于电子交易的迅速差价也很小。考虑到手续费和差价滑移后,一个看上去良好可靠的交易系统的净利润会迅速缩水。

短期交易案例

尽管存在这些缺点，还是有很多原因支持日内交易，或者更具体地说，支持较短时间内的进场和离场。最重要的原因是市场激进后往往跟随着一段时期的调整，不一定是大的回调。从逻辑上来讲，你最好在上涨开始时进行交易，在结束上涨时了结。那么你就不需要等待下一次可能不会发生的上涨行情（尽管如此，当总趋势很强时，市场可能会走出低谷，把你抛在身后）。短期交易的另一个好原因是你可以随时结束和开始交易，休息一下去修剪草坪或者去旅行，不需要担心你不能时刻盯着交易。然而另一个原因是一个标准的日内交易者很少发生巨额亏损，因为反转头寸信号会防止交易背离你的初衷太远。当然，如果你对主要趋势有信心的话，你可能不会想改变头寸，但是一个日内交易者不会在出现反方向交易信号时等待。

存在一个大概的规则，较长时期图上信号完成的距离可能要比短期图更长，因此，日线图比 15 分钟图的距离更长。类似地，短期图上的潜在回调幅度也可能更小。因此，成功日内交易的本质是根据不同时期的图形来确定最优的进场交易时机，立刻获利并且继续下去。由于没有专业的日内交易技术，根据日内图确定进场时机的明显优势可能会被抵消，因为早盘的明显强势往往逐渐衰退直至收盘。潜在失败的主要原因是在日内图开始走强时买入，而不是在随机指标超买时买入，卖出时情况相反。总之，很多最优进场机会要求在预期市场会维持主要趋势方向的情况下确定不合理的回调。

从长期视角的反面来看这个例子，无论短期内你的观点如何，不需要理会这样一个公理——让你的利润不断滚动，而在发生亏损时及时止损。在大多数时间，会存在这样一种风险：绝大多数值得称道的短期交易系统会导致许多小的损失，并且抵消预期的收益。只有确保当发生小的损失时同时能从成功的交易中获得大额收益，才能在长期中生存下来。及时止损是好的，而在不恰当的时间止赢就未必好了。有许多强劲的走势往往先是以一个强势的收盘结束，第二天再继续跳空高开，这时为什么要止赢而将桌上唾手可得的钱弃之不理呢？另外随着夜以继日交易的出现，前一天收市和第二天开市之间可能相差很长时间。此时，当然，市场可能会显出短期超买或者超卖迹象，一些短期交易方法会提示你获利了解，而不是继续追逐利润。在另一方面，止损对于短线交易者来说是众所周知的傻瓜行为。在实战中，这需要交易者牢记不要违反这一规则：不要隔了一晚上再去了结一个亏损头寸！

所有的期货交易者都会对市场陷入一种困惑，尤其当他们以短线的视角来看市场时，期货市场的机会似乎看起来俯首皆是、数不胜数。的确机会很多，然而，进入一个新交易或者退出一个交易，需要非常精准的时机使得在风险可控的前提下最大化潜在的利润。因此当你错过一个交易机会时，只能继续等待新的交易信号，这个信号或许发生在一个完全不同的市场条件下来补救。当最佳交易机会错过时，千万不能继续追逐市场。从这个意义上来说，期货交易需要纪律。这需要耐心以等待合适的时机扣响进入交易的扳机，也需要在当你还不确定市场风向是否会如预期那样时就果断进入交易的勇气。获取勇气的最佳途径是"相信技术"。在日内交易员使用的众多技术指标中，最重要的是从先前趋势的转折，以及随机指数出现新的方向。

低买高卖

从本质上来说，有两种短期交易机会，确实也同样有长期交易的机会。在短期交易中，然而，区别是重要的，同时，你必须将方法和心理融会贯通。最普及的短期交易方法是在弱势即将结束时买入，在强势即将终结时卖出。当你预期走势会延续时，另一种方法（将会在第 23 章讨论）是在强势时买入，在弱势时卖出。低买高卖的首要条件是识别支撑位和阻力位，以及潜在的转折点。当市场达到你想要进行交易的极限点时，你要及时加入而不要为了等进一步的确认走势浪费机会。

为了在期望的转折点低买和高卖，投资者有必要绘制每周、每日乃至日内的交易图表，来看清支撑位和阻力位，以及相应的目标位在哪儿。投资者很容易会在日图表中，忽视轨道线、缺口以及其他一些阻碍信号，这些信号能够使你寻找到买入时机或者阻止你买入一个只有微利的交易。但你也不能过度地绘制这些交易信号，那样会使你的图表杂乱无章，难以识别。一些日内交易员将他们的图表弄得杂乱不堪，结果却见木不见林。

用转折点来预测高点和低点

没有什么比预测下一个交易日振幅的方程式对寻找进入、退出或者结束交易的日内交易员说是来更有用的工具了。这个方程式产生的数字，乍一看来，似乎显得武断，但他们表明了当前走势的潜在影响因素。大多数场内交易员和做市商将通过这一方程式计算的结果贴在他们的交易卡片上。虽然除此之外，也没有其他明显的基于图表的阻碍，或者可辨认的标准。当市场达到这些转折点，并且实际发生转折的次数很多。当预测的高点或者低点和可辨认的支撑或者阻力位发生重合时，就出现了一个进入时机，此时你不需要等待价格进一步的确认走势。

这一方程式有许多表达形式，我们将展示一种能用计算器进行运算的形式。H 是前日高点，L 是前日低点，C 是收盘价。首先你要计算中间转折点 x，然后你就能计算 PH，预测高点和 PL 预测低点。

$$X = (2C+H+L)/4$$
$$PH = 2x - L$$
$$PL = 2x - H$$

还有一种变化形式是在分子上用前日的收盘价代替两倍前日收盘价，分母是 3 而非 4。结果通常不会有太大差异。然而，将收盘价乘以 2 给了他更多的权重，凸显了收盘价的重要性，尤其是当有一个强势的收盘时。

如果仅凭上面计算得到的低点和高点就作为买入和卖出点，无疑是武断和不可靠的。你需要其他的指标来确认。当然，你也能肯定其他人也在盯着这些数字看。同时，一旦价格突破这些点位，预示着走势会继续突破很长一段距离。相应地，这些计算得到的数字，当价格突破了已知支撑点或者预测的某日高低点时，能作为进入新交易或者退出现有交易的很好预测指标。

日内交易员使用的缺口

当随机指数在极限水平，并且开盘价较前一交易日的收盘价出现大幅跳空缺口时，便会出现绝佳的买入卖出机会。

判断在开盘出现缺口时进行交易的标准：

◇ 随机指数在日线或者小时线图中，在最近达到 20/80 以外

区域

◇ 缺口沿着周线图确定的主要走势方向上，并且作为一个重要的识别因素——缺口越大越好。

◇ 市场到达了支撑或者阻力障碍位，很有可能发生转折。

这些参数用也很适合来判断退出一个现有交易。

布林通道

布林通道方法很适合用来低买高卖，而不用等待许多会错失时机的市场确认行为。对于适合进行日内交易的市场有一些强制性的判断标准。首先是要有足够的流动性来保证有效和及时的进入。符合这些标准的市场包括股指，货币，但是所有的市场都会有出现大幅波动的时候，日内交易技术可以让你及时地进入一个交易。在理想的情况下，值得进行日内交易的市场，必须在总体上有一个明显的趋势，即使这个趋势不是很强，这样就会在主要趋势下有一些来回波动的样式。在许多时候，股票指数符合这些标准，虽然在不同的指数各自的强弱间有大幅的轮转波动。在1990年代，纳斯达克100指数是唯一适合进行交易的市场，而在2003年到2007年之间，没有哪个市场比使用电子缩小版合约的标准普尔中型指数和罗素2000指数更具有流动性的了。

假设你准备交易标准普尔400中型指数，首先要确定主要趋势的方向并且观察市场走势的总体形态。在2003年3月到2007年2月间，市场总体呈现稳步向上走势，没有出现大幅回调，而只是时常出现了几个中型或者小型回调。我们可以合理地假定这一趋势会继续下去，直到出现显著的形态转折信号。在周线图上确定了主要走势后，你需要在周线、日线和日内线图上锁定可用的趋势线和支撑与阻力位——"锁定"一词表示每条线从一个时间段的图表延伸到不同时间段的图表。此外，你还需要观察在更大的趋势中作为斐波那契预测和回调结果的信号，虽然大多数部分动能震荡指标会起到相同的作用。

在这些假设的基础上，你必须主要在买入方寻找交易机会，当然对可能出现的强烈卖出信号你也要保持准备虽然这里提到的方法适用于日内交易，假设当市场如你预料的方向运行，你会将交易头寸持有过夜直到出现短期退出信号。

进入市场

在给定短期适合交易市场的前提条件下，基于下述方法的交易系统过去已被证明是成功的，并且在未来也很有可能继续赢利。

◇ 对于股票指数，请看 400-tick 图。一个 tick 图包含了交易带来的市场运动而不是时间，像传统的柱状图一样。为此，他反映了买卖背后的动力。然而，与普通的不同时间段的柱状图进行比较对于掌握潜在的动能或者进行极短时间内的微调也是很有用的。60 分钟图大多数时间在大多数市场都是管用的，尤其对于只有逐日图的情况。对于日夜不间断交易，你能从 120 分钟图中获得一些启示。

◇ 对于股票指数以外的市场，比较 60 分钟图上的市场行动，对于隔夜的市场交易，比较 120 分钟图，来获得需要的总览。随后使用 15 分钟图上的价格准则和指标来以进入或者退出交易。

◇ 使用布林通道来显示价格在哪会企稳。当布林通道走平或者出现弧形时并且价格远离布林通道时，尝试进行反方向，远离外带的交易。当价格开始远离外带，穿过20柱移动平均中值时，买入长头寸，理想情况下价格应该在布林通道中值上方。最近的目标在布林通道上方外带。如果市场继续走高，布林通道上轨和价格会一起走高，直到这一运动失去动能。随后价格走势开始转向，布林通道外延带也出现反转。依据这一融合走势持续的时间，以及MACD和随机震荡指数的走势，或许会出现新的交易机会。然而，你当然首先要准备退出现有的交易，而不是开始新的交易。

◇ 当交易发展时，MACD是主要的趋势确认指标，它必须随着交易的方向发展。

◇ 当市场处于超买或者超卖情况下时，随机指数会先于市场发出反转信号。在理想情况下，K线出现W走势时确认买入信号，出现M走势时确认卖出信号。当K线出现M或者W走势时，出现过很多主要的进入交易机会。

止损/离场

退出交易对于日内交易员来说是很具有挑战性的，但总体规则要求只有当交易员预期市场在下一个交易日开盘后会立即继续当前走势时才能持有头寸过夜。当市场以一个模糊的收盘价结束一天的交易时，很有可能围绕这个收盘价上下浮动，然后才在第二天达到预测的高点和低点。因此你很有可能在新的价格水平比保持在交易中获得一个更好的进入价格。同样，清空交易台，也可能会使你在一个完全不同的市场中寻找到更好的交易机会。

根据市场行动，当市场达到一个已知的障碍段时，会出现获利了结时机。例如当日预测的高点，或者可识别的支撑/阻力位，尤其当15分钟图上的随机指数达到一个极限值。

在更高准则下，存在着如下一些更具体的有效日内交易标准，这些标准与其他大多数日内交易进入技术一起使用时是有效的。

◇ 初始保护性停止位出现在
- 价格准则预示的进入位以外
- 把其他任何缺口都抛在身后的收盘价以外的收盘价

◇ 更具有保护性的停止位，将任何可疑的突变都抛在身后

◇ 当收盘价在一个明确的趋势线下时，退出。尤其当MACD和随机指数反向运动。

◇ 当出现反向交易信号时，即使你不想用一个新的进入或者退出来逆转交易，也会出现一个几乎是公理式的退出信号。

◇ 根据你的时间跨度，当在15分钟时间图上完成一个反向的M或者W形走势时，会出现第一个退出信号。当一笔交易开始赢利时，基于让利润继续的原则，给这笔交易一些上下浮动的空间，这样做总是值得的。

◇ 除非市场走势足够强劲到你想开始一笔新的交易，否则在周五收盘前一定要退出交易。

运用日内交易技术交易标准普尔中型指数

标普中型股指的400-tick图展示了2007年2月中旬的市场走势，价格在顶端、随机指数在中间，MACD在底端。作者写作本章时随机选择了这一图表。模拟得到的结果不允许在实际中经常发生的判断变化以及延误和手续费。因此，这一图表只能作为进行日内交易或者运用短期交易策略一个大致上的指导。尽管存

在这种种局限，我们还是能合理地假设大致上运用该策略会产生利润。

在 13：36 走到 A 点，价格明显地在走出一个可能的双底形态，MACD 出现强劲的上行趋势。价格已经检验了布林通道下轨的支撑，并开始升高。在 848.60 提供了预计的进入窗口。这一趋势继续保持强劲，直到随机指数在 B 点完成了一个双顶，MACD 出现反转形态，并在 853.00 完成卖出价格形态。此时建立卖空头寸的时机并不好，因为波峰持续的时间很短。

在 C 点，当价格靠近布林通道下轨，并且企稳时，出现了新的买入信号。市场价格很快进入前期高点的阻力区域，从这里开始价格走势掉头向下，在 D 点出现了强大的退出交易信号。随着价格走势掉头向下，MACD 和随机指数逐渐下行，除了关闭长头寸以外，技术指标还出现了强大的卖出信号。在 E 点，一根强大的阳线把价格从布林通道下轨拉起。此外 K 线已经明显达到极限底部，市场预期价格走势即使不掉头向上，也起码会企稳。

当市场价格走到 F 点时，即使价格出现了更低的低点，随机指数和 MACD 都趋向上方。根据规则，这正是买入时机，同时价格在布林通道下轨企稳也印证了这一点。经过充分的洗盘，这一走势出现了强劲持久的向上走势，直到在 G 点似乎出现了动能衰竭的迹象，我们认为是结束交易的信号。在本例中，市场继续向上冲刺了一段，此时短期交易者面临一个两难境地，是否继续在超买条件下追逐一个缓慢延伸的交易。

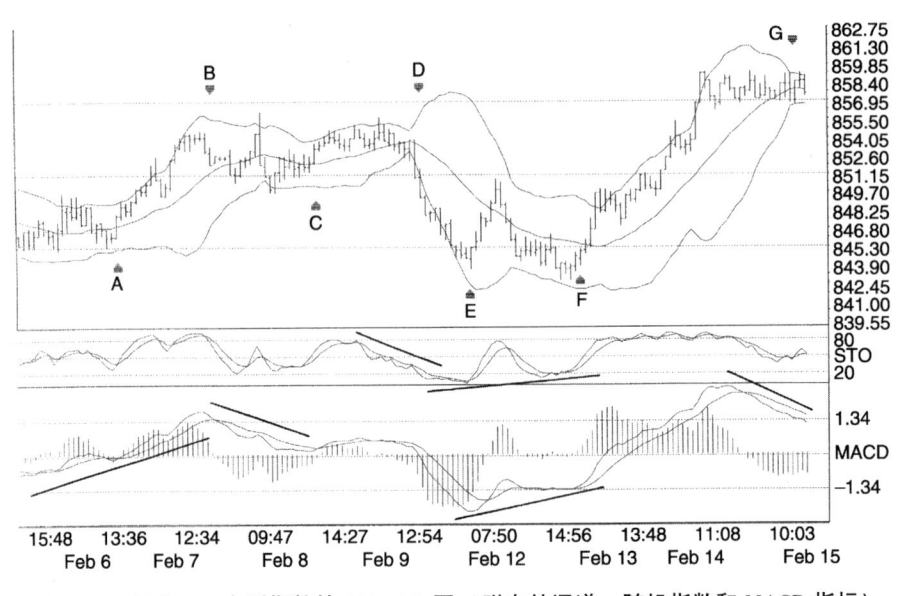

图 22-1 标普 400 中型指数的 400-tick 图（附布林通道、随机指数和 MACD 指标）

2月6日，在 A 点买入	848.60	
2月7日，在 B 点卖出	853.00	赢利 440 点
2月8日，在 C 点买入	853.20	
2月9日，在 D 点卖出	850.90	亏损 230 点
2月9日，在 D 点卖出	850.90	
2月9日，在 E 点卖出	845.80	赢利 510 点
2月12日，在 F 点买入	845.00	
2月15日，在 G 点卖出	858.90	赢利 1390 点
净额		赢利 2110 点

日内交易使用的标准方法是首先考虑周线图和日线图，随后再考虑日内交易图，而在这里出于事后分析而不是事前预测的目的，反转了这一流程的顺序。日内交易图在日线图中向上箭头处

开始，在向下箭头处结束（图 22-2）。

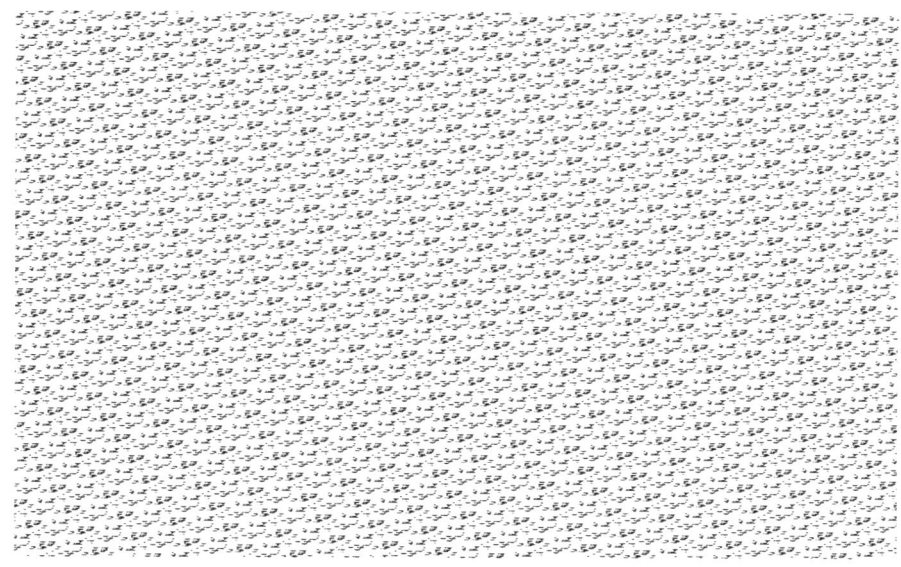

图 22-2 标普 400 中型股指的日线图（附随机指数和 MACD）

日内交易需要预测市场价格在碰到支撑或者阻力位之前能走多远。按照教科书风格，标普中型指数几乎从突破点开始走了与从最低点到突破点一样的距离。因为 K 线达到 95，预期到会发生一些乱流和大幅回调。在本例中，回调是温和适度的，虽然从日内图本阶段的结束看起来，另一个回调可能将要出现。事实上，市场将要调整一段时间，才开始向最后的终点大幅冲刺。到那时，K 线将会达到 95。再看一眼那一提升的阶段，预示可能出现另一个回调，这可能给日内交易员一个机会，从看涨头寸中跳出，并为了之后的暴跌准备看跌头寸。

大豆市场上一个近似进场机会

2007 年 3 月份大豆市场的日线图显示该市场处于明显的持续

牛市之中。

本图中最后一根 K 线是在持续十一天的一个小幅回调的底部。在支撑线 ABC 和潜在的新支撑线 DE 之间曾经有过更长时间的调整。价格回到了突破阶段顶部，这一突破伴随着巨大的跳空缺口。从低点 B 点开始随着强力反转有一条潜在的趋势线，当然在强势反弹之前，价格走势又在 C 点再次触及了这一趋势线。现在的问题是是否存在一个好的进入看涨头寸机会。

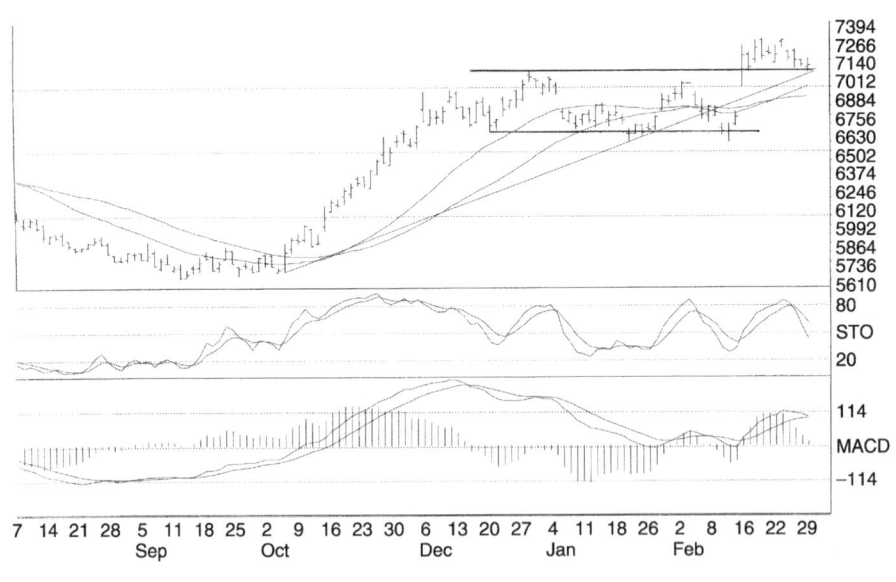

图 22-3　2007 年 3 月大豆合约日线图

(附 25 日和 40 日移动平均线和随机指数以及 MACD)

15 分钟图线在 B 点处以一个地位跳空缺口反映了日线图中的回调，这一回调从布林通道下轨起步，一路向上，保持强势。

在这一过程中出现了一个教科书般典型的触及前期在 A 点形成的低位。此时虽然价格走势模糊不清，但 15 分钟图上的 MACD 强劲上扬。在这种情况下，当日的获利为 11.5 美分，一

第 22 章　短期交易策略 I

个新的向上趋势已经确立，虽然同时也伴随着一些温和的回调。

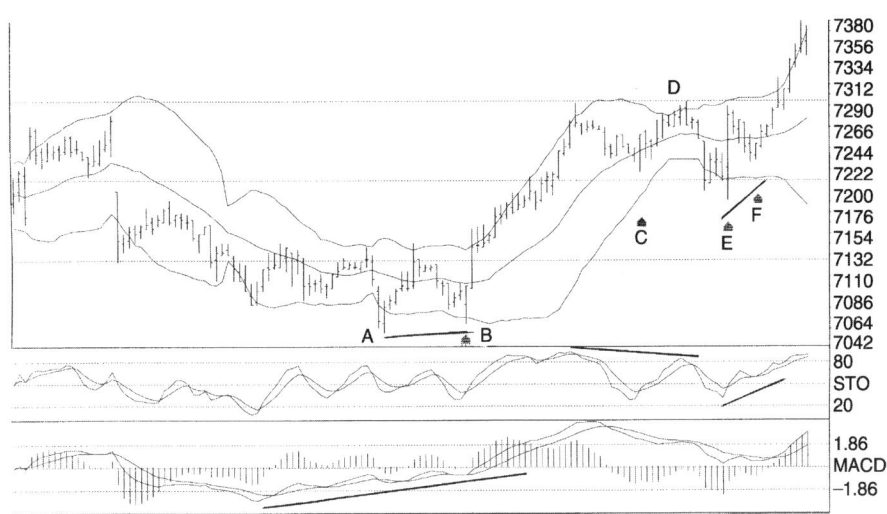

图 22-4　2007 年 3 月大豆合约 15 分钟图（附布林通道，随机指数以及 MACD)

你或许会在 C 点开出阳线时买入，虽然回调只倒了 20 幅移动平均中线。然而此时，随机指数正潜在筑顶，MACD 线上的主要趋势也已经消散——预示出现了 D 点的回调。虽然实际进行的只是小幅回调，但严格的日内交易者可能已经被吓破了胆。随后在 E 点的第一天出现了一根大阳线，引导 K 线和 MACD 都走出上扬走势。在 F 点出现了更具有说服力的反转走势，此时一切形势已经明朗，本图表在该日交易的结尾处结束。

事实上，大豆市场处于这样一个大牛市中，你在任何地方买入，只要坚定持仓不动摇，都会获得不错的收益。如果你在日内交易图中 B 点进入，将会很容易地获得 60 美分收益。这一日内交易图显示了如何利用有利的日内市场波动在一个好的价格中及时进入市场。然后你还是得问自己，为什么在这么强的一个大牛市中你要不断地进进出出市场？你必须寻找在底部买入而不是卖出的机会，同时进入新交易或者为已有的交易加码而不是过早地减仓。

第 23 章　短期交易策略 II

移动平均法

移动平均法将布林通道方法的因素同基于主要趋势的长期交易的进场技术因素结合起来。当已经存在进入市场的设置时，移动平均法对进场交易尤其有效。使用日内图，根据日内进场信号进行交易，很大程度上提高了进入有利交易的概率。

有时候出于很多考虑支持日内交易，但没有什么比确定周线图和日线图对于计划好的交易更好更重要的了。除了偶然的反趋势交易外，一个好的短期投机理应具备发展成长期交易的潜力。成功的短期交易很少偏离以下大多数时候对于进场交易有效的方法太远。它们很大程度上是对价格与移动平均汇合的概念的重述，这在第 7 章讨论过并在第 17 章的进场清单上列述过。对于止损和出场，很难打败第 22 章列出的参数。

◇ 比较 60 分钟图与日线图，对于隔夜交易的市场也要看看 120 分钟图。对于 24 小时交易的市场，日线图往往对潜在力量有一个更好的指示，但 24 小时图往往提供明确的进场和出场信号，尤其是在一天开始时或者在一天交易结束时错过了及时进场或出场的机会。

◇ 在日内图和其他更长期的图上，寻找有作用的图的发展形态，这在第 13 章描述过。
◇ 交易的有利市场条件往往发生在：
- 回调可能即将结束；
- 随机指数处于极限水平；
- 市场达到支撑或阻力位水平；
- 价格缺口在主要趋势方向和与明显的回调相反的方向上放大。

◇ 成功交易的一般条件为：
- 25 日和 40 日移动平均在 60 分钟图上明确上升，对于多头头寸价格维持在移动平均之上，对于空头头寸价格维持在移动平均之下；
- 价格与移动平均汇合，价格规则表明市场可能维持或反转。

◇ 具备稍微更低点的成功概率，但有时有更长期的潜力，如果出现以下情况在新趋势开始时可能存在进场机会：
- 在 60 分钟图上价格与移动平均交叉；
- 价格反转，向着移动平均；
- 对于进场，在新趋势方向上存在很强的柱线。

然而要注意概率未必更高，除非移动平均现在正指向计划交易的方向，有很大概率市场必须做更多的工作来使得移动平均的方向越位，而这可能根本不会发生。

◇ 对于大多数进场使用 15 分钟图，应用价格规则来触发交易触发器。正常来说你需要 15 分钟的数据来确定柱线强度确认进场机会，而不仅仅是暂时现象。如果你对计划交易很有信心的话，5 分钟图对于微调进场也很有作用。根据任何日内图都可能存在有效的进场机会，但是如果在更多的图上存在确定性行为的结合，那么可靠性增加了。

◇ 当可以从随机指数，双顶或双底形态，MACD中得到确定性行为时，对于进场清单设置那个最优，这在第17章讨论。

◇ 当市场对于MACD已经标明了足够长的时间来确定它在计划交易方向上15分钟图的趋势时，可靠性也增加了。

◇ 当一个关键反转完成时，或者柱线与移动平均的反向汇合时，往往存在最优进场机会（一个表明在主要趋势方向上动力恢复的强有力的柱线可能缺乏像日内图上MACD那样的确定性行为）。

◇ 你可以出场，反方向交易，如果信号足够强烈表明要这样做的话。

大豆的日内交易

2007年5月大豆合约的日线图显示市场在3月份有潜力提升从1月份低点开始的趋势线（图23-1）。

该图显示随机指数的上涨趋势。MACD快线刚刚上升超越零线，并且MACD柱线图表明市场可能要走出显著低点。

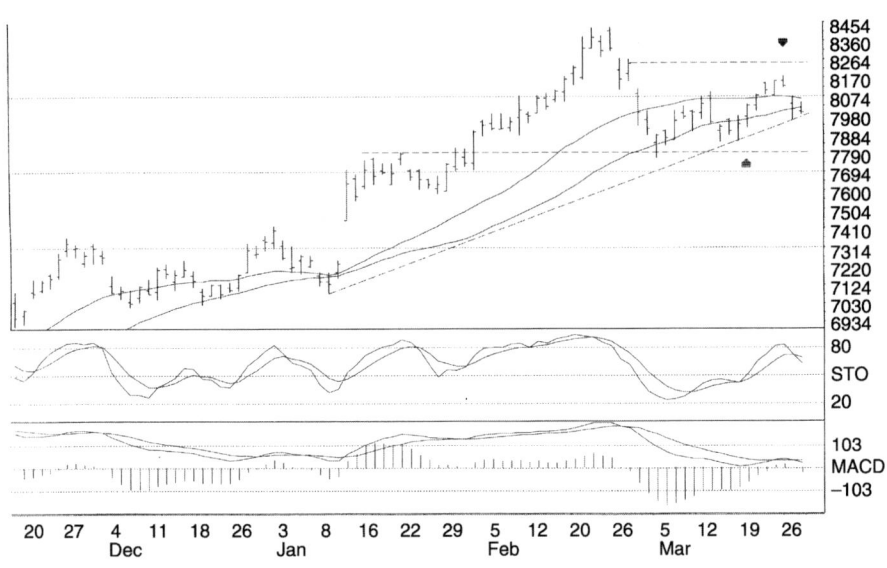

图 23-1　2007 年 11 月份大豆合约的日线图

(附 25 日和 40 日移动平均线，随机指数和 MACD)

图 23-2　2007 年 11 月份大豆合约的 15 分钟图

(附 25、40 单位移动平均线，随机指数和 MACD)

15分钟图显示随着价格走出低谷，MACD从底部开始稳定上涨趋势（图23-2）。

类似地，在K线上存在具有更高低点的形态，并且高峰势头的低点正好低于20%的超卖水平。存在几个不正常的低点，基本上是一个比一个高。

价格向上穿越移动平均线随后回撤。3月19号开市时，市场缺口更大，箭头标出了理想买入点，正处于上升的25日和40日移动平均水平上。该图形态有点类似上升三角形——最强最可靠的形态之一，但是规则紧凑的形态效果会更好。从那时候起，市场一路稳步上涨，并且维持在移动平均线之上。然而市场达到K的高峰水平，结果表明大约是波动的半途标志。而之前一直是稳步上涨趋势的MACD也开始稳步下降。

最后，在星期五闭市时，在向下箭头处市场果断下行，不低于日线图上明显的显著缺口。闭市时，市场位于上涨趋势线和15日移动平均线之下，尽管正好位于40日移动平均线上。对于短期交易者来说不再有任何理由维持交易，现在是时候反转头寸，由做多改为做空了。

结果表明市场在下周一开市时会出现向下的缺口，进入急剧跌势。存在一些出场点的选择，其中在价格穿越第二条趋势线而不是周一早上的初始反弹高点处，用箭头号标出。

木材的日内交易进场

2007年5月份木材合约的日线图显示市场处于明确下降趋势，刚完成一个反弹，正逐渐下降的MACD的衰退（图23-3）。

你必须假设MACD快线将会完成明显的过渡和衰退，但所有其他指标都强烈确认了市场走低的潜力，包括存在从反弹高点的向下缺口以及日内交易规则 5 林达尔指标卖出信号的完成。也形成了一个新的三天缺口。

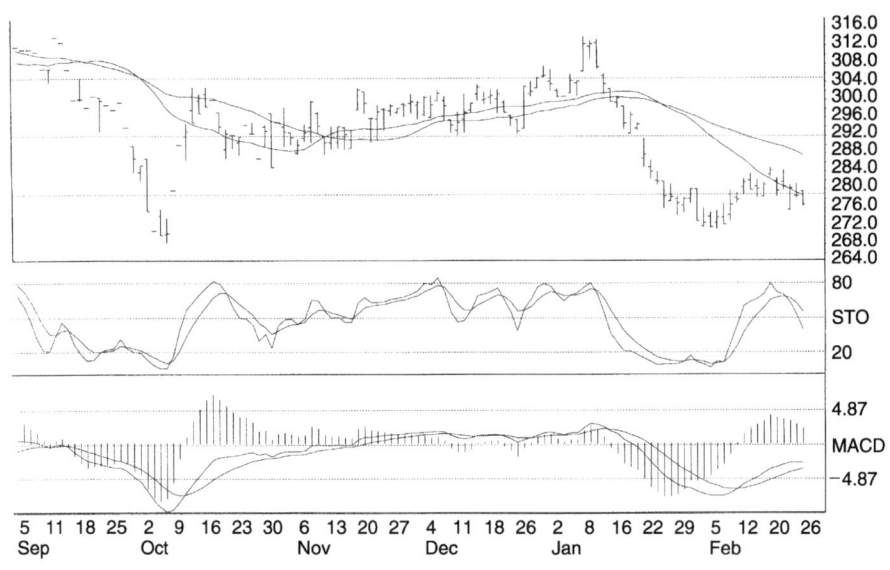

图 23-3　2007 年 5 月份木材合约日线图

(附 25 日和 40 日移动平均线，随机指数和 MACD)

木材合约的 15 分钟图显示你可能考虑进场交易的确切柱线，交易日的第三根 15 分钟柱线，低点结束并且 K 出现新的下降反转（图 23-4）。

这些图上没有显示随后发生的事情。在接下来的 7 个市场交易日里，价格下降超过 20 美元，并且几乎没有被打断，累积下降多于两个有限波动。

第 23 章　短期交易策略 II

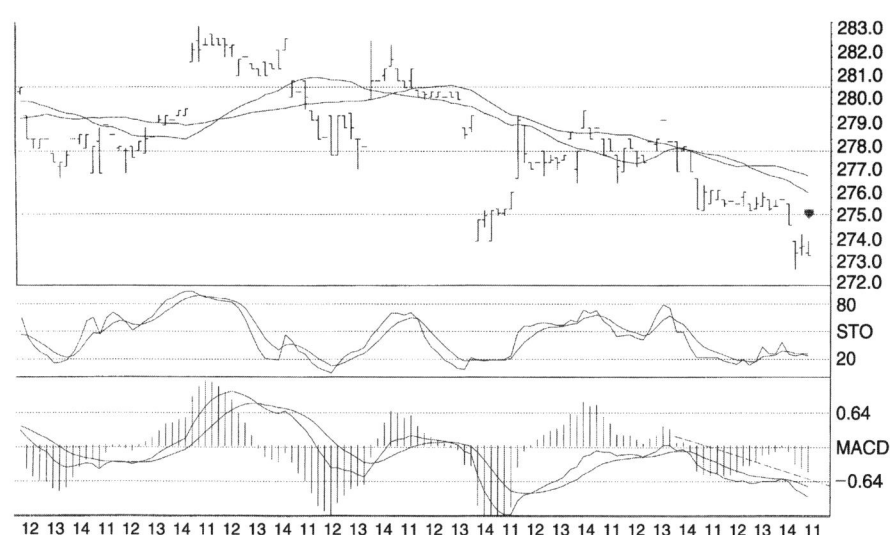

图 23-4　2007 年 5 月份木材合约 15 分钟图
（附 25、40 单位移动平均线，随机指数和 MACD）

15 分钟图显示市场如何没有对空头在大的向下缺口处的早期交易进行好的设置的方式很有意思。MACD 趋势向下。然而，在第一个向下缺口处，移动平均非正常地出现震荡走势。一旦价格自上而下穿越移动平均，价格会相当剧烈地波动，在这个过程中，K 会达到超卖水平。尽管反弹如此远如此剧烈令人吃惊，但要预测回撤概率还是很简单的。在第二个向下的大缺口处，价格行为也很奇怪，低点出现在开市时。然后市场测试低点并像一只烫伤的猫一样迅速反弹。用箭头符号标出的进场点显示市场表现要平稳可靠得多，这正是你需要寻找的特点。

每一个交易者的个性都不一样，并且每一个交易机会也具备其自身的潜在风险，回报和挑战。本章和前面一章所描述的短期交易方法肯定不会总是有用，但是短期交易的一般原理是可靠的，同长期交易的进场机制一样。

第 24 章　结束语

心理上的挑战

尽管你可能拥有可获利的交易技巧，但仍需对自己的心态有所把握。对于大多数人来说，成功能够激发自信，而自信会带来更多的成功，然后更多的自信、更多的成功，从而形成良性循环。反之则是，失败也会带来一个恶性的循环。事实上在交易中，成功往往会带来破坏性的过度自信和轻率的决策。

期货交易既是实践的挑战又是心理上的挑战，如果你具有将扑克牌玩得很好的能力，这会对期货交易有极大的帮助。你将能在不可避免的损失和巨大赢利之间转动。对于许多人来说，期货交易只是纸上谈兵或者在理论上看起来很简单，当真的有资金进行实盘操作时，将会有很大的不同。这种挑战的区别就像疲惫地在地面上走一根钢丝和同样地在离地面 10 米的位置走一根钢丝。从本质上来说，除了眩晕和恐惧以外，挑战是相同的。另一种看待期货交易的方式是将其看为桥牌游戏。即有一点是确定的：绝不会每一笔交易都能成功，但是好的方法始终会且肯定会带来成功的平衡。因此，在期货交易中，主要的问题是整合纪律和信心的平衡组合。

资金管理

资金管理是期货交易中很重要的一部分。最经典的法则是将你的资金分成 10 等份，然后先使用其中的一份进行建仓。有时候，你可能预期在一个良好的点位建仓，然后等待趋势确立后加仓。总体而言，概率倾向于使用等量的资金分配给各笔交易，除非你的总资产赢利或亏损 25%，那么你可能要对资金分配比率进行或多或少的调整。

许多最好的交易时机在应当进场建仓时刻往往很难把握。例如，市场开始突破，重要的是假突破的概率较小，尽管交易该顺势而为，但你会害怕有回撤，不敢建仓。你可能真的判断过刚好的顶部或者底部，而自己却不愿意去相信自己的判断。此时，交易具有一定潜质，因为市场看起来并没有出现交易时机，之后趋势出现，一旦市场开始顺应趋势运行，风险又看来不可控。

有两本关于交易心理学的书籍值得推荐，第一本也是最好的一本，《商品交易者的视野》（格林维尔，商贸出版社，1997 年），由克莱顿商品服务公司的前任董事长罗伊·W. 朗斯特里特著，第二本是有关交易规则的心理和心态方面的书：《成功的战略》（芝加哥，朗文金融出版社，1990 年），由威廉著。

买强卖弱

市场中有一条黄金定律，即你应该买入市场中最强势的品种，然后卖出最弱势的品种。近些年，买入强势货币也是同样的道理。如买入欧元或澳元而不是买入日元。货币价格的部分往往是由于贸易因素来确定的，有时更多的是由相对利率的高低来确定。但是，对于美元，通常的规则是当利率上升，远期和债券收益下降时，美元将走强；反之则是，随着日元利率不断接近零而其他地区利率为5%或者更高，显而易见应该买入哪种货币。在美国经济放缓的实践中，美元承受低利率和贸易赤字的双重压力，而贵金属似乎成了货币的替代品，他们也常常与美元的走势刚好相反。但是，你仍然会按照它们自己的技术走势来参与交易，并考虑高的价格会促使企业有更多的产出，供给需求的平衡力量对市场的影响要大于货币流动性，可这点很难把握。同时，金属价格由于乐观和悲观情绪的影响而波动剧烈也是交易者所共识的。

在农产品中，当大豆价格不断走高而小麦价格停滞不前的时候，从理论上讲，买入小麦风险较小，且能获得较好的预期收益。同样地，天然气价格上涨时也可买入原油，豆油价格上涨时买入豆粕。市场总是有充分的理由来保持目前的格局乃至后市。例如：考虑豆油和豆粕两者之间的关系。两者均来自大豆的压榨，豆油如果需求很大并将其价格越推越高时，那么大豆相应地也会有较大的压榨需求。但是大豆压榨的过程中不但会生产豆油还会压榨出豆粕，尽管豆粕可能已经处于过剩状态，压榨更多的大豆似乎意味着增加过剩的供给，因此，在大豆价格变动不大的时候，豆油和豆粕价格走势总是此消彼长的。

交易主力合约

还有一条黄金规则：当市场处于非理性状态时，应该交投比较活跃的主力合约。你只需在合约到期交割月之前一个月参与即可，也就是说，在进入7月份的合约以前，你应该最早在4月中旬才开始交易5月份的合约。

当然，偶尔也有例外的特殊情况致使我们去交易一份延期合约，例如：小麦、大豆。当有好的机会交易新玉米时，应该是在玉米即将成熟而不是已经收割的时点。致使我们交易延期合约的特殊原因就是它已经超过常理价格很多，而近期主力合约却还没有如此表现。

比较大的市场波动和最好的流动性几乎都集中在主力合约上，当你考虑通过持有期限较远的合约来减少频繁交易所需佣金的同时，你承受的损失可能会比较大，因为较少的收益和买卖价格之间的巨大差距很不匹配。

强有力的趋势和基本面密切相关

在市场主要趋势运行中，人们往往轻易做出判断：趋势已经运行足够远而价格应该停止前行或者趋势该发生反转。但是，原糖的走势图表告诉我们，一旦主要趋势开始运行，无论是朝向哪个方向，市场都会走得很远。在这个过程中你只需稳住手中的持仓并不停地对自己说：相信技术！当然，相信技术也需要一定的远见和视野，你必须考虑这样的情况：眼前的图表折中了可能出现的上涨或者下跌。眼前所看到的低点或者高点绝不是价格运行终点的极限值。尤其当市场正在按照原有趋势运行时，表面上看起来市场好像并不稳定，波动剧烈，但当你在顶部和底部真正形成后回过头来看过去的行情时，你会发现这些波动仅仅是趋势中的小插曲。正所谓：在趋势运行中，有时候跌是为了更好的涨，而涨是为了更好的跌。

相对农产品中的其他品种，原糖上涨或下跌的波动幅度非同寻常，非常剧烈。市场告诉我们：没有任何一个市场已经上涨足够高而不能再走得更高，也没有一个市场跌得足够低而不能再走得更低，尽管商品市场不同于股票市场，并不能跌到零点。

农产品市场常常有较大的波动且一直保持活跃的很重要原因是天气。如果天气干旱，那么价格可能会剧烈上行。高压地区往往天晴缺雨，而低压地区往往持续降雨。天气因素给农作物价格带来了现实的影响，即农作物越是减产，价格就越高；反之，越是丰产，价格就越低。这就是"农产品靠天吃饭"的道理。虽然存在着这个定律，但就像所有农民都知道的那样，天气因素的变化是瞬息万变、很难把握的，所以，天气和市场表现取决于概率因素而非确定因素。总之，你可以相信那些长期价格图表中所反映出的技术信号，但你却不能对促成美国农产品牛市的当期产量漠不关心。除了一些极端的情形外，在一般情况下，美国农民的生产能力和效率都能实现农产品的供需平衡。有时坏的天气造成急剧减产，而又存在大量的真实需求，这样价格就会在相当长的时间内保持在较高水平。

市场总有些相似的特性，有时候走势确实取决于它们自身。分析师们通过估算得出以下结论：由于投机需求和囤积需求，油价达到每桶80美元的时候，其中会有每桶15美元的溢价。当你预期明天的油价会比今天更高时，所有人都会给自己的车加满油；当你看到油价会下跌时，预期明天的油价会更低时，你就不会急着加油。这样的效应循环对价格有着极大的影响，因此，并非只有原油开发商才能影响价格。

金属比较容易囤积或变现，这样的特性放大了金属价格的波动幅度。某种商品的价格长期高于其生产边际成本很多的情形是很少发生的，因此，黄金和白银的价格实际上并不会一直保持上涨，从而达到人们预期中的天文数字。然而，对于矿产来说，它存在类似天气对玉米产生影响的迷局。一般的定律是高价格会导致更多的产量，但是，较高的金属价格却会导致更低的产量。在同等开采能力下，一家矿产公司会通过先加工低等铁矿石来延长矿产的年限，新矿产的开发和生产能力的扩张需要好几年的时间才能起作用，其结果就是供给要花很长的时间才能满足远超自己的需求。反复使用和定量配给只能让价格走得更远。

资金可以用来举例说明一个趋势如何靠自身力量延续。即使一个资金市看上去已经过头了，但它却还能走得更远。资金流和利率驾驭着货币，两种力量相互制约，需要指出的是，货币量的减少会使通货膨胀下降，通货膨胀会降低货币的价值，传统经济学理论认为货币贬值能刺激出口和限制进口，但传统经济学却有着它自身的局限。同理，一个国家在贸易平衡恶化、货币大幅贬值以后，需要蓬勃发展出口而收缩贸易进口。多年来，墨西哥的实践表明，在平衡贸易逆差、促进经济繁荣发展的过程中，有更多比令货币贬值的措施值得去做的。另一方面，货币升值的同时增加了它的基本价值，那么会造成通缩，至少是一定程度的通货紧缩。在90年代初，日元暴涨并没有摧毁日本的出口能力，主要是因为大量的投入，如以美元定价的石油、钢铁都更便宜了，日本至今仍然在世界上保持较强的竞争力。

止损和出现恐慌性抛售

止损在市场中并没有限制，但其会引发更多的止损单。尽管原则上来说，有力的市场趋势是依靠市场本身的，但往往是一个又一个止损单将价格推向了上涨或下跌的峰值。很少有投机性交易商能够容忍一系列的不利止损行为，因此不管经济数据能否支撑当前的走势，灵活的止损压力都使得波动逐步回归理性。

可能有这样的黄金时机，至少可以迅速获利：在一个有着牛市基础的多头市场中出现恐慌性抛售。有时你可能知道反弹不可避免，只是何时开始的问题，可当前是你争我夺短的杀跌，这时建立短空头寸是更大的挑战。

商品之间的竞争

所有田间作物为土地竞争，但是治愈高价格的良药就是高的价格。高的价格引发更多的生产和需求配给。因此，无论供给和需求的基本面情况如何，显然不可阻挡的高价格是不可持续的。原糖的周线连续图表显示了原糖从 5 美分水平，到 2004 年的牛市近 20 美分水平，然后再回到 10 美分以下（图 24-1）。

图 24-1　原糖周线连续走势图（附 25 周和 40 周移动平均线和 MACD 指标）

全球对乙醇的需求正在增加，但巴西实际生产原糖的能力比看起来要强得多，在相当短的时间内，食糖市场由相当短缺比变成产量过剩。

在粮食复合物中，当价格脱离脱节时，就会有竞争。低质量的或饲料小麦与其他饲料竞争，甚至在玉米价格非常便宜时，优质小麦的需求都会减少。你也许会认为，玉米和豆粕可以互换，但它们可能互换的程度要比你想象的小。玉米是一种高热量浓缩作物（含有大量的淀粉，只有约 8.5% 的蛋白质，和低赖氨酸等一些关键氨基酸），而豆粕是高浓缩蛋白（44% 至 48% 蛋白，根据处理方法而定）。你将它们混合在一起，以平衡饮食的蛋白质，氨基酸和热量来满足营养需要。鸡和猪需要高品质的天然蛋白质如豆粕，而牛只需要较低优质的蛋白质，如玉米面，甚至非蛋白食物，因为他们胃里有微生物氮。几乎所有这些膳食还包含钙，磷，盐，微量元素如铜，锌等矿物质和维生素。总之，你也可以将玉米替换为大麦、小麦或高粱，也可以将豆粕替代为豌豆或菜籽粕。

所有的肉类都在一定程度上互相竞争，但它们也根据供给的扩张和收缩的不同类型而细分市场。这意味着牛的价格不断攀升时，你并不一定要去买牛肉。目前家禽业的诸多肉类还没有期货品种上市，在近年来，家禽的供给存在着巨大的波动，相应地也影响到了所有肉类的价格。集中肉类生产行业，将其行业整合，使得行业纪律比以前有很大不同。

有一段时间，真的有极端的繁荣和萧条，但巨大的波动也许不太可能在未来出现。美国已极大地促进了农业生产效率，实现农业生产机械化。但是，展望未来，很难想象在许多主要进口国效率和竞争力水平不会大幅提高，如俄罗斯、苏联的其他国家以及墨西哥。在中国，大规模肉类的扩张生产是必然的发展方向，也会相应地增加饲料的消费，印度也不会太远。

近期，较高的饲料成本往往会递延到生猪合约的价格，因为预期有更多的种畜将送往屠宰，后市的供给自然会减少。另一方面，较高的饲料成本会压低近期和远期牛合约的价格。在每一种情况中，饲料成本提高的最终结果都是挤压生产者边际利润，因此导致更少的生产，然后更高的价格。逻辑上来讲，无论汽油还是其他的商品，所有的高定价必然导致通货膨胀，即使有海外程度低的劳动力成本作抵消。路透社的 CRB 指数显示了所有商品价格的运行趋势，通常也潜在暗示了对大宗商品的需求。

消息的功能

传闻时买入，消息出尽时卖出

市场总是先知先觉的，总是预先对影响市场的消息有着提前的判断。这些消息包括农业报告、每月就业数据。记住这条谚语：传闻时买入，消息出尽时卖出。按照这条原则，在期货市场实战中，往往利空消息公布之时，市场已达到了价格的最低点。所谓利多出尽是利空，利空出尽是利多。要透过现象看本质，看山是山，看水是水往往是错误的判断。

还有一种流行的说法：强势市场应该在利多消息公布时走强，弱势市场应该在利空消息公布时走弱，如果事实不是这样，那么其会朝向相反的方向运行。所谓该涨不涨则后市看跌，该跌不跌则后市看涨。事实上，市场绝不总是按照其应该运行的方向而运行。起初，市场反应可能与消息走向相反，但是消息面的影响可能会在随后几天的价格运行中得到体现。很多交易员总是能正确地预期消息面的影响方向，之后市场会迎来强劲反弹，因为那些交易员期望获利了结，他们总是在传闻之时买入，消息出尽之时卖出。

对于这条原则最典型的例子就是纽约和芝加哥地区短期的天

气影响。在冬季，纽约天气逐步转冷，不管供需基本因素如何，你可以预期的到取暖油的价格总会有走高的机会；在夏季，即使芝加哥突然下了一场暴雨，谷物和大豆的价格还是会随着雨季的到来而逐渐走低。

表面上来看，短期的消息面对市场短暂的波动有着至关重要的影响，而事实上，实际的供给需求基本要素对价格走势有着决定性的影响。例如，当汽油库存连续数周增加或减少时，库存数据形成了其自有的趋势。而市场的反应可能比较慢，也可能反应过激。供给与需求的基本因素基于真实的消费需求，其决定着市场中期和长期的趋势。无论哪个市场，每日的反应，特别是日内的波动往往都是随机因素造成的，如市场情绪、假期和那些对趋势没有较大影响的细节因素。

祝投资者好运

综上所述的小节回顾了本书的结构和所有的成功交易策略：无论上涨、下跌抑或是横盘，判断主要趋势是最重要的。假设你正确地判断了市场的主要趋势为上涨或下跌，那么你赢利的概率将大大增加，甚至即使在一个较差的位置建仓，只要把握了趋势，仍可以获利。好的运气总是降临于那些在合适的时间做出合适选择的人们。

科学的交易策略，好的运气！

译者后记

海伦·凯勒说过："一本好书像一艘船，带领我们从狭隘的地方，驶向无限广阔的生活海洋。"对期货投资者来说，这本《期货交易时机选择》就是这样一本好书。

一百多年以来，国内外关于投资领域技术分析的书籍浩如烟海，其中也不乏经典之作，但专门论述交易时机的书籍寥寥无几。对于股票投资来说，只要有明确的交易方向和目标价位，持有股票并达到获利目标只是时间问题，时机并不非常重要。但期货市场却有所不同——即使成功判断出市场趋势并正确预期市场可以到达的目标位，如果没有把握好交易时机，一个潜在的获利机会带来的可能是亏损的结果。

在期货市场交易行为中存在这样一个等式：方向+目标位+交易时机＝成功。等式左边的三项因素缺一不可，而交易时机对于期货交易来说就是打开成功之门的钥匙。《期货交易时机选择》正是一本不惜笔墨来强调交易时机技巧的专著。作者亚历山大以活泼生动的文笔分享了他对期货市场的体验，阐述了许多有关期货交易时机的真知灼见，内容精彩，值得一读。

本书的完成得到以下同仁的大力帮助，他们是：朱杰、吴文莉、李超杰、陈鼎、余锋、常红婧、郑星、田军、彭家伟、张苹、苏远秀、范纯海、张毅、吴春梅、肖艳梅、张毅。其中第 1 章至第 8 章由肖艳梅、朱杰、吴文莉、张毅，李超杰、田军翻译。第 9 章至第 18 章由常红婧、郑星、彭家伟翻译。第 19 章至第 14 章由张苹、苏远秀，陈鼎、余锋，范纯海翻译。其余部分由张毅、吴春梅，康民翻译。全书由康民负责统校。由于译者水平有限，错误和疏漏之处在所难免，敬请读者批评指正。

用1.8万赚100万美元的期货大师
斯坦利·克罗期货经典代表作

斯坦利·克罗被业界评为全球九大基金经理之一。1960年，克罗进入华尔街从事商品期货交易。在此后的33年里，他积累了大量的期货实战经验，取得了辉煌战绩。在交易市场赚足了钱后，克罗潜心研究经济理论及金融、投资理论，先后出版了6本专著，包括《期货交易策略》《职业期货交易者》《克罗期货技术分析新指南》《巨龙与公牛：股票和商品期货交易的获利策略》《克罗商品期货指南》《克罗期货市场投资指南》等。

《期货交易策略》内容涉及到在市场行情大动时上车，并在市场赚取暴利的策略和战术。

《职业期货交易者》克罗引领交易者一起分享他在交易中的思考过程、交易技术和决策过程。

《巨龙和公牛》展示了克罗34年交易生涯中的思想深度和超强洞察力。

微信扫码
查看详情

罗宾斯杯期货交易冠军赛总冠军
拉瑞·威廉姆斯代表作品

拉瑞·威廉姆斯，超短线之父，1987年参加全美罗宾斯杯期货交易冠军赛，到1987年9月，他的比赛账户由1万美元涨到2042967.18美元；该年度比赛结束时，威廉姆斯的净收益率为11376%，创下自1984年罗宾斯杯举办至今无人打破的纪录，成为当之无愧的总冠军。

此后，威廉姆斯通过图书和讲座，在世界各地传授其投资理念和操盘技巧，很多弟子也获得了罗宾斯杯冠军。其中，他的女儿米歇尔·威廉姆斯，年仅17岁就以1000%的净收益获得了罗宾斯杯冠军，也创下了自1997年至今无人打破的纪录。

在《短线交易天才:我如何在去年商品期货市赚到100万》这本书里，你会看到威廉姆斯用来赢得罗宾斯杯总冠军的思考方式、交易系统、策略工具和把握时机的方法。

在《选股密码》中，威廉姆斯展示了其独特、简单而实用的选股指标，如何成功预测股市的短、中、长期趋势，如何将选股方法和市场时机结合来提高绩效。他用来示范的股票投资组合，半年上涨了52%，收益几乎高出同期道琼斯指数的3倍。

在《期货交易准则》中，威廉姆斯告诫交易者不要浪费精力在寻找完美系统上，而应打造自己的交易系统。《期货交易终极指南》则对市场、交易系统、资金管理技巧和其他没有被总结过的主题进行了全面界定。

微信扫码
查看详情

杰克·施瓦格系列经典

  杰克·施瓦格，是保诚证券期货研究和交易策略总监，此前曾在普惠公司和美邦等华尔街领先公司担任了22年的期货研究主管，是国际期货和对冲基金领域公认的专家。

  施瓦格先生著有《期货分析全书》《股市怪杰》《金融怪杰》《新金融怪杰》《对冲基金奇才》《交易策略》《商品研究局年鉴》等一系列广受好评的金融书籍。

  施瓦格先生还是一名演讲者，他的演讲非常受欢迎，他曾就一系列证券分析主题进行演讲，特别关注伟大的交易者、技术分析和交易系统评估。

微信扫码订购

《股市怪杰》

  这是一本美国华尔街顶级交易者们的访谈录，在本书中杰克·施瓦格深挖掘了13位出色交易者，逐一展现了顶级交易者的市场思维和操盘策略，这些交易大师的真实经历，正是我国投资者最迫切需要的市场经验。

《新金融怪杰》

  本书继续记录了作者与华尔街伟大交易员之间的访谈，全新的对话阵容，更证实了伟大的交易者们都有自己确定性的核心交易理念。无论对于新手还是有经验的交易员，都能从本书中频频闪现的智慧结晶得到启发。

微信扫码订购

微信扫码订购

《施瓦格期货分析全书》

  本书是施瓦格先生期货研究的集大成之作，也是其成名代表作，书中提供了坚实的期货市场基础，详尽的市场分析和预测技术，探索先进的交易理念，并展示了数百个期货实战案例，是期货交易者的"圣经"级指导教材。

威科夫量价经典著作

孟洪涛，美籍华人，职业机构交易员，先后供职于美林资产管理部门、通用电气资产管理集团风控部门，曾任美国芝加哥商品交易所亚洲区特约讲师。

《新威科夫操盘法》：揭秘对冲基金不愿公开的交易策略

理查德·威科夫是上个世纪初与杰西·利弗莫尔、江恩齐名的三大实战大师之一，威科夫方法是一套基于市场运行基本原理——供给与需求的关系，研判证券价格与交易量关系来识别主力操控市场的技术分析工具。掌握了这套秘诀，证券市场中的大资金主力的每一个操作意图和操纵手法在您面前都将表露无遗，紧跟他们的步伐，做出好中更好的精明决策，您就能像职业人士那样在市场上持续盈利。

《威科夫操盘法》是孟先生把自己学习、应用威科夫方法的经验与中国市场相结合的量价分析典范，两个版本对照阅读，更能让您学会从不同的角度、用不同的思维方式去看待市场，从而找到交易员自我修炼的进阶之道。

  微信扫码订购     微信扫码订购

理查德·威科夫成名代表作《擒庄秘籍》

本书是理查德·威科夫基于其45年实战经验所写的操盘秘籍，是华尔街对冲基金经理秘密流传的量价分析宝典，书中详尽解读了威科夫操盘法三大工具：竹线图、点数图、波线图，学习本书内容的时间越长，您就会变得越专业。

本书译者孟洪涛先生把英文原著贴身携带了20多年，一有闲暇就重读，实战中遇到困惑都重读本书寻求答案，如此反复，已重读100多遍，每次重读都有新的感悟。

  微信扫码订购